重塑课堂生态

构建“自主互助·高效愉悦”学习型课堂

主　编　隋天龙

副主编　李　楠　周雪娇

济南出版社

图书在版编目（CIP）数据

重塑课堂生态：构建“自主互助·高效愉悦”学习型课堂 / 隋天龙主编；李楠，周雪娇副主编. -- 济南：济南出版社，2024. 6. -- ISBN 978-7-5488-6576-6

Ⅰ. G424.21

中国国家版本馆 CIP 数据核字第 2024HM1695 号

重塑课堂生态——构建“自主互助·高效愉悦”学习型课堂
CHONGSU KETANG SHENGTAI
隋天龙　主编
李　楠　周雪娇　副主编

出 版 人 谢金岭
图书策划 李　岩
责任编辑 魏　蕾　姜　山
装帧设计 刘梦诗

出版发行 济南出版社
地　　址 山东省济南市二环南路 1 号（250002）
总 编 室 0531-86131715
印　　刷 北京虎彩文化传播有限公司
版　　次 2024 年 6 月第 1 版
印　　次 2024 年 6 月第 1 次印刷
开　　本 170mm × 240mm 16 开
印　　张 18.25
字　　数 229 千字
书　　号 ISBN 978-7-5488-6576-6
定　　价 59.80 元

如有印装质量问题 请与出版社出版部联系调换
电话：0531-86131736

编委会

主　编　隋天龙

副主编　李　楠　周雪娇

编　委　丁　倩　赵　恬　黄立学　薛　丽

李　松　刘晓曼　程　丽　张嫦娥

前言

课堂，作为学校教书育人的主阵地，不仅关系着学生的培养质量，而且直接影响师生的生命状态。课堂也一直是中外教育家及一线教育工作者研究的重要领域。

日本教育学者佐藤学在《静悄悄的革命》一书中倡导教师以改变课堂教学行为为出发点，进而使学校由下及上、由内而外、自然而然地发生变革；“新教育实验”发起人朱永新曾提出理想课堂的“六度”和“三重境界”，进一步明确了好课堂的标准；中国当代教育家冯恩洪更是鲜明指出“谁改变了课堂谁就改变了教育”，激励着一批又一批的教育工作者投身到课堂改革研究的大潮中。

自成立以来，济南市历城区祥泰实验学校一直致力于“自主互助·高效愉悦”的学习型课堂建设与研究，积累了一定的课堂教学案例，形成了基于九年一贯制贯通式培养背景下的课堂操作策略。2023年12月，学校第三届教学年会召开以后，课堂中良好的师生风貌与较高的课堂效率引发了与会同仁的关注，应广大兄弟学校及一线教师强烈要求，我们整理出版此书，以期为愿意通过课堂变革而改变师生生命状态的一线老师们提供一个可参考、可复制的实践经验。

首先，我们提出的“自主、互助、高效、愉悦”不仅是课堂环节与教学流程的需要，更是学生学习知识、主动发展的内在体现。所谓“自主”，就是以学习者为中心，教师依据学生自学中发现的疑问来确定教学内容，实现先学后教、以学定教；所谓“互助”，就是教师不急于教，让学生有机会通过合作探究、互助协作来解决问题；所谓“高效”，就是基于学生真实的问题进行精准化点拨指导，在有限时间内使学生参与度更广；所谓“愉悦”，就是在充满鼓励与肯定的环境中，学生开展富有挑战的思维对话并获得成功体验。

为此，我们需要对常态背景下好的课堂形成几点朴素的认识。好的课堂需要学生前置性学习，如我们在小学语文中提出“标、识、画、读、思、答、问”七步自学策略，让自学有“痕迹”；好的课堂需要具有动力机制，如我们提出“无积分不课堂”，让学生付出后的收获都被“晒”在阳光下；好的课堂必须启智增慧，如我们提出“让思维成果可见”的具体要求，让教师精讲点拨的一定是基于学生的“真”问题；好的课堂还需要安全的心理氛围，如我们提倡“有教养”地讨论和帮助困难同伴，让每一个孩子在课堂中都能“抬起头来”。

经过一段时间的摸索与实践，学校广大师生的精神面貌发生了积极的改观，这是我们十分欣慰与高兴的。但由于理论水平与研究能力所限，本书中的部分观点和案例呈现难免存在许多不足，恳请各位读者能够批评指正！

最后，我们想说“教学有法，教无定法，贵在得法”。愿每一位阅读此书的一线教师都能在课堂教学研究的道路上做一名快乐的行者！

隋天龙

2024年3月

目录

第一章

"自主互助·高效愉悦"学习型课堂建设的实践与探索

第二章

新常规涵养新生态
——"九年一贯制贯通式培养"课例设计和教学论坛

第三章

济南市历城区祥泰实验学校课前自主学习指南

第四章

济南市历城区祥泰实验学校学习型课堂操作流程

第五章 教师文章

第一章

『自主互助·高效愉悦』学习型课堂建设的实践与探索

一、背景介绍

（一）现实背景

1.基于学校发展的需要

济南市历城区祥泰实验学校是一所由山东师大基础教育集团和历城区教育和体育局合作开办的九年一贯制公办学校。2017年9月正式开学，现有小学教学班43个，初中教学班10个，教职工131人。自建校以来，学校恪守集团“办不一样的教育”的办学理念，坚持文化立校。坚持以人为本，重视“全人”教育，培养个性全面、和谐发展的人。坚持认为学校是师生共同成长发展的地方，无论学生、教师、干部，每一个人都要努力实现自我发展，做最好的自己。坚持认为每一个人都很重要，并以此为校本文化核心，把学校每一项工作的出发点都定位于“尊重每一个人”，让民主平等、尊重理解、沟通合作、包容大气成为每名师生的精神追求和自觉行动。在这种文化理念的引领下，学校将课堂建设纳入发展规划重要项目序列，深耕课堂变革，遵循教育规律，激发学习动力，提高课堂效率，让学生爱学、会学。“自主互助、高效愉悦的学习型课堂”建设，便是在这样的学校发展背景之下提出的。

2.基于教师发展的需要

祥泰实验学校是一所建校刚满七年的学校。教师队伍整体年轻化，工作五年以内的教师占到84%，工作三年以内的教师占到74%。教学经验不足是我们的劣势，课堂教学存在重难点把握不准、效率低下、组织无序等现象。但老师们有热情、有干劲，都想快速成长和提高。特别是年轻教师愿意接受新事物，愿意尝试变革。“自主互助、高效愉悦的学习型课堂”建设的研究，成为教师专业提升的有力抓手，也是教师发展的重要方向。

为满足教师发展需求，促进教师快速成长，学校先后聘请山东师范大学教育学部专家教授为我校教学顾问，定期到校指导课堂教学。还邀请省市区专家名师到校开展培训指导，从理论到实践，助力教师专业成长与发展。这也为"自主互助、高效愉悦的学习型课堂"建设的研究，提供了有力保障。

3.基于学生发展的需要

部分学生习惯于"等、靠、要"的"被动接受式"学习，没有形成良好的自主学习、合作探究的学习习惯。同时，随着生活条件的提升、电子设备的普及，越来越多的学生喜欢宅在家中看手机、玩游戏，同伴交流的机会越来越少，导致学生缺乏探究热情，不会合作交往。但是这个阶段的学生可塑性依然很强，我们力图通过"自主互助、高效愉悦的学习型课堂"的建设，指导学生学会学习，转变学生学习观念，建立自主学习、合作探究的新型学习方式，引导学生关注自我、认识自我，关注同伴、学会交往，关注合作、促进发展。

（二）理论背景

1.基于"泰勒原理"的课程观

确定教育目标、选择教育经验（学习经验）、组织教育经验、评价教育经验——构成了著名的"泰勒原理"，又叫"目标模式"。泰勒认为教育目标是非常关键的，而"自主互助、高效愉悦的学习型课堂"就要求有极强的目标意识。课堂依托预学任务单和达标检测单落实并检验学习目标的达成。"两单"的设计以学习目标为根据，其使用服务于学习目标的达成。

2.基于"建构主义理论"的教学观

建构主义理论强调以学生为中心，强调学生对知识的主动探索、主动发现和对所学知识意义的主动建构。"自主互助、高效愉悦的学习型课堂"以预学任务单为抓手，实现学生通过联系新旧知识，用已知的学习方法探索新知，主动建构自己的学习体系。预学任务单先行于课堂，知识不再是由教师简单地传递给学生，而是学生根据自身能力主动进行探索。在课堂教学中，教师进行引导提升，学生原有的知识经验因为新知识经验的进入而发生调整和改变，因学习前的充分准备而实现更好的建构与理解。

建构主义理论提出，教师的角色是学生建构知识的支持者，教师的作用应从传统的传递知识的权威转变为学生学习的辅导者，成为学生学习的高级伙伴或合作者。“自主互助、高效愉悦的学习型课堂”正是要建立这样一种师生关系。在教学过程中，教师通过创设良好的学习环境，引导学生采用独立探究、合作学习等方式来展开学习，逐步减少外部控制，提高学生自我控制的能力。教师旨在成为学生建构知识的积极帮助者和引导者，激发学生的学习兴趣，引发和保持学生的学习动机，创设符合教学内容的情境，提示新旧知识之间的联系，帮助学生建构当前所学知识的意义。

（三）实践背景

“自主互助、高效愉悦的学习型课堂”建设的研究，得益于学习、借鉴、吸收了当前新课程背景下逐渐成熟的十种教学形态，即合作学习、自主学习、探究学习、对话教学、互动教学、参与教学、体验教学、问题教学、生成教学、开放教学。虽然这十种教学形态在理论基础、操作步骤等方面不尽相同，但具有一些共同的特点，即都是指向学生发展的，立足学生全面发展、主动发展、个性发展和终身发展，充分体现新课程重过程、重体验、重探究的理念。

集团近年来也一直大力推动各校区的课堂变革，倡导“基于学生问题的教，自主合作探究的学”，给予学校强有力的后盾支持。我们要根据自身的特点，大胆实践，探索出适合自身发展的途径。2020年，学校成功申报济南市基础教育教学改革项目“九年一贯制学校小初衔接的实践探索——基于‘自主互助、高效愉悦的学习型课堂’建设”，以此为契机，不断深化研究，连续召开三届教学年会，以课堂变革为立足点，发挥九年一贯之优势，重塑课堂新生态。

二、概念界定

1.自主互助

自主学习是与传统的接受学习相对的一种现代化学习方式，学生作为学习的主体，通过独立的阅读、观察、分析、探索、实践等手段来完成学习任务，实现学习目标。互助，指学生通过相互帮扶、相互协作共同完成学习任务。这就要求，学生在课堂上有独立思考、合作探究、互助答疑的时间，能够通过自主、互助的方式解决问题。教师一定要舍得给学生这个时间，并且要培养学生自主互助学习的能力——这也是着眼学生终身学习、发展所需要的。

2. 高效愉悦

高效课堂，指课堂上学习目标清楚明确并且有效落实，不同层次的学生要落实要求且有效达成不同层次的目标。愉悦课堂，不仅指课堂学习氛围是积极愉悦的，是充满鼓励肯定的，是师生之间、生生之间相互信任的，是充满正向激励的语言的；还指学生能够在教师的引导与组织下开展富有挑战的思维对话活动并且获得成功的体验。而后者是更高层次的追求。

3. 学习型课堂

区别于传统的以教师讲解灌输为主的课堂，学习型课堂强调以学为主。学生的学习所得是通过自主思考、合作交流、质疑问难、答疑解惑等学习过程得来的，而不是通过教师告知灌输得来的。教师要转变理念，不以"我讲完了"为追求，而是以"学生学会了"为目的。学习型课堂提倡先学后教，基于学生在自学过程中提出或暴露的真实问题展开教学，对于学情的把握有客观依据而非教师的主观推测，这种基于学生的真实感受和疑问的教学，更能促进学习的真实发生。

三、价值意义

（一）立足课堂建设，提升课堂教学质量，促进新型课堂教学方式的建立

"自主互助、高效愉悦的学习型课堂"，是一种依托"一微两单"即微视频、预学任务单和达标检测单指导学生自学、检验学习目标达成情

况，以小组合作学习为主要课堂组织形式，充分体现自主、合作、探究新课程理念，充分体现学生主体地位，注重思维对话，充满激励信任的新型教学方式。主张把课堂时间还给学生，学生在课堂上自主学习、合作讨论、动手实践等活动时间充足；主张把课堂空间还给学生，学生可以走上讲台讲故事、演说、发表观点等，可以根据学习需要变动方向和位置；主张把提问权力还给学生，学生能够在独立思考的基础上形成自己的看法，培养发现问题、提出问题、分析问题的能力；主张把学习、认知、习得的过程还给学生，教师不能包办，学生在“思考”“探究”等有效的学习过程中亲力亲为，获得真正意义的知识建构，最终掌握正确学习方法，养成良好学习习惯，形成较强学习能力。

（二）立足学生成长，转变学生学习方式，促进学生学习力与思维力的提高

“自主互助、高效愉悦的学习型课堂”，对学生来说也是一个观念上的挑战。学生以前的“依赖、等靠”的“接受式”学习方式在“自主互助、高效愉悦的学习型课堂”上已经不能立足，他们必须扭转自己的学习观念，尽快融入自己的小集体，与小组成员共同探讨交流，提出自己的观点，贡献自己的智慧，并主动表现为小组争光。在“自主互助、高效愉悦的学习型课堂”中，学生的学习方式表现为主动性、探究性、合作性，学生通过观察、实践、调查、实验等自己进行探讨，自己进行推论，自己得出发现，在与教材、与教师、与同伴的对话中体验知识的生成过程，提升思维品质，获得思想启迪。

（三）立足教师发展，更新教育教学观念，促进教师专业素质与教学境界的提升

“自主互助、高效愉悦的学习型课堂”建设，促使教师转变教学理念与方式，坚持以学为主理念，先学后教，以学定教，多学少教，向课堂要质量，使成绩提升成为课堂教学质量提升的自然结果。教师要清醒地认识到，以学生发展为本不是削弱教师的作用，相反，从某种意义上说是对教师作用的强化，对教师提出的要求更高，在"自主互助、高效愉悦的学习型课堂"上，教师不再是知识简单的传授者，而至少应该成为学生学习过程中的对话者、引导者、决断者，也是教学智慧的创造者。

（四）立足文化建设，建立新型师生关系，促进彼此尊重、享受成长文化氛围的形成

"一切为了每一位学生的发展"是新课程的最高宗旨和核心理念，它得以实现的前提是教师要尊重每一位学生，要具有民主、平等的意识，要建立教学民主的策略和规则。"自主互助、高效愉悦的学习型课堂"倡导新型师生关系的建立，打破传统的专制型师生关系，强调师生之间平等的思维对话，构建真正民主、平等、和谐的师生关系。在教学过程中，教师尊重学生提出的合理建议，及时对教学作出相应调整；教师用不损害学生尊严的方式来批评学生，本着"以学生发展为本"的宗旨，用符合学生身心发展规律的方式来引导学生；教师要相信学生，相信每一位学生都有自主学习的发展潜能，相信每一位学生都有美好的情感，要用发展的眼光看待学生。

四、操作实践

任何课堂建设都离不开学习材料的组织、学习方式的选择和学习过程的建构。"自主互助、高效愉悦的学习型课堂"以"一微两单"作为学习的支架型材料，以"小组合作"作为重要学习方式，以"六步教学法"作为基本课堂流程，三者看似关联不大，但都紧紧围绕一个理念即"以学为主、先学后教、以学定教"来展开，都指向"自主、合作、探究"的新课程理念。

（一）学习材料的组织及基本原则策略方法

"一微两单"即微视频、预学任务单、达标检测单，是"自主互助、高效愉悦的学习型课堂"建设不可或缺的支架性学习材料，是课堂得以树立起来的重要脚手架。

1.微视频

微视频，也称微课，是在预学任务单基础上的辅助学生开展自主学习的补充材料，教师依据学习内容的难易程度有选择地设计或筛选有效的微视频资源，帮助学生更好地开展自学。微视频内容丰富，形式多样，既可以是知识理解类，也可以是练习巩固类，还可以是拓展延伸类；可以是课内的，也可以是课外的；可以是课前的，也可以是课中的或课后的。最理想的效果是微视频和预学任务单相结合，各科可以根据自己的学科特点有所调整。

2.预学任务单

（1）什么是预学任务单？

预学任务单是教师依据课程标准、教科书和学情，在充分备课、深入挖掘教材的基础上，从学生角度出发，设计并提供给学生进行自主、合作学习的支架性材料。学生在任务单指导下开展自主学习并提出问题，进行以小组为单位的合作学习，在课堂上个人或小组汇报自己的学习成果，教师检查和深化任务单的学习，点拨提升，从而让学生完成学习任务，达成学习目标。

（2）一份好的预学任务单是怎样的？

①任务单的制订紧紧围绕学习目标，并促进其有效落实。

②任务单的设计要具体可操作，不要让学生感到无从下手。

③任务单的设计要体现低、中、高不同层次， 满足不同层次学生发展需求。

④任务单中所设计的问题要使学生不看书不行，看书不看详细也不行，光看书不思考不行，思考不深不透也不行。

⑤任务单中要给学生留出质疑问难的地方，有了自己的问题，学习才真正开始。

⑥任务不仅要有用，还要有趣。既要有良好的目标承载力，还要自带动力。

其中第六项，创设自带动力的核心任务情境，是任务单中最见智慧的设计所在，比较适合运用在大单元整合教学中。好的核心任务要有“良好的目标承载力且自带动力”，这一般理解为以下三个方面：一是贴近学生生活和兴趣点，自带动力，学生愿意去做的任务；二是学习目标明确，能够提供适切的量规和工具的任务；三是学生能及时得到反馈，收获感强的任务。

（3）预学任务单的使用策略

预学任务单可在课前、课中发挥作用，主要有两种形式：

第一种“大步放手”：教师发放有完整学习内容的预学单→学生依据任务单自主学习，记录个人疑问→小组合作探究，修改补充，记录小组疑问→小组上台汇报，展示成果，提出疑问→组间互动交流，完善提升，答疑解惑→教师精讲点拨，拓展升华，迁移运用。

这种形式多用于语、数、英学科，课时充足，放手程度较大，学生几乎预学全部内容。起步阶段建议分两课时完成，第一课时教师要当堂指导学生依据任务单自学，也就是要上一节自学指导课，随着学生自主学习能力的提升，可以考虑放在课前来完成；第二课时再进行小组汇报展示，交流提升，精讲点拨等。

第二种“小步快走”：教师依据课堂学习进度，分模块出示自学任务→学生依据任务单进行第一模块的自主学习，记录个人疑问→小组合作探究，修改完善，记录小组疑问→小组上台汇报，展示成果，提出疑问→组间互动交流，补充提升，答疑解惑→教师精讲点拨，拓展升华，迁移运用→按照上述流程进行第二模块及后面模块的学习。

这种形式多用于语数外之外的其他学科，小步子分模块落实，节奏快速。任务单的使用并不是一成不变的固定模式，主要为学生的学习服务，旨在激发学生的主体意识，培养学生的自主学习能力和兴趣。

3.达标检测单

当堂检测，是“自主互助、高效愉悦的学习型课堂”中的重要一环，是检验学习目标达成情况的有效途径，是提高课堂质量行之有效的方法。达标检测单的设计，要求检测内容要与学习目标一致；题目难度适中，以落实基础为主，加上适当的中档题设计；题目设计还要分层，面向全体学生，关注不同层次学生的发展；题目数量适度，避免当堂检测简单化。达标检测有明确的实施要求：学生能有较为充分的时间（5~10分钟为宜）完成当堂检测；检测的评价与反馈能当堂完成，可以利用智慧课堂信息化手段精准把握学生掌握情况，也可以通过小组合作批阅、学生互批、学生自主批阅的方式进行，教师及时了解当堂检测的目标达成情况；对不达标学生进行跟进指导，有二次达标补偿措施。

（二）学习方式的组织及基本原则、策略方法

小组合作学习，是“自主互助、高效愉悦的学习型课堂”重要组织形式。“自主互助、高效愉悦的学习型课堂”充分发挥学生的学习主动性，学生按照任务要求开展自主学习、小组交流探究，因此，小组的有效组织与合作是开展自主互助学习、实现高效课堂的重要前提。

1.小组组建

一个小组由4~6人组成，主要考虑学生能力水平，或将不同能力的学生组成一组，即异质小组；或将相同能力的学生组成一组，即同质小组。研究者发现越低年级越适合组建能力异质小组，能力差别很大的小组里的成员能展开更深入的思考，能给出并接受更多的解释，在讨论材料时能有更深远的见解。随着年级的升高，学生抽象思维能力、逻辑思维能力与语言能力不断发展，能力同质小组越来越适合学生的合作学习。因此，考虑到学生的年龄特点及能力特点，我们一般在七八年级按照“同组异质”的原则将学生分成若干四人组或六人组，同位两人构成师友互助关系。到了九年级尤其是下学期实施分层教学，则组间能力同质小组开展自主互助学习。

2.小组分工

组建小组之后，各个小组进行民主选举，分别推选出自己小组的组长、记录员和秩序员。组长负责小组的全盘工作，是整个小组的总负责人和总策划人，在平时的小组讨论、汇报时担当组织者的核心角色。秩序员负责小组的秩序，原则是思维可以活跃但纪律不能松散。记录员负责记录小组成员每天所得奖励，记录小组成员的成长足迹，很多内向但认真的同学在此岗位上找到了自己的价值。

成员	职责	分工
1号	组长	组长是整个小组的总负责人和主持人，在平时的小组讨论、汇报时发挥组织者的核心作用。
2号	副组长	副组长负责协助组长，在组长不在时发挥组长作用。
3号	记分员	记分员负责记录小组每天所加分数，及时提醒。
4号	纪律监督员	纪律监督员负责小组讨论时的秩序提醒。

另外，要使学生明确，小组的组建有两个核心目的：共同讨论问题、帮助困难同学。教师应引导学生自主制订小组成员必须遵守的规则，所有的规则都应指向上面两个目的。小组的规则要鼓励提出问题者、鼓励讲题者、鼓励学习困难者、鼓励完成作业者、鼓励改错者、鼓励组长、鼓励优秀的集体……这些规则是根据小组的运行情况逐步建立、逐步完善的。需要强调的是，每个规则的提出，都需要小组内全部成员的认可。要让学生逐步成为规则的建立者。这个过程也是教育的过程，只有在这样的过程中，他们才有主人翁的角色体验。小组的高度自治和成员的合理分工，体现了学生自我管理的能动性，尽可能地做到人尽其才，发挥出最大的效率，学生在这样的管理中得到了自信，收获了快乐。

3.小组协作

教师应给予具体的指导，使小组成员之间的协作更加有效。“自主互助、高效愉悦的学习型课堂”区别于以往以听讲为主的传统课堂，学生参与学习全过程，小组协作最主要表现在组长带领组内成员进行交流探究的互助合作学习阶段，这是小组协作的具体过程，需要教师借助一些方法和策略对学生进行有针对性的培养。

（1）教师要成为学生互助合作学习的观察员。在学生合作学习阶段，教师要善于观察学生合作学习中出现的问题，及时给予指导帮助。

课堂上小组合作学习问题集合：组长不能调动组员开展有序讨论，小组内寂静无声；讨论停留在浅层次，不会深层追问“为什么”；学优生主宰问题答案，学困生不知所措，应付了事；不能最终形成完善的观点，到汇报展示时不敢上台；其他纪律问题，关注与学习无关的事情。

（2）教师要成为学生互助合作学习的指导者。具体的指导策略：

①指导小组成员合理分工。各个小组进行民主选举，分别推选出自己小组的组长、记录员和秩序员。组长负责主持小组讨论，形成最终观点，并带头帮助组内学困同学，使其跟上学习步伐；秩序员负责维护讨论秩序，思维可以活跃但纪律不能松散；记录员负责记录小组成员每天所得分数。

②指导学生制订小组成员必须遵守的规则。要使学生明确，小组的组建有两个核心目的：共同讨论问题、帮助困难同学。比如：在讨论时，人人都要发表观点；认真倾听组内同学发言，不得嘲笑讽刺。

③指导组长有序组织讨论，明确讨论流程：重申要讨论的问题→组织组员轮流发表观点，及时进行关键词记录，必要时追问“为什么”→发表自己的观点，并带领组员形成最终完善的观点，关键词记录→询问组员有无疑问，让学困同学重述观点，答疑解惑→确定汇报展示发言人，最好是组内学困同学，其他成员补充发言。也可以组员共同上台，合作完成汇报展示。

4.小组评价

“自主互助、高效愉悦的学习型课堂”实行“小组团队式”评价。

评价坚持发展性原则、客观性原则、公开性原则、激励性原则。小组的建立基本遵循组间同质、组内不同质的原则，使各组的实力相对均衡。采用积分的方式，对每一课的学习情况进行及时评价。这个得分是小组共享得分，跟每个人都有关系，那些原本不太积极的学生会因为不想影响他人而努力，而那些优秀的学生也因为承担着一个组的组织任务而得到更多的锻炼和提升。

（1）评价内容

评价内容主要包括课堂、作业、检测三部分内容，由各学习小组长和各学科教师负责，各学科要形成一致的积分机制，形成评价合力。评价机制的建立可以根据各班实际情况来确定，以九年级评价机制为例：

项目	加分机制
课堂	人人参与的小组汇报展示，按照A、B、C三个等级分别给予10、8、5分奖励；作为代表汇报小组观点的个人发言，按照组内序号给予1~4分的双倍奖励；未经小组讨论的个人发言，如回答教师提问或补充、纠正、质疑同学发言等，按照组内序号给予1~4分奖励。 问题意识：学生能提出问题加1分，有价值额外加2分。 积极回应：做到积极倾听和及时回应的同学加1分。
作业	按照作业所得等级加分，A+加5分，A加3分，其他等级不加分。语数英“基础天天练”全对的按照作业A+加5分，其他等级不加分。
检测	期中检测等大型考试，参照作业评价双倍加分，即按照相应分数段或等级，满分A+加10分，达到优秀分数线A加6分，且每进步一个名次加2分。

（2）计分方式

为形成评价合力，各学科要严格遵照上述计分机制，杜绝出现随意加分扣分现象。为发挥激励作用，学习方面的评价实行只加分，不扣分。评价机制制订好，就一定要在课堂上实施。师生共同评价，做到客观公正公开，否则学生会感到无所谓或不公平，影响学习积极性。

各学科教师负责安排每次上课时黑板上的各组过程性加分（包含课前

作业点评加分、检测点评加分和课堂发言加分等）。下课时汇总统计，一天的课程结束后汇总填写到教室前方的小组积分评价栏中。

（3）奖惩措施

积分机制要配合奖励措施：升旗仪式上对每周优胜小组和每周之星进行颁奖表彰。每周之星要出自每周优胜小组之中。对每周优胜小组实行“无作业日”特权奖励，被奖励学生有权根据自己的实际情况在“无作业日”自主安排学习，当日作业按A等级3分计入统计表。

（三）学习过程基本原则和策略方法

“自主互助、高效愉悦的学习型课堂”一般包含自主学习课（指向问题生成）和合作探究课（指向问题解决）两种课型。

1.自主学习课

（1）小学数学“读—画—思—问—答”五步自学法

读：通读课本内容，自学内容读两遍，不懂的部分跳过。阅读顺序为从上到下，从左到右，从前到后。

画：勾画重点、关键信息等。重点信息（条件用__，问题用~）、关键词语（用△）、不懂的内容（用？）。

思：总结思考主要知识点、思想方法等。书上的文字描述、图表的含义是什么？发现了什么？学会了什么？把思考内容总结写出来。

问：鼓励学生猜测与提问，至少提出两个问题，并尝试回答问题。把自己的疑问和猜测写下来，激发学生的自主学习热情。

答：学生在自学过程中，对提出的问题进行解答，进行适当的练习检验预习的效果。一边思考一边练习是种不错的学习方式，预习完成后可以完成例题中的“做一做”。

开始阶段，教师在课堂上领着学生进行课前自学，等学生熟悉了自学程序，有了自学能力后再放手到课外。学生以课本学习为依托，根据教材编排特点独立完成自学预习，本环节主要放在课前进行，了解课堂将要学习的数学知识，看哪些知识通过自学能掌握，并标记出哪些知识还存有疑惑，有待课堂中与同学交流。

学生带着对该知识的认知，到课上先就自学情况进行小组交流，尝试解决更多问题，同时也总结经验、筛选问题。在这样的认知前提下，再进行小组互学、共学，形成发现问题、提出问题、分析问题、解决问题的意识。

（2）初中语文五步自学法

第一步：一读课文，解决字词。边读边做批注，圈画出生字词，标出文章段落的序号。结合课下注释，通过查阅工具书解决生字词的读音和释义。将查阅的读音和词义写在课本对应的位置。

第二步：再读课文，理清脉络。扫清文字障碍后，再读课文，通过圈画文中关键的词语、句子，抓住文中时间变化、地点转变的词语和新的人物第一次出现的段落。圈画每段中的中心句、总起句，关注段首段尾句，概括总结梳理文章的脉络层次。

第三步：结合背景，理解主旨。通过查阅资料及预习单中的助读资料，了解文章的写作背景。结合具体的写作背景，再去读课文，圈画相关事物特征、人物形象特征和人物品质的词语，以及关键语句，进行批注，体会作者的思想感情掌握。

第四步：品读课文，赏析语言。圈画出认为描写生动形象和表达紧扣主旨的句子，进行旁批；抓关键词及联系上下文，体会文章的语言及表达出的深刻的含义。

第五步：写下感悟，提出疑问。通过自主学习，写下自己的感受和在阅读中的困惑，训练敢于质疑和提出疑问的能力。

2.合作探究课

概括来讲，“六步教学法”构成了“自主互助、高效愉悦的学习型课堂”基本流程。尽管各学科性质不同，学习内容不同，课型也不尽相同，但从学生的学习规律出发，站在学生学习的角度，我们还是能够探索出一条适用于各学科教学的基本程序：

自主学习，暴露问题→合作探究，解决问题→汇报交流，展示成果→互动补充，质疑释疑→精讲点拨，迁移运用→总结升华，达标检测

简称“六步教学法”。各学科教学时依据学科特点、课型特点等灵活运用“六步教学法”，但不能改变“先学后教、以学定教”的原则，尤其是教学重难点的突破一定要经历上述程序，使学生在充分的探究中学明白。

“六步教学法”是学习型课堂建设的1.0版本。随着课堂建设的不断优化，我们又逐渐探索出融合信息技术手段，形成包含课前、课中、课后三个阶段的教师活动、学生活动明晰的“三段八环节”教学流程，体现自主学、精准教、个性育。

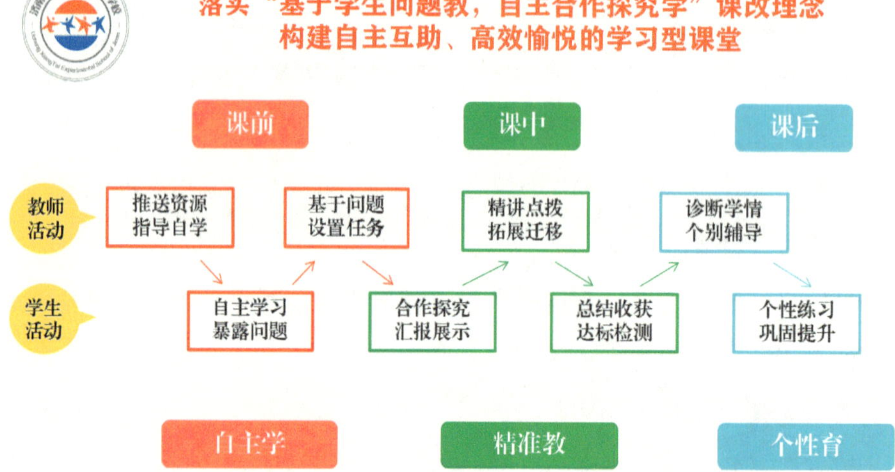

（1）流程介绍

①课前：推送资源，指导自学→自主学习，暴露问题→基于问题，设置任务

教师根据课程标准、教材和学情的分析制订明确的学习目标，并依据学习目标设计预学任务单，视情况推送相关微视频资源。学生依据任务单自主学习，通过阅读教材、观看微视频等独立完成预学任务单上的内容，并记录下个人在自学时的疑问与感受。预学任务单至少提前一天下发到学生手中，保证学生有充足自学时间，也可拿出时间上预习课，指导学生如何自学。

学生自学完成后，教师收集学生的预学任务单进行查看批阅，利用智学网数据或手阅结果将学生出现的问题进行归类，找到共性错因，记录相关学生姓名，这对教师课堂补救、学生当堂达标很关键，是精准教学的体现；教师要特别注意学生自己提出的疑问，进行归纳提炼，将其作为课堂教学的宝贵资源；教师根据问题汇总与分析进行二次备课，设置学习任务，注重迁移，每类再设计1~2个类似问题以备课堂上使用。

②课中：合作探究，汇报展示→精讲点拨，拓展迁移→总结收获，达标检测

教师依据课堂进度，适时展示学生暴露出或提出的共性问题，作为小组合作探究的核心问题。各组开展讨论，教师要进行巡视观察，倾听各组同学的思路。

小组上台展示思路和过程，鼓励两位同学先展示，另外两位同学进行思路补充和答疑解惑；对于汇报过程中出现的问题，教师可以出面引导，但不要出手太早，让学生把问题暴露出来更利于后续的学习。上台汇报展示需要有前期的培训指导，包括方式、速度、姿势、礼仪等，力求使汇报展示达到最优效果。

台下小组认真倾听，并通过“对”“我有疑问”“我有补充”等语言进行积极回应。教师要鼓励台下小组展示不同思路，鼓励小组之间进行辩论，让学生充分表达观点。互动交流结束后，师生要共同对台上小组的汇报展示进行评价。

教师进行精讲点拨，迁移运用。继续出示难度更大，或者是综合性程度更高的问题让学生去解决，鼓励同学们继续攻坚克难。

当堂进行总结升华，达标检测。学生能有较为充分的时间（5~10分钟为宜）完成当堂检测，并当堂进行检测的评价与反馈。可以利用智慧课堂信息化手段自动批阅，也可以通过小组合作批阅、学生互批、学生自主批阅的方式进行。

③课后：诊断学情，个别辅导→个性（分层）练习，巩固提升

教师及时了解当堂检测的目标达成情况，对不达标学生进行面批辅导。教师结合学生学习情况设计分层练习，包含基础与提高两部分。开通智学网个性化学习手册功能的学科，可利用信息化手段推送适合学生个人的个性化练习，提高教学的精准性。

（2）学习型课堂中教师的作用

学习型课堂充分体现以学为主理念，课堂上多学少教，先学后教，以学定教；充分重视学生的疑问与感受，基于学生暴露或提出的真实问题展开教学，精准把握学情，实施有针对性的教学；充分展示学生的思维过程，鼓励生生之间在课堂上进行质疑、辩论，使学习在深度思维对话中发生。课堂上，学生的主体地位明显，教师退居幕后，但仍要发挥不可忽略的作用。

第一，培养学生的质疑问难能力。

“学起于思，思源于疑。”学生质疑问难的能力如何，关系到课堂思维含量的高低，关系到高质量课堂生态的形成。质疑问难贯穿“六步教学法”全过程，尤其需要教师的培养与指导。概括来讲，就是要让学生“想问敢问、善问乐问”。

鼓励学生想问敢问，具体策略有：

①实行教学民主。教学民主要求教师不以权威自居，不以自己为中心，要和学生建立一种资源分享的伙伴型师生关系。唯有实行教学民主，

学生在心理上才会感到安全、自由，才能心情舒畅、思维活跃、敢想、敢说、敢问。

②贯彻“无错原则”。当学生提出或对或错、或易或难的问题时，教师都应以和悦的态度去倾听，要认识到学生在成长过程中是尚不成熟的个体，要正向看待学生的质疑问难，要让每个敢于提问的学生不因提问错误而感到遗憾。学生提问是积极思考的表现，观点错误可以导向正确、导向创新，教师要鼓励思考、鼓励提问。

③鼓励争论，延迟判断。当学生因不同意见引起争议的时候，教师不要急于当裁判，让学生相互争论、相互启迪、相互激励，让学生产生更多的问题，诱发更多的想法。

培养学生善问乐问，具体策略有：

①明确要求。教师要明确告知学生不要为提问而提问，质疑问难要注意礼貌和秩序。

②教授学生“问”的技巧。让学生抓住题目问，抓住细节问，抓住矛盾问，抓住对比问等。

③示范引路，正向激励。教师可以提出一些启发学生思考的问题，并向学生展示自己提出问题的思维过程，使学生有法可循，潜移默化地学会质疑问难。对于学生提出的优质问题，要及时给予肯定表扬，树立榜样。激励其他学生仿效学习。

第二，营造良好的课堂学习生态。

课堂是学生学习的舞台，教师退居幕后，但也要在关键之处出场，营造良好的课堂学习生态。教师要成为学生学习过程中的对话者、引导者、决断者和教学智慧的创造者。具体策略有：

①适时切入，点拨引导。

学生在进行一连贯的汇报时老师不忍心打断，当学生把所有自己理解的都汇报完之后，却错过了需要重点关注的点，老师需要再从头引导……

因此，在学生汇报到一些重点或难点的时候，老师就要及时切入，或提醒强调，或追问补充，以达成学习目标。这个时机的把握，需要老师高度集中注意力倾听学生发言，而且心中明确要提醒强调、追问补充的“点”。

②架起桥梁，引发互动。

研究表明，学生面对其他同学的补充、提问或质疑时，更有可能认识到自己的观点与他人的差异，更能激发好胜心，积极调动思维，澄清、优化、重组自己的观点。教师应在学生与学生中间架起“对话”的桥梁，促进生生互动。“你同意他的观点吗？为什么？”“有哪位同学和他的观点不一样？”“台下同学有补充或疑问吗？”“谁能再用自己的语言解释一下刚才同学的观点？”提出问题后，教师要让学生在充分的互动交流中生成自己的理解，这样才能使学习真实发生。

③梳理归纳，总结提升。

教师要在学生自主汇报、相互补充之后进行相应的梳理归纳、总结提升。要把一个小组生成的认识扩展到全班，形成全班的共识；要通过教师的精讲补充，帮助学生将认知提升到一个更高的层次，绝不能停留在学生的认识水平上就结束；要指导学生记笔记，将所学落实到纸面上。

④肯定表扬，积极评价。

学习过程中经常出现的情绪是困惑、焦虑与喜悦。与学习有正相关的情绪是喜悦和困惑，前者能让学生保持学习投入，后者则能激起学生学习的欲望。课堂上，教师应当积极回应学生的发言，当学生回答正确时给予积极的肯定、反馈与奖励。“这个组的汇报最让我惊喜的是……”“没想到你们能……真不简单！”即使学生回答错误，也不要轻易否定。要让学生视错误为宝贵的学习机会。“感谢你为大家呈现了一个这么有价值的错误，相信你现在弄明白了，再来说一遍。”不要让学生带着错误、带着失败的情绪上课。

五、实践成效

“自主互助、高效愉悦的学习型课堂”其实是在强化目标教学的意识和学生的主体意识。在教学设计一开始，教师就要成为“明白人”，要有明确的课堂教学目标，然后考虑学生在学习中可能会存在什么困难，教师能给出什么帮助。我们坚定地认为，所有的课堂教学改革，都应该围绕如何让学生学会自己学习、愿意学习这一目的展开。那种以教师个人展示为主的评优课，学生只是配角，不能说没有价值，相比起来，我们更看重学生在课堂上的成长、发展和变化。“自主互助、高效愉悦的学习型课堂”建设两年以来，不仅建立起“一微两单六步教学法”这一新型课堂教学方式，助力学生学会学习，还培养了教师，凝聚了团队，涵养了学校的精神气质。

（一）学生的转变

学生的学习方式在改变。“自主互助、高效愉悦的学习型课堂”与传统课堂教学最大的不同就在于：变知识传承、成绩本位的课堂教学为以学生为本、以能力为重的课堂。学生在课堂上有时间进行独立思考，有机会进行合作交流，他们经历学习过程，勇于展示自己，敢于发表不同观点，有效激发学习动力。以小组为单位的团队展示与评价，要求他们不仅自己要学会，还要关心和帮助组内其他成员获得成功。为了呈现更好的学习成果，小组成员各抒己见，集思广益，互相启发，互相激励，进行充分的信息交流和资源共享，让学习在这样的交流碰撞中发生。

学生的能力素养在提升。课堂上，学生围绕核心问题展开多层次的思维对话，从自主学习、合作探究，到汇报展示、质疑释疑，学生逐步走向深度思考。在这一过程中，学生的思维力、表达力、学习力得到有效提高。我们经常听到学生之间这样的对话：“对于这个问题，我们小组认为……大家同意吗？”“我有补充……”“我有不同意见……”“这个地方没听明白，请再说一遍……”学生思维活跃，有时甚至会发生激烈“辩论”。我们要给学生创造这样的学习环境，立足学生核心素养，为学生终身发展奠基。

（二）教师的转变

教师的教学方式在改变。越来越多的老师在课堂上践行自主合作探究的学、基于学生问题的教，充分运用“一微两单”，精准把握学情，关注学生困惑，调动小组互助合作，激励生生质疑补充，扎扎实实培养学生的自主学习能力，培养学生的良好思维品质。在覆盖全学科的学校优质课评比活动中，我们看到，教师不再是主角，课堂是学生学习的舞台，学生上台展示汇报，或示范讲解，或暴露问题，生生之间与师生之间的质疑、追问、纠正、补充已常态化，一种新的课堂生态已然形成。

教师的教学理念在改变。“教课就是教思想，教学就是教方法。基于学生的感受和疑问进行教学设计；善于给学生搭建梯子，带领学生入情入境，将‘把内容讲好’转变为‘教学生学会’，充分发挥学生主体地位。”单梦帆老师有了这样的认识。“教师要充分把握教学重难点，怎么设计能让学生愉悦地参与其中，享受整个课堂知识的探索经历，而不是整堂课都是教师在激情演讲。教师在整个过程中应充当引导者、辅助者，将课堂交还给学生。”张田田老师在实践中写下这样的感悟。

教师的研究意识在增强。课堂建设的研究，引发了老师们多角度思考课堂教学，敢于尝试变革。如语文学科专题整合式教学、“任务单+整本书阅读”教学的探索，英语学科“全过程”作文教学探索等。每个教研组都有自己的研究专题，每个老师都在用自己的脑袋思考课堂教学中的问题和如何解决这些问题。这种求真务实、敢于钻研的劲头，使得老师们的专业能力有了显著提升。

（三）文化的形成

“自主互助、高效愉悦的学习型课堂”建设，也在无形之中影响着教师的思维与境界，影响着学校的文化氛围。

一种民主、平等、和谐的师生关系正在建立。“自主互助、高效愉悦的学习型课堂”建设的核心是尊重人，唤醒人，培育人。它打破了传统的专制型师生关系，课堂以学生的发展为本，注重学生自主学习和探究，强调师生之间平等的思维对话和理解，关注课堂中愉悦和谐的群体生活和积极愉悦的学习氛围，让课堂换发生机与活力。课堂上，教师关注每一个，尊重每一个，信任每一个，以实际行动践行“每一个都很重要”的校本文化。

一种合作共享、成人达己、昂扬向上的团队文化正在形成。“自主互助、高效愉悦的学习型课堂”要求学生发挥团队力量，互助合作，这对教师也产生潜移默化的影响。越来越多的教师选择抱团前行，在团队中贡献力量。各教研组协同作战，资源共享，面对问题，全组头脑风暴，人人建言献策，“诗词飞花令”“最强大脑”“燃烧吧ABC”等学科活动就是大家共同策划，分工协作来完成的；组内一人赛课，全组出动，大家群策群力，力争达到最优效果。团队好才是真的好，在这样的文化氛围中，教师逐渐开放自己，无惧超越，个人的境界与格局有了很大提升。眼中有人，心中有爱，我们相信，学生、教师必将在这样的精神家园中幸福成长。

隋天龙　周雪娇

第二章

新常规涵养新生态

——『九年一贯制贯通式培养』课例设计和教学论坛

课例 1：人教版小学美术一年级上册《鱼儿游游》

张晓彤

【学习目标】

1.了解鱼的基本组成部分及特点，尝试用绘画的方式，表现鱼的基本形态及动态美。

2.通过“赏鱼儿——探鱼儿——绘鱼儿——评鱼儿”创设情境及游戏的方式，激发学生对鱼儿的兴趣。通过观察感受、欣赏体验等方法，发现鱼的特点，分析鱼的外形及颜色，并通过熟悉的绘画方式来表现生动的鱼儿场景。

3.体验鱼儿造型及颜色的美感，形成善于观察、善于思考、敢于探索的学习态度，从而得到美的熏陶。在动手绘画中懂得珍惜自然、爱护动物，传输我国非遗艺术，培养学生民族自豪感等。

【学习重难点】

重点：用自己熟悉并喜欢的方式表现和装饰游动的鱼儿。

难点：表现鱼儿在水中游动的姿势，适度装饰，合理安排好画面。

【学具教具】

教师准备：教师教学用书、多媒体课件、拓展作品等。

学生准备：彩色卡纸、胶棒、勾线笔、彩色水笔、油画棒。

【学习过程】

课前常规训练，学生代表上台喊口令："课前准备——准备准备；物品摆放——摆放到位；头正——身直；肩平——足安；坐姿——端正！"）

一、创设情景，激趣导入

1.视频出示真实的海。真实的动态的海面波浪。

提问：你们知道海洋里都生活着什么吗?

学生回答：鲨鱼、鲸鱼、贝类等。

教师总结：原来海洋里生活着这么多的动物和植物啊，让我们一起走进海底世界，看鱼儿游游。

2.出示课题《鱼儿游游》。

二、欣赏分析，攻克难点

赏鱼儿

1.播放海底世界视频：快看，小鱼来啦！

2.播放视频后提问：你看到了什么?

学生回答：看到了各种各样的鱼，还有海草礁石呢。

3.出示合作要求：刚才你看到了什么？小组合作分工汇报，声音响亮。

4.快和你的小组分享一下吧。

（提示：讨论结束的小组要尽快坐好。）

探鱼儿（形状美、花纹美、色彩美）

1.小组合作展示

哪个小组可以来分享一下呢?

请你们小组上台汇报！小组汇报成员声音要洪亮清晰哦！

小组成员开始分享。

学生A：我喜欢鱼儿的颜色，我看到了很多黄色的小鱼还有蓝色的小鱼。它们五颜六色的，特别好看，大家同意吗?

学生B：我觉得小鱼游起来的时候特别快，也特别可爱！

学生C：我看到了很多长得不一样的小鱼，有的鱼长长的，有的鱼圆鼓鼓的，有的鱼扁扁的。

学生D：我看到小鱼有鱼头、鱼尾还有鱼鳍，大家还有补充吗?

2.教师总结

及时跟进学生A：哦，这位同学说的是小鱼的色彩！有一些动物身上的花纹和它们的生活环境有关，热带鱼所处的热带海洋里有很多色彩斑斓的珊瑚和海藻，所以，热带鱼身上的花纹能让它更好地隐藏自己。

跟进学生B：它是怎么游的?你能表演一下吗?太棒了！你发现了小鱼的姿态美！我们一起来游一游吧！

及时跟进学生C：这是小鱼的形状，小鱼有各种各样的形状，有方形的、圆形的、三角形的还有各种不规则的图形。

及时跟进学生D：（图片放大，方便同学观察）这是说的小鱼的身体都由哪些部分组成的。

待会儿我们要画小鱼了，画小鱼的时候，要记得把小鱼的每个部分都要画出来哦！

这些五彩斑斓、形状各异的小鱼也引起了艺术家们的联想，看看他们是怎么表现鱼的呢?

三、自由创作，发挥想象

绘鱼儿

同学们讲的真好啊，咱们一起把小鱼画下来吧！

教师示范：我想画个……的形状，也可以再画个……的形状，再给它们加上装饰，正好可以用到我们之前学过的各种各样的点和各种各样的线，来装饰我们的这条小鱼。（示范装饰一部分）

四、艺术实践

1.选择造型姿态不同的鱼，把它们装饰一下吧！

2.出示星级评价。

评价内容	星级
能用简单的色彩及花纹装饰小鱼	★
能用丰富的色彩及花纹装饰小鱼并能表现鱼儿的姿态美	★★
美化小鱼同时能创编出鱼儿之间的故事	★★★

3.教师巡回指导。

4.口令：停笔！同学们，我们创作时间结束，材料归位！

表扬已坐好的小组。

五、展示作品，评价总结

评鱼儿

1.自评：请完成的同学上台粘贴展示自己作品并自我评价。

2.他评：请同学上来点评其他同学的作品。

3.教师小结：每条小鱼都不太一样，但是他们可以在同一片海洋里开心地生活。就像我们班同学一样，虽然每个人都有自己不同的性格和脾气，但是我们可以快乐地生活在这个班级体里！

【作业设计】

请选择一条造型姿态不同的鱼，来把它们装饰一下吧！（用时12分钟）

【板书设计】

《鱼儿游游》

色彩美　　姿态美

形状美　　花纹美

课例 2：部编版小学语文六年级下册《腊八粥》

朱梦如

【学习目标】

1.会读、会写本课词语，能够流畅朗读课文。

2.能够梳理并解决本节课的主要问题。

3.通过朗读体会沈从文笔下所蕴含的浓浓亲情。

【学习重难点】

1.梳理课文问题，学生能够自主讨论解决。

2.朗读体会课文中表达的情感。

【学习过程】

同学们，这节课我们依然有请小助理带领同学们进行课前热身——诗词擂台赛。有请小助理。

一、诗词擂台赛

规则：小组在座位上依次轮流读接读诗句，读错一个加1秒,总时长最少者为本期擂主，即挑战成功。

移舟泊烟渚，____________________。

黑云翻墨未遮山，____________________。

____________________，清风半夜鸣蝉。

旧时茅店社林边，____________________。

____________________，万水千山只等闲。

更喜岷山千里雪，____________________。

捐躯赴国难，____________________。

____________________，无边光景一时新。

儿童相见不相识，____________________。

九曲黄河万里沙，____________________。

千里莺啼绿映红，____________________。

____________________，多少楼台烟雨中。

迢迢牵牛星，____________________。

中庭地白树栖鸦，____________________。

____________________，老大徒伤悲。

小助理：现在我们进行诗词擂台赛，谁来挑战？

生：我来挑战（要求全员举右手）

小助理：请××组挑战，他们组用时××秒/分，谁来挑战？

小助理：请××组挑战，他们组用时××秒/分，挑战成功/挑战失败。谁来挑战？

小助理：最后一个组挑战完成，我宣布本期擂主是××组。

二、检查自学

小助理：本节课我们要学习《腊八粥》，下面进行自主学习交流，这篇文章的作者是沈从文，谁来说一说对沈从文的了解。

1.自学汇报——了解作者

沈从文（1902—1988），中国著名作家，原名沈岳焕，苗族，湖南凤凰县人。沈从文创作的作品结集约有80多部，其作品有浓郁的地方色彩，体现了乡村人物特有的风韵与神采。主要作品有《石子船》《从文子集》等30多种短集小说集和《边城》《长河》等6部中长篇小说。

小助理：感谢同学们的分享，这是我们第一次学习沈从文的文章，通过大家的分享，我们对他有了初步的了解。

2.自学汇报——检查字词

小助手：现在我们进行自主学习情况汇报，哪个小组来汇报字词?

全体学生：我来汇报。

小助手：请××小组上台汇报。

（1）词语认读

组长：大家好，我们是××组，现在由我们汇报这一课的字词，请同学们先跟我读词语……请大家注意看“嘟囔”这个词，课文中标注的是它的本音，但在这个词语中“囔”读轻声，还有“唾沫”这个词，“唾”读“tuò”四声，请大家再跟我读这两个词。（重点字词：咽下 汤匙 搅和）

（2）生字识记

请大家看屏幕标红的生字，是要求会写的生字。

组长：请大家看“粥”这个字，它是左中右结构，请大家注意中间的“米”最后一笔是点。

组员：请大家看“腻”字，它是左右结构，左窄右宽，大家注意看右半部分的两个短横，上短下长，右上角有点。

组员：请问大家还有什么疑问或补充？

组长：我们组汇报完毕，请大家给我们打分，谢谢大家。

3.自学汇报——检查朗读

小助手：下面我们进行课文朗读的检查。今天检查第13和第15自然段，两分钟时间自由朗读。时间到，谁来读？

全体学生：我来读。

小助手：请××来读。

小助手：请大家给他评价打分。

小助手：谁来读？

小助手：请大家给他评价打分。

小助手：自学汇报到此结束，下面请老师带领我们继续学习课文内容。

4. 自学汇报——生成问题

学贵有疑，疑则进步，能够提出有价值的问题对于语文学习很重要。课前，老师批阅并梳理大家提出的问题，同学们请看大屏幕。（PPT出示同学们预习单上梳理的问题）

除此以外，同学们针对《腊八粥》这篇文章，一共提出了73个问题，其中，涉及课文内容的38个，关于写作方法的25个，结合生活实际的10个。下面我们就围绕这些问题进行讨论解决。同学们认为先解决哪一类问题？

三、解决问题

1.这篇课文围绕“腊八粥”写了哪些事情？

（1）回顾六上第八单元学习的把握文章主要内容的方法。

学生：借助题目，抓关键句，列小标题，分析事情的起因、经过、结果。

（2）这篇课文适合用哪一种方法把握文章的主要内容呢？大家自己思考，有了想法之后，小组讨论交流，梳理出文章层次。时间共5分钟。

组1：大家好，我们是××组，我们通过这篇文章的题目知道，文章围绕腊八粥写了三部分事情，第一部分是第1自然段“腊八粥是怎么做的和大家都喜欢喝腊八粥”，第2至第17自然段写了八儿想要喝腊八粥，我们可以概括为“等待喝粥”，最后第18至第19自然段是一部分，写了“八儿一家人喝粥”。大家同意我们的意见吗?

生1：我有补充，我们组讨论之后认为第2至第17自然段写了四个事情，第2至第8自然段应该是八儿盼望腊八粥快点熬好，可以是“盼粥”，第9至第12自然段是八儿说如何分粥，第13自然段八儿猜粥熬成什么样。第14至第17自然段八儿终于看到了锅里的粥。你同意我的说法吗?

组1：我觉得你说的有道理，但是我们认为我们说的也没有错，在讨论的时候，我们组也注意到了这四件事，由我们组的另一位组员来说吧。

组1：就是你说的盼粥还有分粥等这四件事情他们应该都是等待喝粥的一部分，他们是在八儿等待粥熬好的过程中发生的事情，所以我们认为应该放到一起。我们的汇报完毕。

师：大家讨论得很激烈，说的也很有道理，说明大家在认真思考。

师点拨：其实这个问题，聪明的同学应该学会看课后题，请大家看课后题第二题，课文主要写了等粥和喝粥两部分内容，因此，刚才大家讨论的“盼粥、分粥、看粥、猜粥”属于哪一部分?

生：它们属于等粥。

教师小结：没错，刚才同学们存疑的地方，正是我们这一单元的学习重点，作者是如何把内容写详细的？是借助“盼粥、分粥、猜粥、看粥”这四个场景，写出了八儿等待腊八粥的漫长过程。所以在今后的学习中要先了解文章每部分的内容，然后把各部分的主要意思连起来，相关的要合并，才能把握文章的主要内容。

2.为什么作者将“等粥”写得那么详细，而“喝粥”写得这么少？这样写的好处是什么?

（1）学生结合《北京的春节》中学到的内容，思考这个问题的好处。

生：详略得当，喜欢腊八粥，表现八儿的馋样。

（2）哪些语句，可以突出八儿对腊八粥的喜欢以及他的馋样呢？

请同学们聚焦第2至第17自然段“等粥”这一部分，结合文中词句并批注自己的想法，组内讨论交流，一会儿上台汇报。时间共6分钟。

生1：我们组抓住“发疯了”这一神态描写，人只有在极度期待、兴奋的时候才会有这样的表现，可以看出八儿着急的馋样。“进进出出”是动作描写，可以看出他盼粥的着急。所以这样写的好处是能从侧面反映出来八儿对粥的期盼。而且通过大量的侧面描写，也能突出腊八粥的美味和诱人。谁还有疑问或者补充。

生2：我们组抓住第4至第7自然段，两个“妈”语言描写，体现了八儿的着急，“眼睛可急红了”是神态描写，这样写的好处是神态与语言描写相结合，写出了八儿迫不及待的馋样，也写出了八儿的苦苦等待。

生3：我们从“看粥”中找到了，栗子“融掉了”，饭豆是“肿胀”，花生仁是“脱了它的红外套”，锅巴是“围了锅边成一圈”，读出了腊八粥熬煮时的生动变化，通过读这些句子，我们仿佛就能看见这碗腊八粥就在眼前，真想喝一口 。所以作者用大量笔墨写“等粥”的好处是详略得当，突出八儿对这美味诱人的腊八粥的喜爱。

教师小结：同学们的交流非常精彩。等粥的过程越漫长，越能突出八儿对腊八粥的渴望与喜爱，突出腊八粥的香甜美味，字里行间也流露着浓浓的亲情。（板书：香甜美味 浓浓亲情）

（3）请一位同学跟老师合作，读一读这一部分对话，让我们再次体会八儿的天真烂漫。

教师小结：课文详写等粥，略写喝粥，这样详略安排得当、中心突出，才能更好地让别人了解自己想表达的中心意思，这也是我们本单元的语文要素，同学们在习作中也要学着运用这种方法。这节课我们解决了大家提出的两个问题，剩下的问题我们留到下节课，周一继续我们的精彩课堂！

【作业设计】

1.八儿喝粥的样子一定给你留下了深刻的印象，今晚就请你自己动手做一碗腊八粥和父母一起品尝吧！品尝过后，也把你的喝粥经过写成小练笔。

2.沈从文用细腻的文笔向我们展示了八儿一家温馨的画面，著名作家冰心也写过《腊八粥》，她的《腊八粥》与沈从文的有什么不同呢？请你课下读一读，梳理出不同，我们下周交流。

【板书设计】

课例 3：北师大版初中数学七年级下册《平方差公式》

王萌

【学习目标】

1.经历探索平方差公式的过程，进一步发展学生的符号意识和推理能力。

2.会推导平方差公式，并能运用平方差公式进行简单的计算和推理。

3.了解平方差公式的几何背景，发展几何直观。

【学习重难点】

重点：理解并掌握平方差公式的推导和应用。

难点：理解平方差公式的结构特征，并能运用平方差公式进行简单的运算。

【学习过程】

课前自学课本第20、第21页“平方差公式”的相关知识，完成自主学习单。

一、自学反馈，提出问题

小组内交流课本第20、第21页和自学单的内容，把自学的收获在小组里分享，并提出自己的问题，把组内解决不了的问题或者认为比较重要的问题整理在板贴上。

问题1：什么是平方差公式？

问题2：如何用几何图形验证平方差公式？

问题3：利用平方差公式时如何判断哪个是a、哪个是b？

问题4：如何利用平方差公式进行计算？

问题5：为什么要学习平方差公式？或者说学习平方差公式的好处？

二、合作质疑，解决问题

根据学生提出的问题按教学逻辑顺序一一进行全班讨论交流。

教师表扬大家在昨天晚上认真自学的基础上，提出了这么多有价值的问题，爱因斯坦说过，提出一个问题比解决一个问题更重要。下面咱们先对这些问题分类，然后逐个解决。

（一）推导公式

问题1：什么是平方差公式？

小组上台汇报。

质疑1：你是依据什么法则进行计算的？法则内容是什么？

质疑2：观察预学单自主探究的6道算式及其运算结果，你有什么发现？再举例验证你的发现。

（1）$(a+2)(b-3)$　　（2）$(x+2)(x-3)$　　（3）$(x+2)(x-2)$

（4）$(1+3a)(1-3a)$ （5）$(x+5y)(x-5y)$ （6）$(2y+z)(2y-z)$

质疑3：你可以用字母表示你的发现吗？请你用多项式乘多项式的方法验证你的发现。

质疑4：这个公式有什么特点？等式左边具有什么特征？结果具有什么特征？

质疑5：你能用文字语言描述这个公式吗？

台上学生和台下学生进行质疑和解答，发现规律并总结出平方差公式的特点。

教师小结：表扬这个小组善于运用以前学会的知识来理解新知识，运用多项式乘多项式法则发现了平方差公式。不但讲解了什么是平方差公式，还用代数的方法进行了验证。那大家说什么是平方差公式？平方差公式是两数和与这两数差的积，等于它们的平方差字母表示：$(a+b)(a-b)=a^2-b^2$

让学生在课本上圈画关键词。

错题再现：火眼真睛（PPT出示自学单里面学生的错题，谁错谁站起来解答，不会的让同组2号学生帮助）

教师设问：我们在学习多项式乘多项式时利用图形进行了解释，那这个特殊的多项式乘多项式，也就是平方差公式是不是也可以用几何图形进行解释呢？同时结合小组提出的问题，我们利用手中的学具进行探究，一会儿再进行交流。

（二）验证公式

问题2：如何用几何图形验证平方差公式？

小组上台汇报。

这个图形的面积可以用边长为a的大正方形面积减去边长

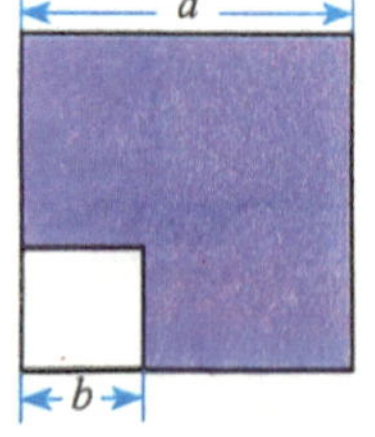

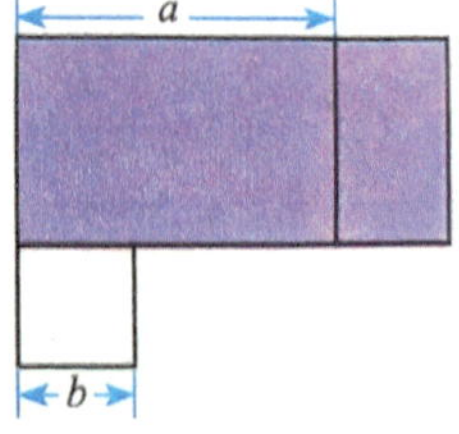

为b的小正方形面积，也就是a^2-b^2,我们还可以利用割补法把不规则图形先转化为规则图形，然后再去求转化后的规则图形的面积。转化后的图形是个长方形，求出长方形的长为（$a+b$），宽为（$a-b$），然后利用长方形的面积公式长×宽，求得长方形的面积为（$a+b$）（$a-b$）。他们表示的是同一个图形的面积，所以是相等的，就可以得到（$a+b$）（$a-b$）$=a^2-b^2$ 。

质疑1：怎么转化？

质疑2：转化成长方形？

质疑3：转化成梯形？

教师小结：在这个过程中用了数形结合的数学思想，这是在数学学习中经常用到的思想方法。我国著名数学家华罗庚曾说过："数缺形时少直观，形少数时难入微；数形结合百般好，隔离分家万事休。"同学们，现在你们体会到数学的有趣之处了吗，接下来我们以数学的思维来研究下一个问题。

（三）辨析公式

问题3：利用平方差公式时，如何判断哪个是a、哪个是b?

小组上台汇报。

学生举例说明，预设（$x+2y$）（$x-2y$），如何利用平方差公式进行计算。一看：看它符合平方差公式的形式，两项和与两项差的乘积；二判：判断哪个是公式的a、哪个是公式的b；三代：代入平方差公式；四算。

教师小结方法：一看，二判，三代，四算。

教师：经过上述几位同学的分享，我们可以发现，a和b不仅可以是数字、字母还可以是代数式。你会快速找出算式哪个是a、哪个是b了吗？

（四）应用公式

基础练习：遇见·灵活的自己

1.判断以下式子能否用平方差公式计算。如果能，请找出a、b；如果不能，说明理由。（PPT出示题目）

$(x-2y)(x+2y)$ $(-x-2y)(-x+2y)$

$(-2y-x)(2y-x)$ $(-2y+x)(2y-x)$

2.已知 $A\cdot(x+y)=x^2-y^2$，则 $A=($ $)$。

已知 $A\cdot(-x+y)=x^2-y^2$，则 $A=($ $)$。

教师小结：所以大家在运用公式时一定找准哪个是公式的a、哪个是公式的b？相同项是公式的a，互为相反数的项是公式的b。

问题4：如何利用平方差公式进行计算？

小组上台汇报，学生举例说明。

问题5：为什么要学习平方差公式？或者说学习平方差公式的好处？

小组上台汇报。

学生利用黑板上的例子对比说明，之前我们要利用多项式乘多项式法则计算，但现在利用平方差公式可以一步写出结果，不用再利用多项式乘多项式一步步计算，可以进行简便、快速运算。

教师小结：同学们，学习平方差公式不仅让我们的运算更简便，而且为后续的因式分解、分式运算、解一元二次方程等都奠定了基础，同时也为下一节课完全平方公式的学习提供了方法。它还是非常重要的，好了同学们，这节课前面同学们提出了问题，中间进行了分析，后续又解决了问题。大家会利用利用平方差公式解决问题了吗？那来挑战一下吧。

三、巩固练习，拓展提升

（一）基础练习：遇见·睿智的自己

判断以下式子能否用平方差公式计算。如果能，请找出a、b；如果不能，说明理由。

1. $(2x+y)(2x-y)$ 2. $(3a-5b)(3a+5b)$

3. $(-a+b)(a-b)$ 4. $(x-2y)(2y+x)$

5. $(-m+n)(-m-n)$ 6. $(x-2y)(2y-x)$

（二）基础练习：遇见·认真的自己

小组PK，后两道题每个组3号、4号组员选做，做完先集中订正，再把错例投影，谁错谁讲。

1. $(3a+5b)(3a-5b)$　　2. $(-2x+\frac{1}{4}y)(-2x-\frac{1}{4}y)$

3. $(ab-5a)(5a+ab)$　　4. $(a-b)(-a-b)$

教师小结：能否用公式 → 定a、b →调整顺序→套用公式

（三）拓展练习：遇见·灵活的自己

教师：数学就是这样，万变不离其宗，只要我们抓住事物的根本，就会发现其实它挺简单的。请同学们看这四道题。

1. $(a-2)(a+2)(a^2+4)(a^2+16)$　　2. $(a+b-1)(a-b+1)$

3. $(2+1)\times(2^2+1)\times(2^4+16)$　　4. 98×102

小组内交流，全班共同解决，指导有序思考。

四、回顾反思，全课总结

这节课有什么收获？本节课我们学习了哪些内容？哪些思想方法？

五、当堂检测

六、拓展提升

这节课我们研究了多项式乘多项式中的一种特殊情况，两项和与两项差的乘积，那还有其他特殊情况吗？如果变成$(a+b)(a+b)$,$(a-b)(a-b)$，结果会不会有特殊之处呢？请同学们课下进行探究。

【作业设计】

课下继续巩固检测一，准备晚上检测二过关达标。

【板书设计】

1.5平方差公式

平方差公式：两数和与这两数差的积，等于它们的平方差。

字母表示：$(a+b)(a-b)=a^2-b^2$

开场

周雪娇

尊敬的各位专家、领导、老师们：

大家好！现在进入教学论坛环节。参与此次论坛的有小学语文王昕老师、程丽老师，小学数学张嫦娥老师、李松老师，初中数学邱丙杰老师，初中英语刘晓曼老师、刘乾男老师，我是论坛主持人、初中语文周雪娇。

老师们，围绕“九年一贯制贯通式培养”这一主题，我们已经连续举办了三届年会。在首届年会中，我们探讨的是课堂流程与组织形式的贯通，提出构建“自主互助·高效愉悦”的学习型课堂；第二届年会，恰逢线上教学，我们探讨的是线上教育教学管理的贯通，形成“一体双线三合力”的线上教学机制；本届年会，我们聚焦新常规落地，探讨学生重点能力培养的贯通，使课堂改革走向深处、细处。

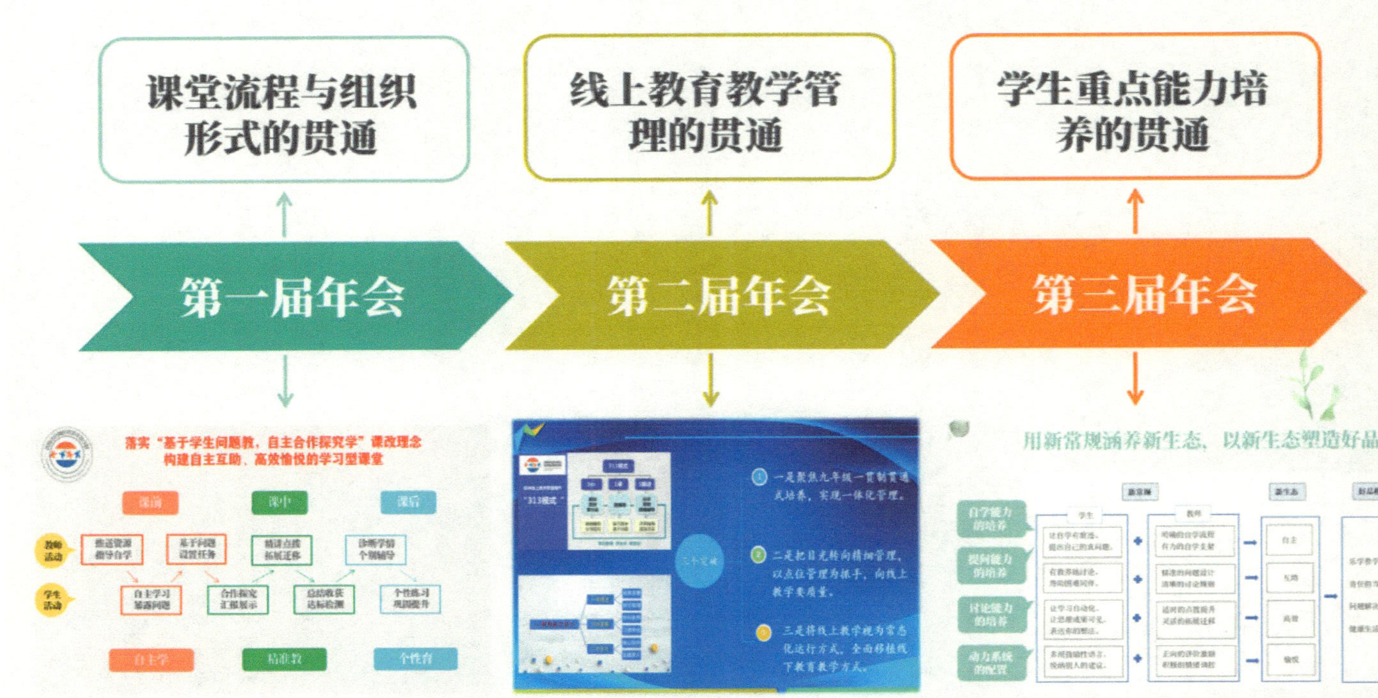
九年一贯制贯通式培养
课堂流程与组织形式的贯通
线上教育教学管理的贯通
学生重点能力培养的贯通
第一届年会
第二届年会
第三届年会
落实“基于学生问题教，自主合作探究学”课改理念
构建自主互助、高效愉悦的学习型课堂
课前
课中
课后
教师活动
学生活动
自主学
精准教
个性育
一是聚焦九年级一贯制贯通式培养，实现一体化管理。
二是把目光转向精细管理，以点位管理为抓手，向线上教学要质量。
三是将线上教学视为常态化运行方式，全面移植线下教育教学方式。
用新常规涵养新生态，以新生态塑造好品格
自学能力的培养
提问能力的培养
讨论能力的培养
动力系统的配置

观课感受

周雪娇

刚才我们一起观摩了三节课，相信大家一定有自己的观课感受。谁来说说？

李　松

听完三节课，我认为不论年级高低，祥泰学子在课堂中都能通过小组合作积极地交流、互动，能够大胆地表达自己的想法；课堂中学生们能享受其中，状态投入，有模有样、精气神十足，情绪昂扬。让我感到特别惊喜的是一年级美术教师张晓彤执教的《鱼儿游游》一课。张晓彤老师特别具有感染力、亲和力，让学生在轻松愉悦的氛围中，无拘无束地表达自己的想法。更重要的是在整个学习过程中，学生坐姿端正、声音洪亮、充满自信。一年级的同学不但能进行小组合作，而且在讨论交流时，小组成员之间互帮互助，发挥想象，展开创作。更没有想到的是一年级的同学们在评价同伴的作品时，说得头头是道，表现力十足。

程　丽

是的，我也有同感，而且三节课都体现了学生的主体地位。课前，学生进行自学情况交流，课中围绕主要问题进行讨论，“我有补充”“我有疑问”的声音此起彼伏，思维火花一直在碰撞，让我们真实地感受到学生才是课堂的主人。

刘晓曼

刚才这三节课都非常精彩，不管是低年级学生还是高年级学生，都能在课堂上做到自主讨论、提出问题、解决问题，充分展现出“自主互助高效愉悦”学习型课堂的活力。

七年级王萌老师的这节数学课，从学生提出问题这一环节开始，学生进行自动化讨论、同伴互助，再经过教师点拨，整堂课的效率高、气氛好。学生由提出问题到解决问题，实现了思维的提升，逐渐体会到了成功的愉悦感。

周雪娇

确如大家所说，三堂课各有各的精彩，当然也各有各的遗憾。但不可否认的是，学生在课堂上表现出的生动活泼的状态，的确令人欣喜。

一直以来，我们追求的课堂，是自主的课堂——以学习者为中心，教师依据学生的自学发现与疑问确定教的内容，先学后教，以学定教；是互助的课堂——老师不急于教，学生有机会通过合作探究、相互协作来解决问题；是高效的课堂——基于学生真实的问题，教得更精准，自动化学习程度更高，有限时间内学生参与度更广；是愉悦的课堂——充满鼓励与肯定，学生在教师引导下开展富有挑战的思维对话并且获得成功的体验。

我们期待通过九年的时间，用新常规涵养新生态，以新生态塑造好品格，立足课堂主阵地，培养乐学善学者、责任担当者、问题解决者和健康生活者。在整个体系中，有四个关键点：自学能力的培养、提问能力的培养、讨论能力的培养、动力系统的配置。只要能突破它们，“自主互助·高效愉悦”的学习型课堂建设就不是难事。

用新常规涵养新生态，以新生态塑造好品格

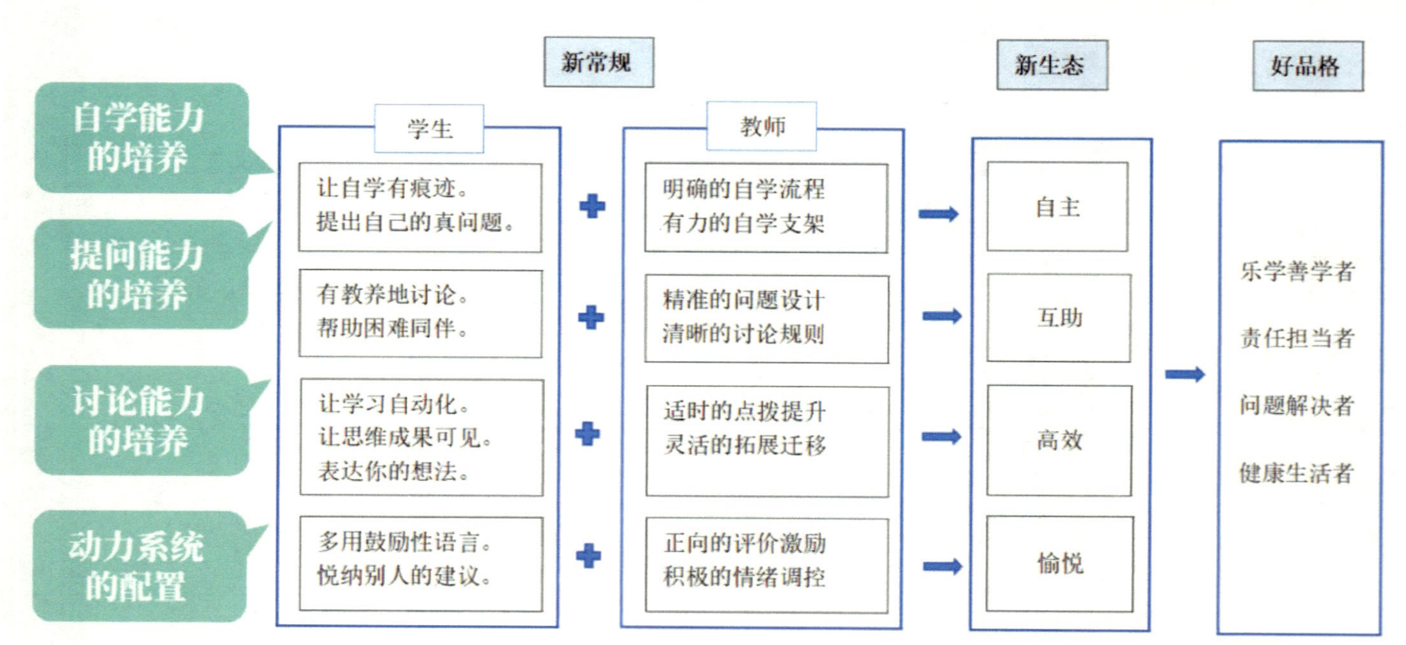

自学能力的培养

周雪娇

我们先来看第一个关键点——自学能力的培养。自学能力怎么培养？学生不会自学怎么办？大家说说是怎么做的吧。

王　昕

我来说一说小学语文的做法。我们在语文课本的使用中梳理出了适合不同学段的“七步自学法”。自学法中的“标—识—画—读—思—答—问”是指什么呢？在1~3年级，一“标”，即读课文，标出自然段；二“识”，是读课文的同时圈出生词，不认识的字，查字典并注音；三“画”，是三读课文，画出文中好词佳句；四“读”，是在前三步的基础上，读准字音，读通句子，做到不添字漏字，流畅熟练，并有一定朗读速度；五“思”，是思考课文主要写了哪些内容；六“答”，是结合课文内容，尝试回答课后题；七“问”，是根据自学情况，提出自己的问题。那么我们低年级侧重的是前四步，培养学会标注的习惯。那么5~6年级，梯度有所提升，侧重培养后面的三步，除了“标”，还要学会“记”。

这些环节，都指向学生自学能力的提高，并且对于学生自学的要求也是有层次的，从最基础的读、写字词到对课文内容的理解，最后对课后题的思考，层层递进，使不同层次的学生对于课文自学都能有自己的收获。

周雪娇

初中语文在小学语文七步自学法的基础上，整合为五步，即一读课文，整体感知；再读课文，理清脉络；结合背景，理解主旨；品读课文，赏析语言；写下感悟，提出疑问。配合自主学习单，指导学生自学。

语文自学 1~3年级

标

识

画

读

思

答

问

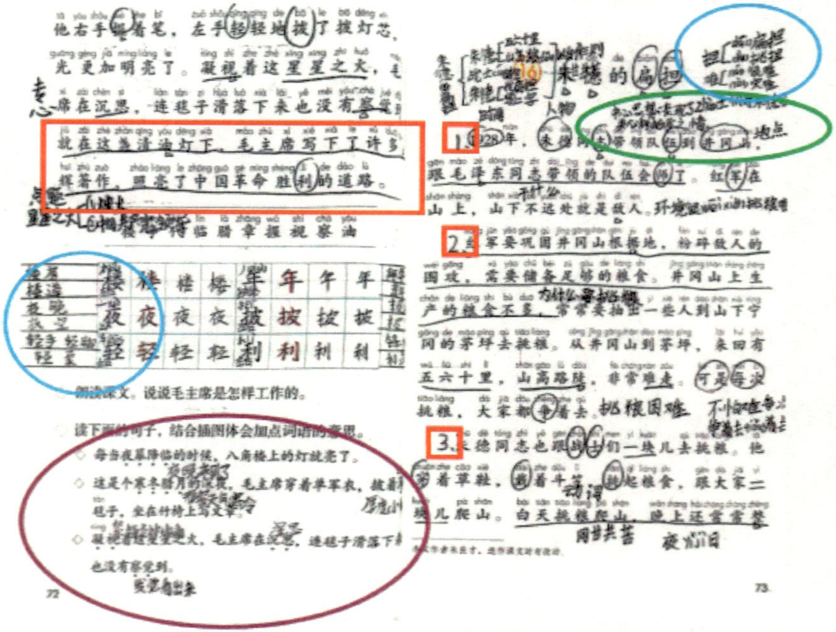

他右手握着笔，左手轻轻地拨了拨灯芯，光更加明亮了。凝视着这星星之火，毛主席在沉思，连毯子滑落下来也没有察觉。

就在这盏清油灯下，毛主席写下了许多辉煌著作，照亮了中国革命胜利的道路。

楼 夜 轻 年 拨 利 临 臂 章 握 视 察 油

朗读课文。说说毛主席是怎样工作的。

读下面的句子，结合插图体会加点词语的意思。

◇ 每当夜幕降临的时候，八角楼上的灯就亮了。

◇ 这是个寒冬腊月的深夜，毛主席穿着单军衣，披着毯子，坐在竹椅上写文章。

◇ 凝视着这星星之火，毛主席在沉思，连毯子滑落下来也没有察觉到。

72

16 朱德的扁担

1. 1928年，朱德同志带领队伍到井冈山，跟毛泽东同志带领的队伍会师了。红军在山上，山下不远处就是敌人。

2. 红军要巩固井冈山根据地，粉碎敌人的围攻，需要储备足够的粮食。井冈山上生产的粮食不多，常常要抽出一些人到山下宁冈的茅坪去挑粮。从井冈山到茅坪，来回有五六十里，山高路陡，非常难走。可是每次挑粮，大家都争着去。

3. 朱德同志也跟战士们一块儿去挑粮。他穿着草鞋，戴着斗笠，挑起粮食，跟大家一块儿爬山。白天挑粮爬山，晚上还常常整……

73

文学常识方面

句子理解方面

提问题的角度

宿建德江[1]

[唐] 孟浩然

孟浩然：唐代诗人，著名的山水田园诗人，与王维并称盛唐时期山水田园诗派的代表，世称"孟襄阳"。

为了拖住敌人，七连六班的五个战士……一边有计划地把大批敌人引上了狼牙山。他们……冲上来的敌人一次又一次地打了下去……让敌人走近了，才下令狠狠地打。……好像细小的枪口喷不完他的满腔怒火。……弹总要把胳膊抡一个圈，好使出浑身的力气。……个小战士把脸绷得紧紧的，全神贯注地瞄准敌人……能前进一步。在崎岖的山路上，横七竖八地躺着……

蝙蝠是怎么发出声波的？

……越来越近，……接着传来了……

为什么蝙蝠白天不出来而夜晚出来？

飞机的夜间飞行和蝙蝠有什么关系呢？

课文内容

别的动物有超声波吗？

起来，蝴蝶怎么办呢？天是那样低沉，云是那样黑，雷、电、雨、风，吼叫着，震撼着，雨点密集地喧嚷着，风将银色的雨幕斜挂起来，世界几乎都被冲洗过了，就连树林里也黑压压的、水淋淋的，到处都是湿的。这不是难为蝴蝶吗？

写法：为什么雨点要喧嚷？

既然用超声波就可以，那它的眼睛是用来干什么的？

21

语文自学

一读课文，解决字词

再读课文，理清脉络

结合背景，理解主旨

品读课文，赏析语言

写下感悟，提出疑问

《从百草园到三味书屋》自主学习单

一、学习目标

1. 学习默读，掌握默读方法，养成一气呵成读完全……开头、结尾和关键句段，迅速理解文章大意，整体感……

2. 精读百草园段落，品味准确传神的语言描写，学习……

3. 结合自己的生活体验，体会童年生活的美好，激……

二、学习活动

【助读资料】边读边画出重点文学常识，并记忆。

鲁迅（1881-1936），中国文学家、思想家、革命……字豫才，浙江绍兴人。1918年5月，首次用“鲁迅”……学史上第一篇白话小说《狂人日记》，奠定了新文学运……年间，陆续创作出版了小说集《呐喊》《彷徨》，论文集……散文集《朝花夕拾》，杂文集《热风》《华盖集》《华盖……

【活动一】默读课文，生字生词查一查

1. 读准下面字词，在括号中写上正确的拼音。

确凿（ ）	竹筛（ ）
渊（ ）博	蟋（ ）蟀
皂荚（ ）树	轻捷（ ）

【活动二】通读课文，结构内容理一理

通读课文，理清作者的写作思路，每一部分各……

第（ — ）段：

第（ — ）段：

第（ — ）段：

【活动三】再读课文，主旨情感悟一悟。

结合具体的写作背景，再去读课文，圈画相关事物特征、人物形象的特征和品质的词语，以及关键语句，进行批注，体会作者的思想感情及文章的主旨。

【活动四】品读课文，优美语言评一评。

语言风格：

课文读起来富有童趣，在文中画出你喜欢的一些段落或语句细加品味，做批注，准备在课堂上与同学、老师分享。

批注1：

批注2：

三、预习收获与思考

我的感受：

我的疑惑：

预习情况自评：

1. 表现积极，完成目标（ ） 2. 表现积极，基本完成目标（ ） 3. 表现一般，不能完成目标（ ）

张嫦娥

小学数学也有这样的自学。低年级开始我们就培养学生在数学课本上按照“读—画—思—问—答”的方式进行自学。其中低段侧重于阅读中对信息和问题的勾勾画画及找出关键词。中高段则侧重思问答，比如，阅读与理解中的“……”需要补充完整，反思中的问题需要思考回答。学生在思问答的过程中，我们引导学生可以进行这样的联想标注：第一种方式就是解释含义。比如，这个除法竖式中“商的个位写0，占位不可省略”下面这三个0表示0÷5=0，0−0=0。第二种方式是总结方法，像课本中出现的“小亮小红”通常都代表某种方法，要进行方法的总结。最重要的是在自学的过程中提出问题并尝试解答，也就是像这里展示的这样自问自答。这种带着自己思考的自学方式，就是有效自学。

对于这种自学方式，很多孩子刚开始时也没有这种“写满画满”的意识，也不接受这种自学方式，觉得太麻烦了，所以我们就得想办法激发孩子的内驱力。为了更好地落实每一个孩子的自学效果，每天课前1分钟，组长先起立检查组员的自学情况，自学好的给组内加分，比如说有3个好的那就加3分，特别好的双倍加分。自学不好的也不扣分，时间长了，自学不好的也会在其他组员的影响下把课本“写满画满”，争取给自己加分。所以说，关于自学这个事，只要老师狠抓落实，学生的自学能力就能很快提升上来。大家同意吗？

数学自学

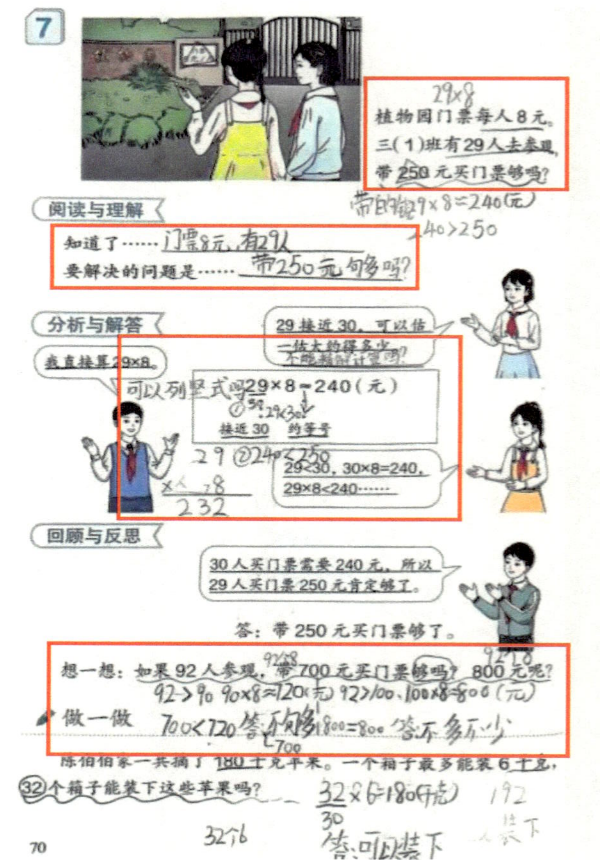

7

植物园门票每人 8 元。三(1)班有 29 人去参观，带 250 元买门票够吗?

阅读与理解

知道了……

要解决的问题是……

分析与解答

我直接算 29×8。

29 接近 30，可以估一估大约得多少。

29×8≈240（元）

接近 30　约等号

29<30，30×8=240，29×8<240……

回顾与反思

30 人买门票需要 240 元，所以 29 人买门票 250 元肯定够了。

答：带 250 元买门票够了。

想一想：如果 92 人参观，带 700 元买门票够吗？800 元呢?

做一做

陈伯伯家一共摘了 180 千克苹果。一个箱子最多能装 6 千克，32 个箱子能装下这些苹果吗?

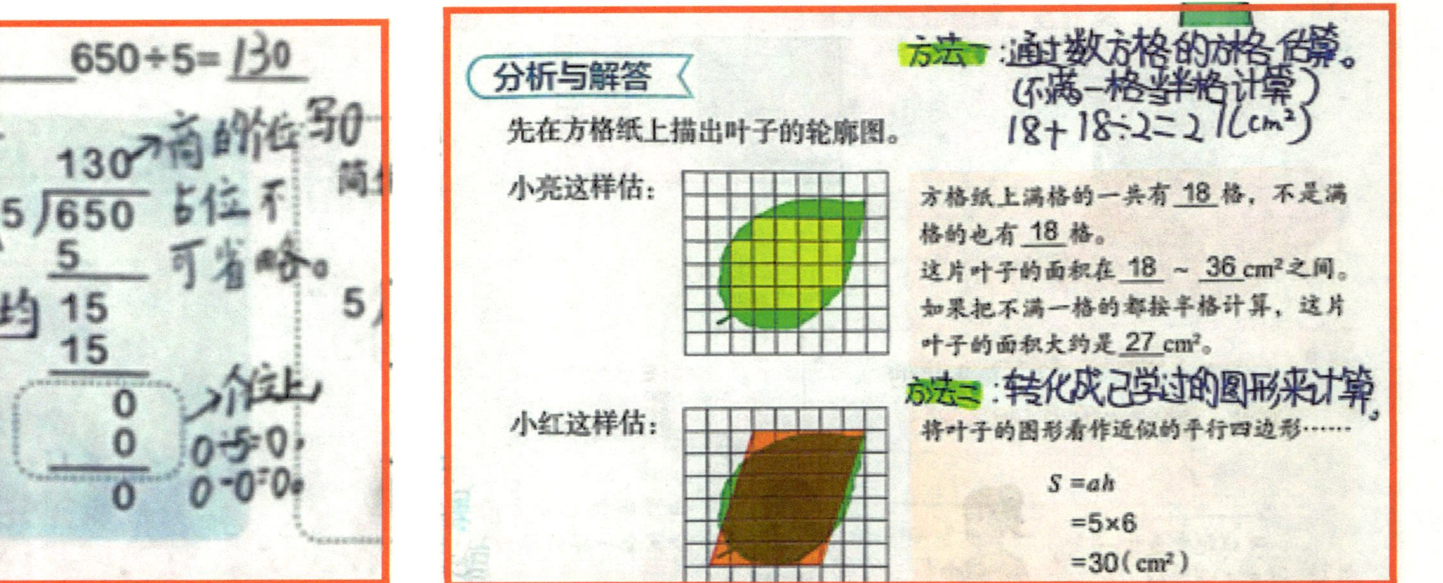

650÷5= 130

$$
\begin{array}{r}
130\\
5\overline{)650}\\
5\\
\hline
15\\
15\\
\hline
0\\
0\\
\hline
0
\end{array}
$$

130→商的0占位写0

占位不可省略。

0→个位上

0÷5=0，

0-0=0。

分析与解答

先在方格纸上描出叶子的轮廓图。

小亮这样估：

方法一：通过数方格的方法估算。

(不满一格当半格计算)

18+18÷2=27(cm²)

方格纸上满格的一共有 18 格，不是满格的也有 18 格。

这片叶子的面积在 18 ～ 36 cm²之间。如果把不满一格的都按半格计算，这片叶子的面积大约是 27 cm²。

小红这样估：

方法二：转化成已学过的图形来计算，

将叶子的图形看作近似的平行四边形……

$S=ah$

$=5\times6$

$=30(\text{cm}^2)$

数学自学

联想 标注

①解释含义

②总结方法

③自问自答

7 一根短跳绳5元，一根长跳绳8元。

（1）王老师用650元买短跳绳，可以买多少根？

650÷5=130

简便写法：

（2）张老师用245元买长跳绳，可以买多少根，还剩多少钱？

245÷8=30（根）……5（元）

个位还余5，为什么商的个位写0？

计算正确吗？请验算一下。

想一想：除到被除数的某一位上不够商1，应该怎么办？

做一做

5)750　7)980　3)631　6)843

邱丙杰

我非常同意嫦娥老师的说法，因为作为初中老师，我们已经在享受学生的自学成果了。在教学中我发现，七年级的孩子能够积极自学，而且自学质量较高，这都要感谢小学老师六年的培养。在小学的基础上，我们初中还增加了自学单的使用，学生不仅要提前自学课本，还要完成自学单，通过自学单上的题目来检验自学的效果，这也能帮助老师了解学生通过自学较好掌握哪些知识点，需要重点讲解哪些知识点。在自学单的加持下，学生自学的思维量增加，学生自学更易评价，学生自学能力逐步提高。

刘乾男

初中英语学科秉承新课标和自主学习的要求，将英语学科的自主预习流程提炼为三大环节，并且每一个环节都实行“小组捆绑式”评价。

第一环节是单词和课文的模音，老师们主要利用平板和智学网进行模音作业的多元布置、通过设置最低分数线，保证人人过关。根据模音分数等级进行分层加分，90分以上加3分，80分以上加2分，组内成员全部达到90分可获得3分额外奖励分；

第二环节是对课本的详细批注，我们要求学生对课文里所有不熟悉的单词、短语、长难句等进行详细标注，隔天由N+1组的组员进行检查，组内成员全部完成则可以为本小组加4分；

第三环节是课文的自学阅读记录，记录单内容主要包含文章主旨大意、段落大意、写作目的、语篇结构、段内结构、好词积累、长难句积累以及自己的问题。隔天学生组内分享自学成果并上台进行小组汇报展示。根据汇报所得等级加分，A+加5分，A加3分，B加1分。

每日自主学习三环节得分最高的小组成员可获得拍照奖励并且分享到家长群。正是因为采用公开加分、分层加分、量化公示的评价方式，目前我们的所有学生均拥有持续、高昂的自主学习热情。学生们也非常享受学习成果给小组带来的成就感。

英语学科自主预习流程——“小组捆绑式”评价

①平板模音

②课本批注

③阅读记录单

提问能力的培养

周雪娇

感谢老师们的分享。刚才老师们介绍了培养自学能力的方法，解决了“怎样让学生愿意自学”和“怎样让学生会自学”两个问题。而在自学能力培养中，有一个环节至关重要，那就是提问能力的培养。布鲁巴克曾说过：“最精湛的教学艺术，遵循的最高准则是让学生提问题。”为什么一定要培养学生提问、质疑能力？因为，人类的文明进步、一切学问的建立，都是在不断的发问和求解中产生的。因为，当一个学生有了自己的疑问，他的学习才真正开始；当课堂上讨论的是学生“自己的”问题，他才有更高的参与感，他的注意力、内驱力才会无须提醒自动跟进，也才最能激发他的思维，回到学习的自然与本真。所以，我们要用九年的时间，持续地不遗余力地培养学生的提问能力。可是有的老师会问，怎样才能激发学生的提问热情？怎样提高学生的提问水平呢？

李　松

我也认为“提问题”对学生学习来说太重要了，作为教师来说，就得在教学中去落实，但就培养学生“提问题”这件事，看似很简单，但实施起来困难却不少。现在我就来说说，起初在培养学生提问题中遇到的困难。

刚接触小组合作的时候，我所带的学生是三年级。由于刚开始让学生自学，我一般利用小自习带着学生自学。记得那节小自习在学生自学了一会儿后，我就想试试学生的自学成果，当时我问学生：“同学们，例题看过了，你们有什么问题吗？”谁知说完这句话，班里非常安静，学生都直勾勾地看着我，没有回应。那眼神仿佛在向我确认："老师，我们不是已经在课本上圈完画完了，还需要做什么？"

那一刻，我也猛然意识到：原来我的学生，他们是"没有问题"。原来他们相信教材上的每个字，那就是答案，既然有了结果，就不知道要问什么。我不知道有没有老师跟我一样，有过类似的感受：原来学生是真的不会提问，他们习惯了"没有问题"。

也就是在那时起，一个很强烈的想法在我脑子里冒出：要改变教师以往习惯的教学方式，要努力想着"要让学生问问题"。教师从"教"到"学"，才有可能让学生发生从"答"到"问"的转变。明确前进的方向，就要坚持不懈地探索！

张嫦娥

我也有和李松老师同样的感受，孩子真的不会问问题，但问题才应该是学习的起点。所以我和我们数学组的小伙伴们就一起研究，怎样让学生提问题呢？后来我们发现依托课本自学，学生就能提出问题来，当然刚开始需要老师的指导。以六年级"扇形"这一课为例，首先看到课题，能提出什么问题呢？学生通常会问"什么是扇形？有什么用？为什么要学习扇形……"这样的问题我们可以称之为一般性提问或系统性提问，大部分学生都会提这样的问题。在具体的内容中，还可以启发学生提具体性问题，比如"我发现了什么？有什么特点？"这样的问题就指向了具体的知识点。当然学生提问能力的发展，还可以勾联知识的前后联系，问一些联想性的问题，比如说"如果最后变成了圆，圆是扇形吗？如果顶点不在圆心上，也是扇形吗？半圆是扇形吗？弧是线段吗？"当学生问出这样的问题时，我内心是非常兴奋的，不知道大家有没有这样的感觉？

所以说，我们教师要给孩子提问问题的机会，孩子们一定会给我们很多亮点。让孩子们大胆提出自己的问题吧，无论提出的问题是大是小，我们都要带着欣赏的眼光去尊重每一个问题、鼓励每一个孩子。

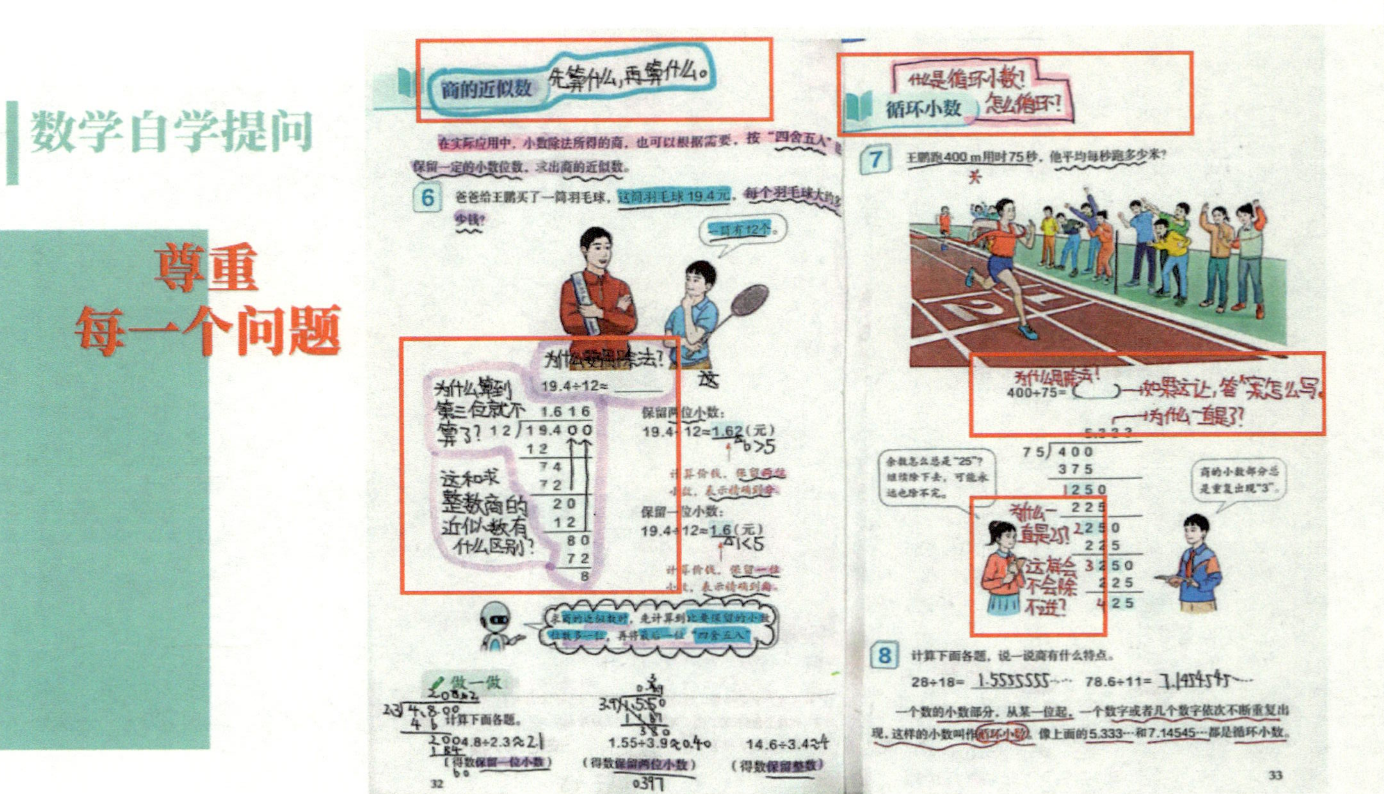
数学自学提问
尊重
每一个问题
商的近似数
先算什么，再算什么。
在实际应用中，小数除法所得的商，也可以根据需要，按"四舍五入"法保留一定的小数位数，求出商的近似数。
6 爸爸给王鹏买了一筒羽毛球，这筒羽毛球19.4元，每个羽毛球大约多少钱？
一筒有12个。
为什么要用除法？
19.4÷12≈
为什么算到第三位就不算了？
这和求整数商的近似数有什么区别？
保留两位小数：
19.4÷12≈1.62(元)
保留一位小数：
19.4÷12≈1.6(元)
做一做
计算下面各题。
4.8÷2.3≈
1.55÷3.9≈
14.6÷3.4≈
（得数保留一位小数）
（得数保留两位小数）
（得数保留整数）
32
什么是循环小数？
循环小数
怎么循环？
7 王鹏跑400 m用时75秒，他平均每秒跑多少米？
为什么用除法？
400÷75=
如果这样，答案怎么写？
为什么一直是3？
为什么一直是25？
这样会不会除不进？
8 计算下面各题，说一说商有什么特点。
28÷18= 1.5555555……
78.6÷11= 7.1454545……
一个数的小数部分，从某一位起，一个数字或者几个数字依次不断重复出现，这样的小数叫作循环小数。像上面的5.333…和7.14545…都是循环小数。
33

邱丙杰

是的，孩子们确实呈现许多亮点，正如刚才课堂中孩子们提出许多好问题。我在教学过程中也发现学生已经初步具备提问能力。在初中阶段，教师要进一步提高学生的提问能力，使学生能够提出有深度的数学问题。有深度的数学问题需要学生真正去“做数学”，能够亲历数学知识的形成过程，能够在解决问题中调动学生的思维，发展学生的数学核心素养。

要提高学生的提问能力，首先教师要为学生创造提问机会。在数学课堂上至少有3次机会，一是自学课本内容时提出深层次的问题，如数学公式之间有什么联系？数学公式如何验证？二是在用自习单做习题时，遇到不会的题目，及时把疑惑点记录下来。三是在小组讨论时，组内不能达成共识或不能解决的问题，记录在板贴上。同时，也要注重发挥激励的作用。当学生提出问题后，我会先带领学生欣赏他们提出的问题，发现有深度的问题会额外加分，这样一来也让学生明确什么是好问题。在加分机制的激励下，我发现学生越来越会提问题。

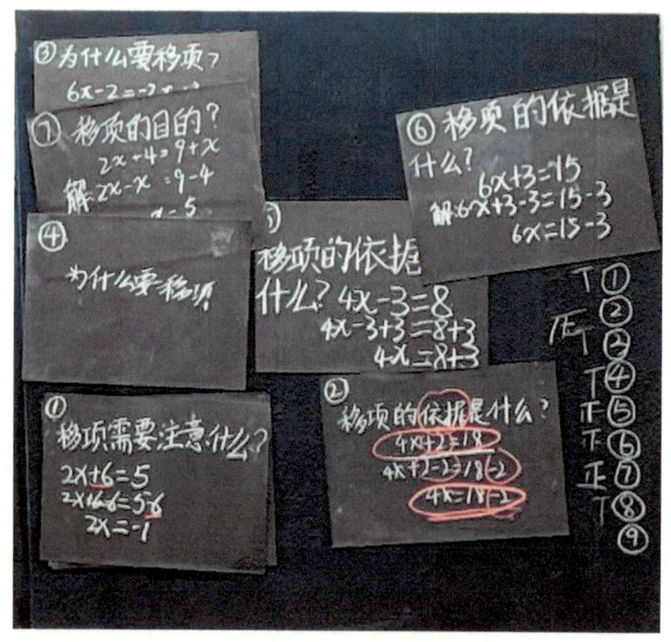

2 数轴

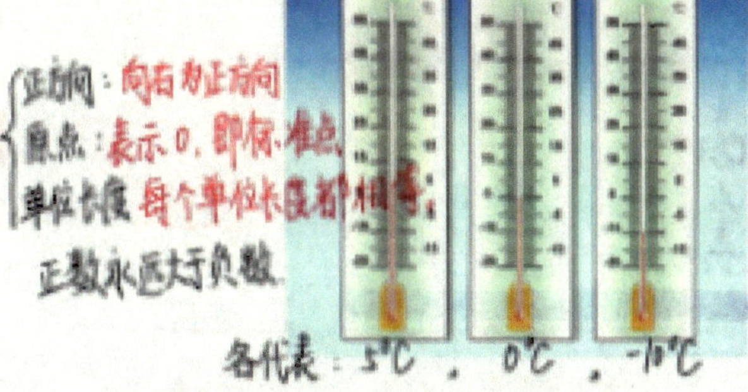

（1）图中温度计上显示的温度各是多少?

（2）温度计上的刻度有什么特点?

画一条水平直线，在直线上取一点表示0（叫做原点，origin），选取某一长度作为单位长度（unit length），规定直线上向右的方向为正方向（positive direction），就得到下面的**数轴**（number line）.

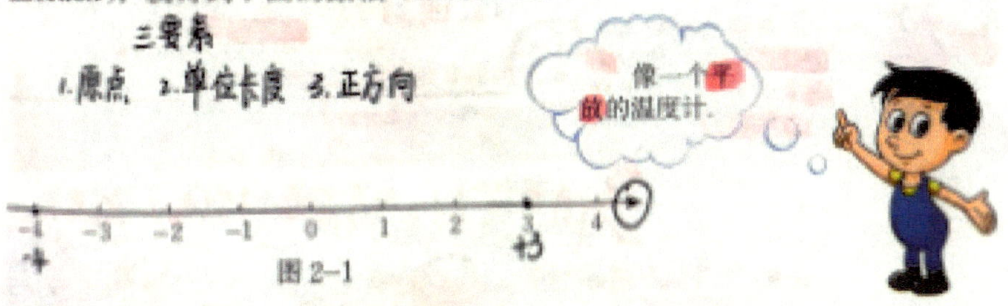

图 2–1

在这条数轴上，+3 可以用位于原点右边 3 个单位长度的点表示，−4 可以用位于原点左边 4 个单位长度的点表示.

想一想

$\frac{1}{4}$ 用数轴上的哪个点表示? −1.5 呢?

3 同底数幂的除法

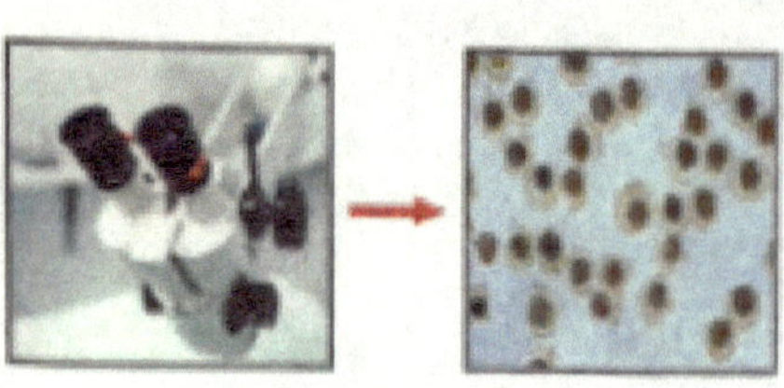

一种液体每升含有 10^{12} 个有害细菌，为了试验某种杀菌剂的效果，科学家们进行了实验，发现 1 滴杀菌剂可以杀死 10^{9} 个此种细菌。要将 1 L 这种液体中的有害细菌全部杀死，需要这种杀菌剂多少滴？你是怎样计算的？

做一做

计算下列各式，并说明理由（$m>n$）。

（1）$10^{12}\div10^{9}$；（2）$10^{m}\div10^{n}$；（3）$(-3)^{m}\div(-3)^{n}$。

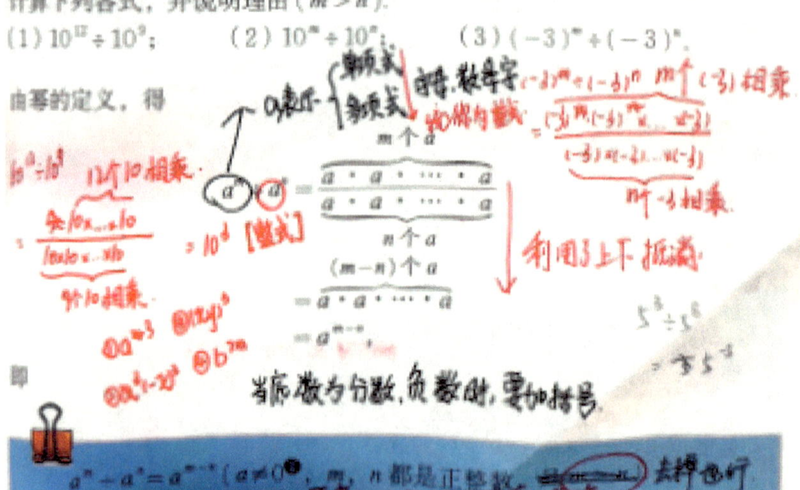

由幂的定义，得

$$a^{m}\div a^{n}=\frac{\overbrace{a\cdot a\cdot\cdots\cdot a}^{m\text{个}a}}{\underbrace{a\cdot a\cdot\cdots\cdot a}_{n\text{个}a}}=\overbrace{a\cdot a\cdot\cdots\cdot a}^{(m-n)\text{个}a}=a^{m-n}$$

即

$a^{m}\div a^{n}=a^{m-n}$（$a\neq0$，m，n 都是正整数，______）。

同底数幂相除，底数______，指数______。

程 丽

听了两位老师的分享，我也想说说语文课是如何启发学生提问题的。学习语文重在“学贵有疑，疑则进步”。我们指导学生提问题要从课文内容、课文写法、联系生活实际三个方面入手。课前自学时，学生会将自己提出的问题写在课本上。

刚开始，学生可能会提出一些比较幼稚、浅显的问题。如在学习四年级上册第16课《麻雀》时，我们班同学提出一个问题：“小麻雀遇到的为什么是狗，而不是老虎或豹子？”这样的问题虽然很可爱，但如果在课上处理，就没有办法保证课堂效率。还有同学提出“作者‘屠格涅夫’是谁？”这样的问题，这类问题学生可以在自学时查找，课上以检查自学的形式解决。所以刚开始需要老师多费些时间和精力，细致地帮助学生明确哪些问题是有语文研究意义的。

现在我们的语文课型可以分为问题生成课、问题解决课。

在问题生成课中，小组合作时，组内成员会一起讨论在自学时提出的问题，将没有意义的问题筛除之后，选出一两个有价值的问题，写在板贴上。全体小组会形成8～10个问题，在老师的指导下，这些问题会被整合成三五个主要问题。大家不要小看这个环节，这是教会学生提问题、整理问题的重要环节。一旦学生本人提出的问题被确立为小组或者全班研究的主要问题，会大大提高他的自信心和成就感，也是对他学习能力的肯定。

在问题解决课中，各小组自愿认领问题生成课中整合出的问题，进行交流、讨论、汇报，全班共同解决。学生经过长期的练习、实践，提问的能力会越来越强，提问的角度会越来越精细，提出的问题也更具有语文研究的性质，解决问题的能力也会逐步提高。

想在现代纷纷变成了现实。20世纪的成就，真可以用“忽如一夜春风来，千树万树梨花开”来形容。

20世纪，人类登上月球，潜入深海，洞察（yì ào）百亿光年外的天体，探索（suǒ）原子核世界的奥秘；20世纪，电视、程控电话、因特网以及民航飞机、高速火车、远洋船舶（bó）等，日益把人类居住的星球变成联系紧密的“地球村”。人类生活的舒适、方便，是连过去的王公贵族也不敢想的。科学在改变着人类的精神文化生活，也在改变着人类的物质（zhì）生活。

1923年，英国数学家、哲（zhé）学家伯特兰·罗素（sù）说：“归根到底，是科学使得我们这个时代不同于以往的任何时代。”现在，这句话依然适用。回顾20世纪的百年历程，科学的确创造了一个又一个神话，为人类创造了比以往任何时代都要美好的生活。在新的世纪里，现代科学技术必将继续创造一个个奇迹，不断改善我们的生活。

20世纪的科学技术还创造了哪些神话？

一位同学阅读后提出的问题：

◇ 为什么“科学使得我们这个时代不同于以往的任何时代”？

◇ 未来科学技术的发展还会给我们的生活带来怎样的变化？

huàn	huò	lài	qián	yì	suǒ	ào	bó	zhì	zhé
唤	获	赖	潜	亿	索	奥	舶	质	哲

唤 纪 技 改 程 超 亿 核

奥 益 联 质 哲 任 善

◎ 分小组整理问题清单，筛选出对理解课文最有帮助的问题。

◎ 下面是一个小组在整理问题时的讨论，你从中受到什么启发？

问题一：什么是“程控电话”？

问题二：“忽如一夜春风来，千树万树梨花开”是什么意思？20世纪的科学成就为什么可以用这句诗来形容？

问题三：现代科学技术给我们带来的全是好处吗？

……

我发现阅读中产生的问题很多，有些问题不影响对课文内容的理解。

有的问题可以帮助我理解课文的内容。

有的问题可以引发我深入思考。

◎ “现代科学技术必将继续创造一个个奇迹，不断改善我们的生活”，联系生活实际，谈谈自己的理解。

四年级同学自学提问

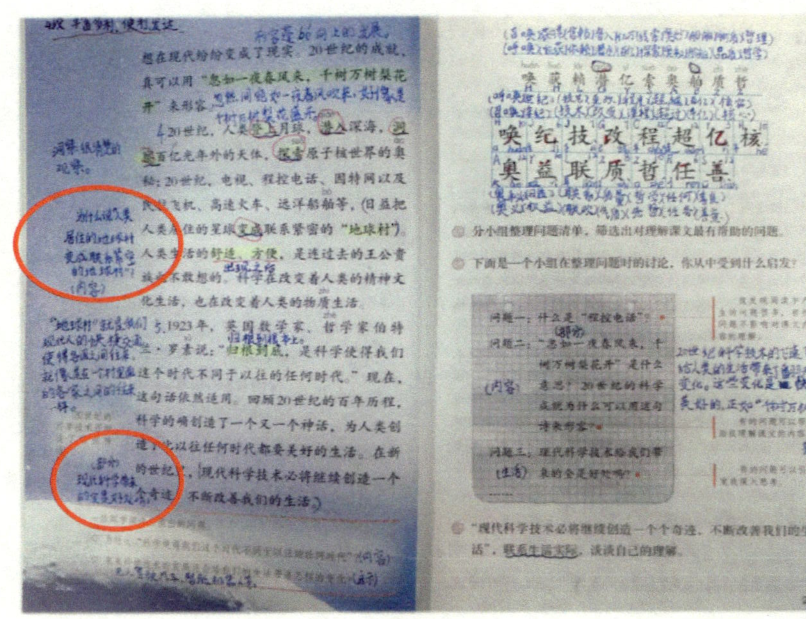

四上语文《呼风唤雨的世纪》

问题1：为什么说人类居住的地球变成联系紧密的地球村？

问题2：现代科学技术给人类带来的全是好处吗？

周雪娇

初中语文课型：一节自学课，指向问题生成；一节探究课，指向问题解决。学生在自学时能提出很多很有价值的问题。我们应该以何种心态面对学生的质疑？看到有价值的问题特别兴奋。学生的问题都是宝。没有问题就是最大的问题。所以，老师们，在提问能力的培养上，我们应该达成以下共识：学生的问题，是学习的起点。问题的水平，决定学习的深度。尊重学生的每一个问题。告诉学生什么样的问题是好问题，对好问题给予最高表扬。

讨论能力的培养

周雪娇

下面我们再来谈谈讨论能力的培养。当学生有了自学的发现和疑问，便能产生讨论。这里的讨论包括组内小讨论和全班大讨论两种形式。在日常教学中，大家是怎么培养学生的讨论能力的呢？谁来说说？

王　昕

说到讨论能力的培养，我也想和大家聊聊。今年刚带完毕业班，来到一年级，感受还是非常不一样的。高年级的学生，在我看来大部分都是清醒而自律的，而一年级的小朋友，刚刚进入到小学，需要时时提醒、处处提醒。所以这次教到一年级，在培养自学能力的基础上，我着重培养学生在小组合作时的常规。

我们主要从学生的坐姿、站姿，让学生学会倾听，教会学生说话，加快行动速度四个方面进行训练。

关于坐姿站姿，我们的要求是“头正身直足安”，不能趴在桌上或躺在椅子上，不能做小动作。站的时候两手自然下垂，放在身体两侧，汇报时面向大家、大方展示。

怎样倾听呢？我们的要求是认真倾听交流内容，边听边思考，礼貌回应，不打断、不插话。

课堂上怎样说话呢？我们的要求是说话完整连贯，有条理，声音洪亮，语速要快。不同场景说话的音量也不同，个人回答、小组汇报时声音要最洪亮。小组内讨论时要有教养地说，用小组范围内能听清楚的音量来说。

同时我们还要求无论是回答问题、进行评价，还是上下台、推椅子、站队等各方面均要求速度快，同时保持安静，动作利落。

对于一节课来说，师生的节奏感很重要，虽说鱼和熊掌不可兼得，但我们又不能为了快、节约时间放弃我们良好的行为习惯。所以我们有明确的要求使我们的课堂既有效率又能培养好的行为习惯。

低年级小组讨论常规训练

头正、身直、足安

两手自然下垂，放在身体两侧。

低年级小组讨论常规训练

声音洪亮，有条理，说话完整连贯，语速要快。不同场景说话的音量也不同。

李 松

老师们请看，PPT上呈现的是目前祥泰实验学校学生小组展示汇报的流程图。行为塑造精神，正如刚才王昕老师所说的那样，在低段着重对学生常规进行训练，在中高段就可以将训练点侧重在对学生的能力培养，比如学生组内交流讨论的能力、上台展示汇报的能力等。

值得一提的是，在实际教学中，学生小组交流讨论这个环节还是非常容易出现问题：当把时间放给学生的时候，要么随意说话，讨论混乱，要么是小组内的“好学生”成了一言堂，其他学生不说话……

为解决这些问题，小组之间的合作交流指导训练必不可少。比如说对小组内角色进行分工，而且每个角色安排相应的任务，讨论时就能各司其职；再比如讨论的时候通常组长是以提问推动讨论，而整个讨论中都要求所有成员要及时回应，给予点头同意或者不同意的回应，这也是有效避免学生走神、游离之外的一个小方法。组内的记录员负责将小组讨论的发言及时记录整理在板贴上，在讨论快结束时，组长还要对接下来上台汇报的任务进行分工。让每个孩子在组内承担一定责任，组内合作、组间竞争，小组成员之间相互依赖、荣辱与共，能够像一个“团队”那样有战斗力。

小组讨论交流流程

组长明确讨论思路

逐一发言补充建议

汇总重点及时记录

总结梳理汇报分工

小组展示交流的流程

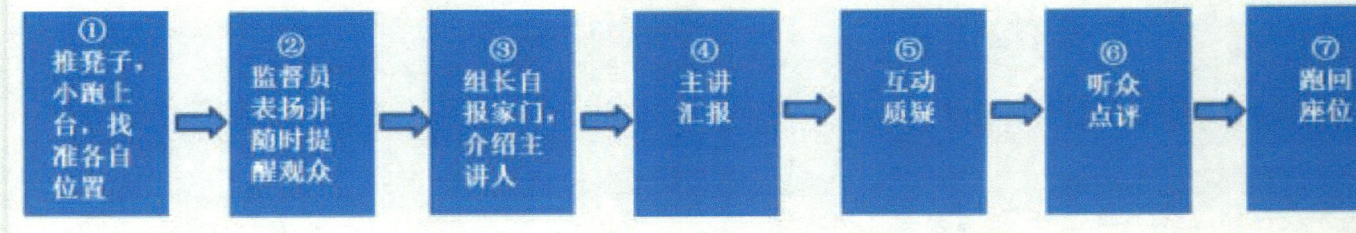

小组展示交流时长低段在3分钟以内，中高段控制在5分钟左右。

刘晓曼

经过小学六年的培养，学生对于小组讨论已经非常熟悉，能够做到有教养地讨论，帮助困难同伴，初中阶段更加注重学生的主导性和讨论的思维深度。

在小组训练的过程中，教师特别注意以下四个方面：

第一，每位组员积极回应，积极发言，积极阐述自己的想法和问题；

第二，注重“小老师”的培养，每个人都可以成为优秀的小老师；

第三，注意讨论问题的深度，主持人提炼高思维含量的问题；

第四，前期的话术是为了帮助学生养成良好的小组讨论习惯，遵循良好的小组讨论规则。但学生进入高年级以后，小组讨论形式自动化，相应的话术可以进行简化，将关注的重点放在讨论的思维含量上。

比如在前段时间许崇伟老师的公开课上，学生在讨论这篇文章时，针对“you are halfway to solving a problem just by taking to someone about it！”这句话提炼出了“What is the other half”这个问题并且进行讨论，最终小组内得出结论：“the other half is to do it！”。当听到这样的回答时，我看到了学生的学习在真正地发生。

周雪娇

全班大讨论又是如何开展呢？

张嫦娥

在全班大讨论时，我们要培养的是自信表达的演讲者，还有积极的听众。对演讲者有几个训练点：面向大家，声音洪亮，以问代讲。积极的听众的也有几个训练点：眼睛看着演讲者，及时回应，表示同意或随时打断提出问题。这些训练点，可能刚开始训练的时候，会感觉有些机械化或不自然。比如说及时回应这一条是课堂生态中需要刻意训练的一点也是老师们容易忽视的点。想象一下台上发言者在滔滔不绝地讲某道数学题，台下学生没有回应，即没有任何参与，那学生基本上该不会的还是不会。反之，小老师在讲某道题的过程中，台下听众能及时地用“嗯、同意”回应发言者，发言者是不是会更加自信地讲；听众有听不懂的地方或有疑问随时提出来，发言者再继续帮助他解决问题，他是不是就听懂了；如果不随时提出自己的疑问，台上发言者讲得越多，后面就可能越听不懂了。所以我们鼓励听众积极回应，随时可以打断发言者提出自己的疑问。

这种讨论能力一旦培养起来，就像刚才数学课上展示的，会形成讨论的自动化，这才是回归自然的学习生态，展现出来的才是学生最真实的生动活泼的思维。

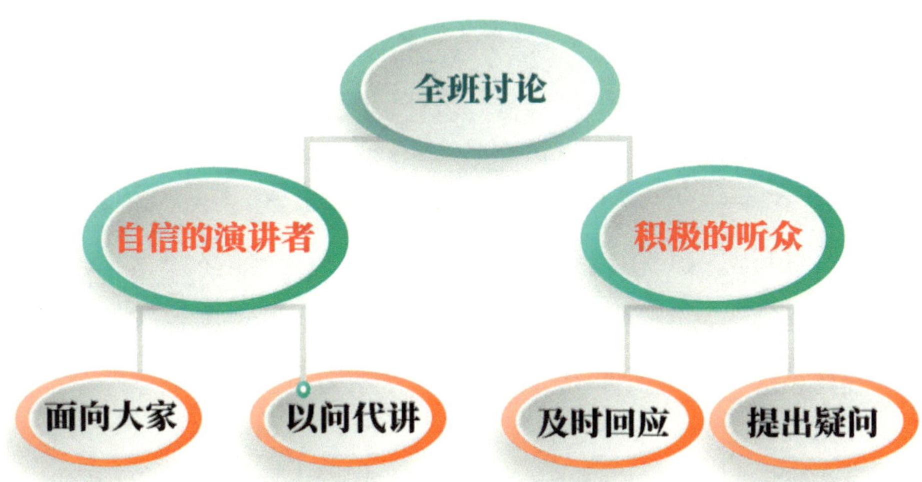

刘乾男

英语的小组汇报内容主要包括小组自主学习汇报、对话创编表演、课中任务探究环节的汇报等。

每次到了小组汇报环节，有老师可能纠结该叫哪个组？这里建议老师们可以尝试一下组长抢答法。抢到的小组迅速推凳子，小跑上台后由组长自报家门："Hello, everyone! We are groupX, we are ready, can we start?"为了保证所有人都能把注意力放在汇报上，培养"积极动脑的听众"也尤为重要，一方面台上同学汇报完毕后可以根据本组的汇报内容对听众进行表扬或随机提问"Praise groupX"，另一方面，听众在聆听汇报时，我们也鼓励学生可以反向设置问题提问台上的每一位成员，"Do you have any questions?"这是一种相互的较量，能够促进全员的深入学习。

最后基于Content，Language，Performance，Attitude四维度，通过自评（self-evaluation）和互评（peer-evaluation）"How many points can we get?"进行等级加分，A等级加8分，B等级加6分，C等级加5分。汇报展示将学生真正联动，整个过程自主互助，高效愉悦，活而有序。

周雪娇

我有疑问，台上台下都自动化交流了，老师做什么呢？

刘晓曼

我们都知道，小组合作学习就是要突出以学生为主体的思想，但同时不能淡化和忽视老师的主导作用。我认为，在小组讨论时，老师主要起到以下几个作用：引导者，掌握讨论的大方向、控制讨论的流程；参与者，可以像学生一样提出自己的疑问或补充；观察者，比如对很有创造性的大胆给予鼓励，留意学生的反应、情绪等，观察学生对问题的接受程度。所以整体来说，在合作学习中，教师的作用不是降低了，而是加强了。对老师的要求更高，更具挑战性了。

英语学科小组汇报——“高效愉悦 活而有序”

①推凳子，小跑上台

②组长自报家门：“Hello, everyone! We are group*,we are ready, can we start?”

③汇报时声音响亮、语速快、注意站姿

④考察听众：“Praise group*！”

⑤互动质疑：“Do you have any questions?”

⑥自评与互评：“Do you have any questions?”

（Content\Language\Performance\Attitude四维度）

邱丙杰

听完晓曼老师的话，我已经知道了老师在学生讨论时充当的角色。作为一名新老师，其实我一直有个疑惑：在课堂上，当小主持人在讲台上组织学生讲课时，我有时会不自主地打断，就又变成了教师讲。那么老师应该在什么时机加入呢？

程　丽

邱老师提的这个问题我可以来回答，其实这是困扰很多老师的问题。老师应该是引导者身份。老师们先不要急于介入课堂，要适当留给学生思考、质疑甚至辩论的时间。语文课堂上有时会有这样的时刻，持不同意见的同学会在讨论的过程中辩论起来。这个时候老师一定要沉住气，往往这个时候就是课堂的高潮。比如，在学习六年级上册《宇宙生命之谜》这一篇课文时，我们班就有两位同学对“除了地球之外，宇宙中是否还有其他生命存在”这个问题持不同的观点，在课上辩论了起来。这个时候同学们的表情都很兴奋，我也感觉应该让他们辩一辩。他们两个思维都很活跃，说得不相上下，慢慢地有同学加入他们，甚至最后变成了全班的辩论。你看，老师退一步，把舞台让给学生，会收获意料之外的惊喜。

但也有其他的情况，比如班级讨论纪律开始混乱了，同学之间起冲突了、讨论偏离主题了，或者同学们没有新的观点了，这时候老师就要及时制止或点拨，确保课堂正常进行。

邱丙杰

好的，感谢程丽老师为我解惑，我知道了教师在什么时候应该加入讨论，未来我也会积极践行。

结束

周雪娇

感谢所有老师们的分享。今天的论坛从自学能力培养、提问能力培养、讨论能力培养三个方面展开了交流。还有一点要注意的是贯穿在这三者之间的动力系统的配置，也就是激励评价。我们认为，学生高昂的学习热情有两个动力来源：一是持续的外部激励，二是内心求知欲望的满足。在义务教育阶段，学生更多的还是需要外部激励，如果不能持续跟进，学生的能力培养极有可能半途而废。激励应当遵循四个基本原则：小组集体评价，遵循达标制而非淘汰制，让后进生成为加分的主要来源，奖励的及时性、持续性、多元化。

老师们，学习型课堂建设的核心在于尊重人、唤醒人、成就人。正如苏霍姆林斯基所说：在人的心灵深处，都有一种根深蒂固的需要，这就是希望自己是一个发现者、研究者、探索者。我们要做的，就是为学生成为发现者、研究者、探索者去架桥、铺路，帮助学生成长为最好的自己。

以上是论坛的全部内容，感谢聆听，敬请指正。

周雪娇 王昕 程丽 张嫦娥 李松 邱丙杰 刘晓曼 刘乾男

第三章

济南市历城区祥泰实验学校课前自主学习指南

小学语文课前自主学习指南（1~3 年级）

一标

一读课文，标出自然段。

二识

二读课文圈出生字词，不认识的字，查字典并注音。

①一类字（田字格）要求：写出音节、音序、部首、除去部首还剩几画、组两个词。

②二类字（双横线）要求：会读、会组两个词（一个课内一个课外）。

三画

三读课文，画出文中好词佳句，不理解的词语先利用之前所学找近义词、联系上下文的方法理解，再用查字典等方式确认自己的理解是否正确，并写在课本上。

四熟

四读课文，读准字音，读通句子，做到不添字、不漏字，课文朗读流畅熟练，并有一定朗读速度。

五思

五读课文，思考课文主要写了哪些内容。

六答

结合课文内容，尝试回答课后题。

七提

根据自学情况，提出自己的问题。

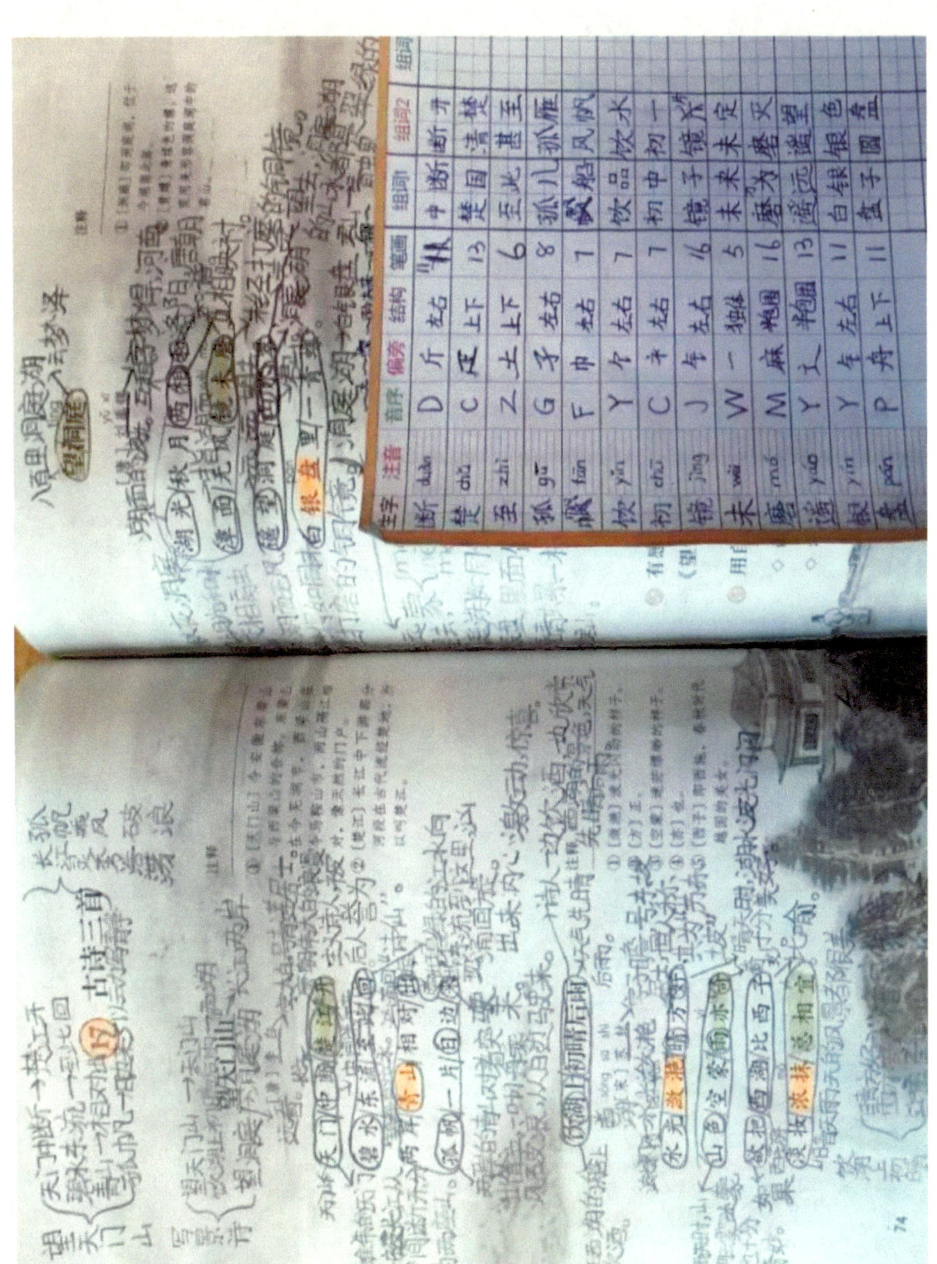

他右手握着笔，左手轻轻地拨了拨灯芯，灯光更加明亮了。凝视着这星星之火，毛主席在沉思，连毯子滑落下来也没有察觉……就在这盏清油灯下，毛主席写下了许多辉煌著作，照亮了中国革命胜利的道路。

临 腊 章 握 视 察 油

楼	楼	楼	楼	年	年	年	年
夜	夜	夜	夜	拔	拔	拔	拔
轻	轻	轻	轻	利	利	利	利

朗读课文。说说毛主席是怎样工作的。

读下面的句子，结合插图体会加点词语的意思。

- 每当夜幕降临的时候，八角楼上的灯就亮了。
- 这是个寒冬腊月的深夜，毛主席穿着单军衣，披着薄毯子，坐在竹椅上写文章。
- 凝视着这星星之火，毛主席在沉思，连毯子滑落下来……

16 朱德的扁担

1928年，朱德同志带领队伍到井冈山，跟毛泽东同志带领的队伍会师了。红军在山上，山下不远处就是敌人。

红军要巩固井冈山根据地，粉碎敌人的围攻，需要储备足够的粮食。井冈山上生产的粮食不多，常常要抽出一些人到山下宁冈的茅坪去挑粮。从井冈山到茅坪，来回有五六十里，山高路陡，非常难走。可是每次挑粮，大家都争着去。

朱德同志也跟战士们一块儿去挑粮。他穿着草鞋，戴着斗笠，挑起粮食，跟大家一块儿爬山。白天挑粮爬山，晚上还常常整

本文作者朱良才，选作课文时有改动。

小学语文课前自主学习指南（4~6年级）

一读

课文朗读3遍，读准字音，读通句子，标出自然段。

二查

查阅作者的相关背景资料，如代表作品、文学地位等，写在作者姓名旁边。

三识

学习本课字词，在一类字上方写出拼音，每个字组两个词语。画出文中重要词语（词语表），选择2~4个不理解的词语，用查字典等方式将意思查清楚，并写在课本上。

四思

概括课文的主要内容，思考作者表达了怎样的思想感情，写在课题左上方。

五评

用红笔画出文中优美的句段，并在旁边批注，如：这里用了________，写出了____________。

六答

认真阅读课后题并思考，为上课做好准备。

七提

根据自学情况，围绕课文内容、写作方法、联系生活实际提出自己的问题。

狼牙山五壮士

1941年秋，日寇集中兵力，向我晋察冀根据地大举进犯。当时，七连奉命在狼牙山一带坚持游击战争。经过一个多月英勇奋战，七连决定向龙王庙转移，把掩护群众和连队转移的任务交给了六班。

为了拖住敌人，七连六班的五个战士一边痛击追上来的敌人，一边有计划地把大批敌人引上了狼牙山。他们利用险要的地形，把冲上来的敌人一次又一次地打了下去。班长马宝玉沉着地指挥战斗，让敌人走近了，才下命令狠狠地打。副班长葛振林打一枪就大吼一声，好像细小的枪口喷不完他的满腔怒火。战士宋学义扔手榴弹总要把胳膊抡一个圈，好使出浑身的力气。胡德林和胡福才这两个小战士把脸绷得紧紧的，全神贯注地瞄准敌人射击。敌人始终不能前进一步。在崎岖的山路上，横七竖八地躺着许多敌人的尸体。

五位战士胜利地完成了掩护任务，准备转移。面前有两条路：一条通往主力转移的方向，走这条路可以很快追上连队，可是敌人紧跟在身后；另一条通向狼牙山的顶峰棋盘陀，那儿三面都是悬崖绝壁。走哪条路呢？为了不让敌人发现群众和连队主力，班长马宝玉坚定地说了一声："走！"带头向棋盘陀走去。战士们热血沸腾，紧跟在班长后面。他们知道班长要把敌人引上绝路。

五位壮士一面向顶峰攀登，一面依托大树和岩石向敌人射击。山路上又留下了许多具敌人的尸体。到了狼牙山峰顶，五位壮士

本文作者沈重，选作课文时有改动。

居高临下，继续向紧跟在身后的敌人射击。不少敌人坠落山涧，粉身碎骨。班长马宝玉负伤了，子弹都打完了，只有胡福才手里还剩下一颗手榴弹。他刚要拧开盖子，马宝玉抢前一步，夺过手榴弹插在腰间，猛地举起一块大石头，大声喊道："同志们！用石头砸！"顿时，石头像冰雹一样，带着五位壮士的决心，带着中国人民的仇恨，向敌人头上砸去。山坡上传来一阵叽里呱啦的叫声，敌人纷纷滚落深谷。

又一群敌人扑上来了。马宝玉嗖的一声拔出手榴弹，拧开盖子，用尽全身气力扔向敌人。随着一声巨响，手榴弹在敌群中开了花。

（图）詹建俊

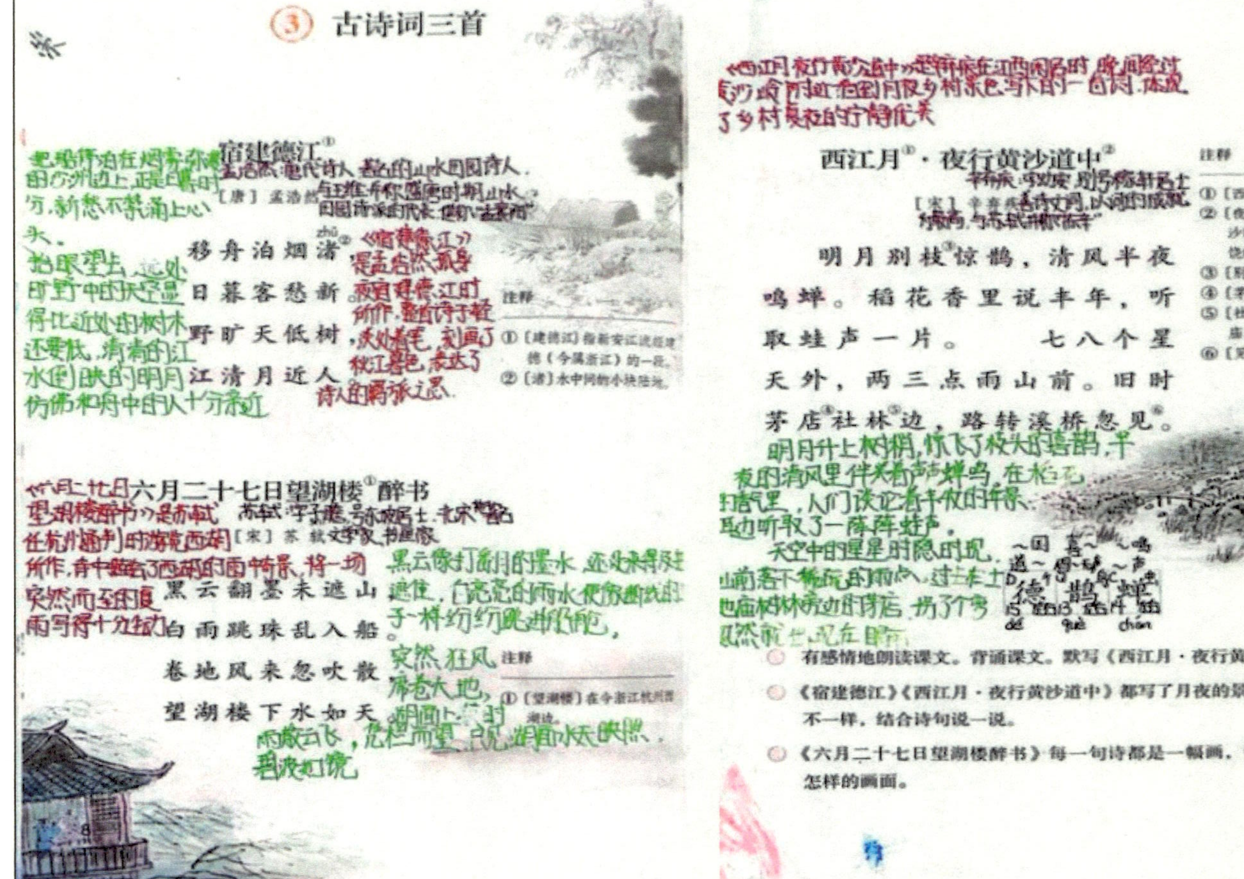

③ 古诗词三首

宿建德江[1]

[唐] 孟浩然

移舟泊烟渚[2]，
日暮客愁新。
野旷天低树，
江清月近人。

注释

① [建德江] 指新安江流经建德（今属浙江）的一段。

② [渚] 水中间的小块陆地。

六月二十七日望湖楼[1]醉书

[宋] 苏轼

黑云翻墨未遮山，
白雨跳珠乱入船。
卷地风来忽吹散，
望湖楼下水如天。

注释

① [望湖楼] 在今浙江杭州西湖边。

西江月[1]·夜行黄沙道中[2]

[宋] 辛弃疾

明月别枝[3]惊鹊，清风半夜鸣蝉。稻花香里说丰年，听取蛙声一片。

七八个星天外，两三点雨山前。旧时茅店[4]社林[5]边，路转溪桥忽见[6]。

注释

① [西江月] 词牌名。

② [夜行黄沙道中] 词题。黄沙即黄沙岭，在今江西上饶的西面。

③ [别枝] 横斜的树枝。

④ [茅店] 用茅草盖的旅舍。

⑤ [社林] 社庙丛林。社，社庙，土地庙。

⑥ [见] 同"现"。

◎ 有感情地朗读课文。背诵课文。默写《西江月·夜行黄沙道中》。

◎ 《宿建德江》《西江月·夜行黄沙道中》都写了月夜的景色，表达的情感却不一样，结合诗句说一说。

◎ 《六月二十七日望湖楼醉书》每一句诗都是一幅画，说说你"看"到了怎样的画面。

小学数学课前自主学习指南

一、自学细则

课前学生在课本上按照“读—画—思—问—答”的方式进行自学。

一读： 通读课本内容，读自学内容两遍，不懂的跳过。阅读顺序：从上到下，从左到右，从前到后。

二画： 勾画重点、关键信息等。重点信息（条件用__，问题用~）、关键词语（用△）、不懂的内容（用？）。

三思： 总结思考主要知识点、思想方法等。书上的文字描述、图表的含义是什么？发现了什么？学会了什么？把思考内容总结写出来。

四问： 鼓励学生猜测与提问，至少提出两个问题，并尝试回答问题。把自己的疑问、猜测写下来，把问题作为学习的起点。

五答： 学生在自学过程中，提出的问题进行解答，并需要进行适当的练习以便检验预习的效果。一边思考一边练习是种不错的学习方式，预习完成后可以完成相关例题中的“做一做”。

二、指导细则

开始阶段，教师在课堂上领着学生进行课前自学，等学生熟悉了自学程序，具备基本能力后再放手。学生以课本为依托，根据教材编排特点独立完成自学，本环节主要放在课前进行，了解课堂将要学习的数学知识，看哪些知识通过自学能掌握，并标记出哪些知识还存有疑惑，有待课堂中与同学交流。

学生带着本课数学知识的认知，课上先就自学情况进行小组交流，尝试解决更多问题，同时也总结、筛选出共性的经验和问题。在这样的认知前提下，再进行小组互学、共学，形成发现问题、提出问题、分析问题、解决问题的意识。

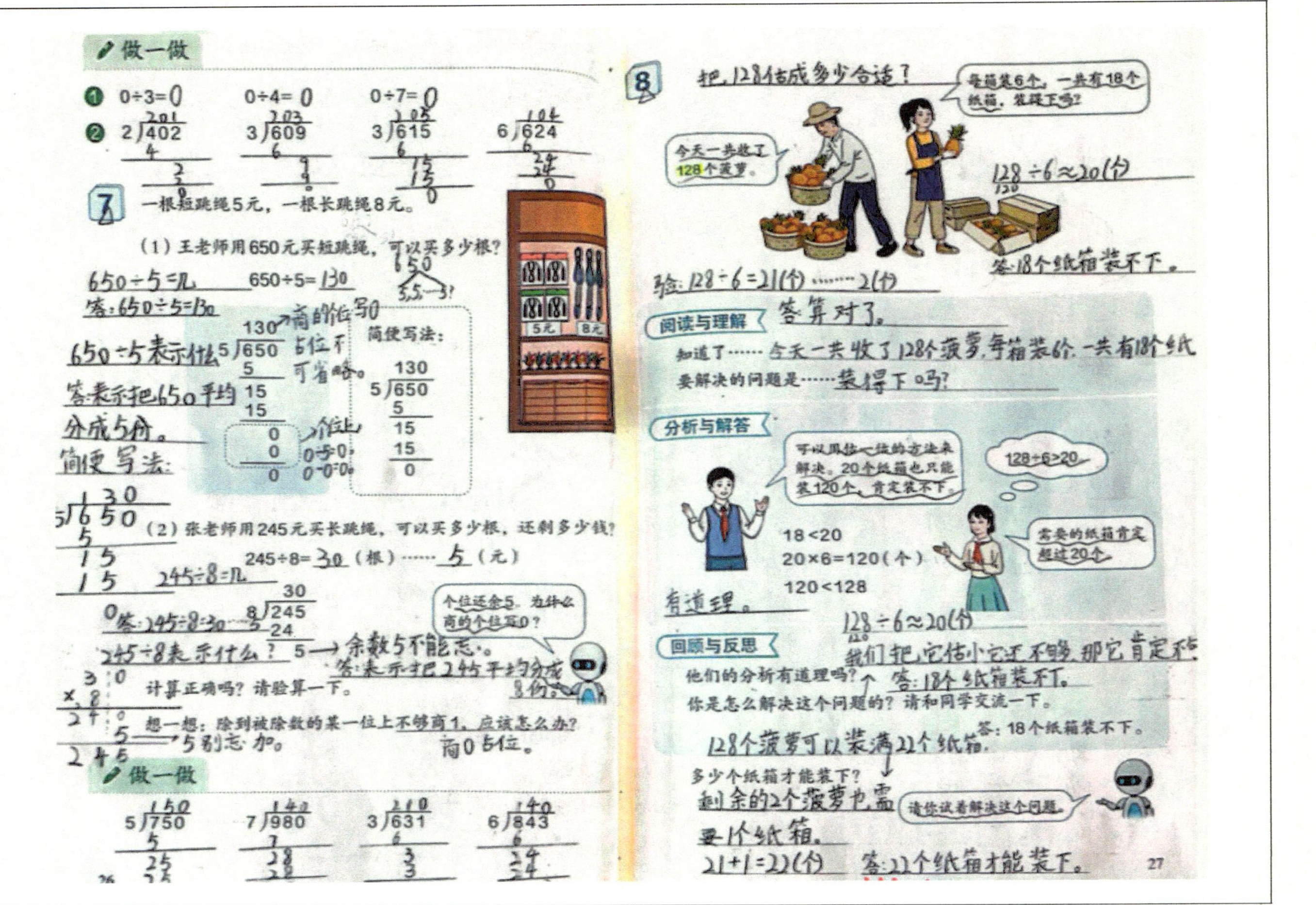

做一做

1. 0÷3=0　　0÷4=0　　0÷7=0

2. 2)402　　3)609　　3)615　　6)624

7. 一根短跳绳5元，一根长跳绳8元。

（1）王老师用650元买短跳绳，可以买多少根？

650÷5=130

650÷5表示什么？

简便写法：

5)650 = 130

（2）张老师用245元买长跳绳，可以买多少根，还剩多少钱？

245÷8=30（根）……5（元）

个位还余5，为什么商的个位写0？

计算正确吗？请验算一下。

想一想：除到被除数的某一位上不够商1，应该怎么办？

做一做

5)750　　7)980　　3)631　　6)843

8. 把128估成多少合适？

今天一共收了128个菠萝。

每箱装6个，一共有18个纸箱，装得下吗？

128÷6≈20（个）

答：18个纸箱装不下。

阅读与理解

知道了……今天一共收了128个菠萝，每箱装6个，一共有18个纸箱

要解决的问题是……装得下吗？

分析与解答

可以用估一估的方法来解决。20个纸箱也只能装120个，肯定装不下。

128÷6>20

需要的纸箱肯定超过20个。

18<20

20×6=120（个）

120<128

回顾与反思

他们的分析有道理吗？

你是怎么解决这个问题的？请和同学交流一下。

答：18个纸箱装不下。

多少个纸箱才能装下？

请你试着解决这个问题。

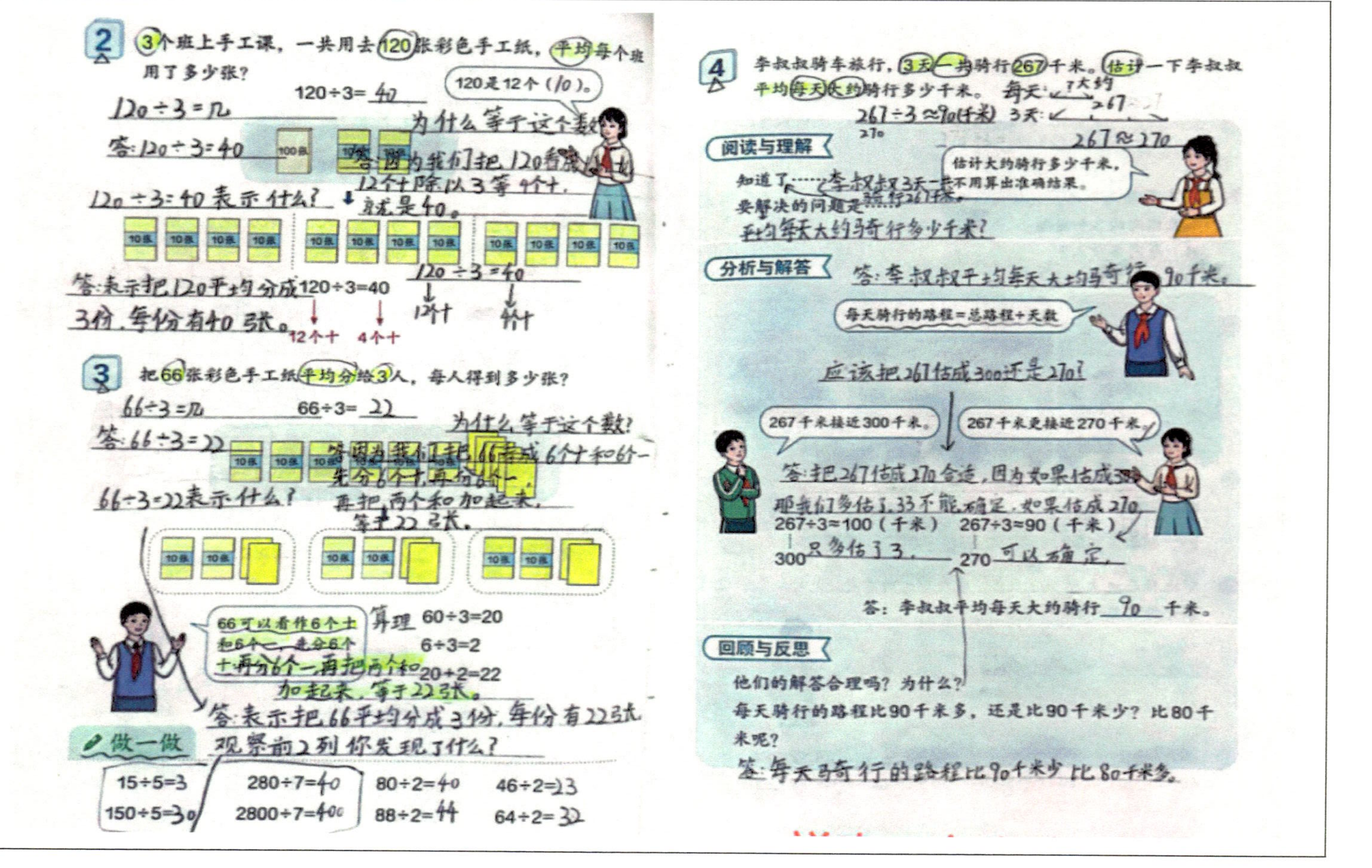
2
3个班上手工课，一共用去120张彩色手工纸，平均每个班用了多少张？
120÷3=
120是12个（ ）。
10张
100张
120÷3=40
12个十
4个十
3
把66张彩色手工纸平均分给3人，每人得到多少张？
66÷3=
66可以看作6个十和6个一。先分6个十……
算理
60÷3=20
6÷3=2
20+2=22
做一做
15÷5=3
150÷5=
280÷7=
2800÷7=
80÷2=
88÷2=
46÷2=
64÷2=
4
李叔叔骑车旅行，3天一共骑行267千米。估计一下李叔叔平均每天大约骑行多少千米。
阅读与理解
知道了……
要解决的问题是……
估计大约骑行多少千米，不用算出准确结果。
分析与解答
每天骑行的路程=总路程÷天数
267千米接近300千米。
267千米更接近270千米。
267÷3≈100（千米）
267÷3≈90（千米）
300
270
答：李叔叔平均每天大约骑行____千米。
回顾与反思
他们的解答合理吗？为什么？
每天骑行的路程比90千米多，还是比90千米少？比80千米呢？

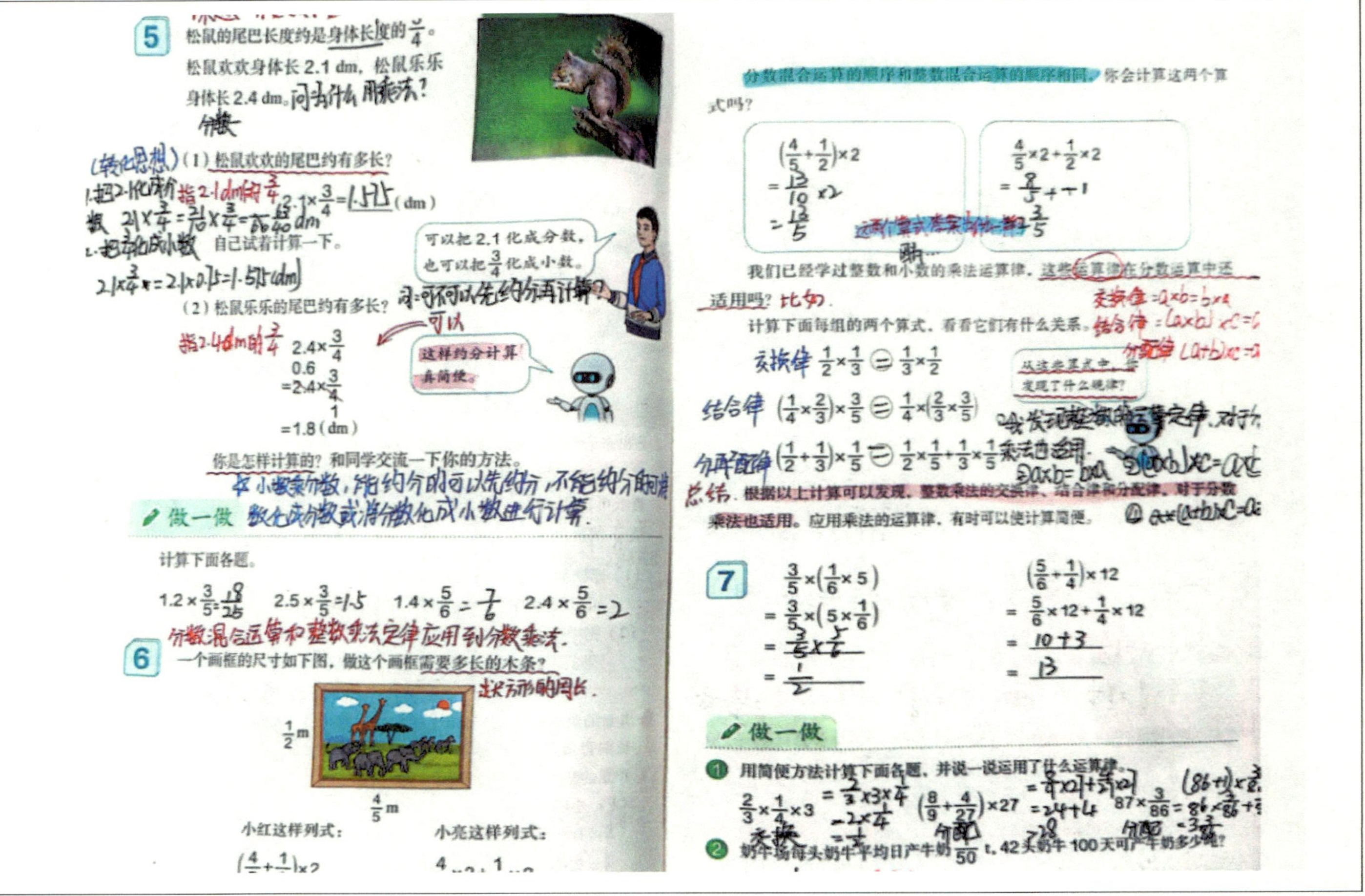

5 松鼠的尾巴长度约是身体长度的$\frac{3}{4}$。

松鼠欢欢身体长 2.1 dm，松鼠乐乐身体长 2.4 dm。

（1）松鼠欢欢的尾巴约有多长？

$2.1\times\frac{3}{4}=$ ______ (dm)

自己试着计算一下。

可以把 2.1 化成分数，也可以把$\frac{3}{4}$化成小数。

（2）松鼠乐乐的尾巴约有多长？

$2.4\times\frac{3}{4}$

$=2.4\times\frac{3}{4}$

$=1.8$ (dm)

这样约分计算真简便。

你是怎样计算的？和同学交流一下你的方法。

做一做

计算下面各题。

$1.2\times\frac{3}{5}$　　$2.5\times\frac{3}{5}$　　$1.4\times\frac{5}{6}$　　$2.4\times\frac{5}{6}$

6 一个画框的尺寸如下图，做这个画框需要多长的木条？

$\frac{1}{2}$ m　　$\frac{4}{5}$ m

小红这样列式：$(\frac{4}{5}+\frac{1}{2})\times2$

小亮这样列式：$\frac{4}{5}\times2+\frac{1}{2}\times2$

分数混合运算的顺序和整数混合运算的顺序相同。你会计算这两个算式吗？

$(\frac{4}{5}+\frac{1}{2})\times2$

$\frac{4}{5}\times2+\frac{1}{2}\times2$

我们已经学过整数和小数的乘法运算律，这些运算律在分数运算中还适用吗？

计算下面每组的两个算式，看看它们有什么关系。

$\frac{1}{2}\times\frac{1}{3}$ ○ $\frac{1}{3}\times\frac{1}{2}$

$(\frac{1}{4}\times\frac{2}{3})\times\frac{3}{5}$ ○ $\frac{1}{4}\times(\frac{2}{3}\times\frac{3}{5})$

$(\frac{1}{2}+\frac{1}{3})\times\frac{1}{5}$ ○ $\frac{1}{2}\times\frac{1}{5}+\frac{1}{3}\times\frac{1}{5}$

从这些算式中，你发现了什么规律？

根据以上计算可以发现，整数乘法的交换律、结合律和分配律，对于分数乘法也适用。应用乘法的运算律，有时可以使计算简便。

7 $\frac{3}{5}\times(\frac{1}{6}\times5)$

$=\frac{3}{5}\times(5\times\frac{1}{6})$

$=$ ______

$=$ ______

$(\frac{5}{6}+\frac{1}{4})\times12$

$=\frac{5}{6}\times12+\frac{1}{4}\times12$

$=$ ______

$=$ ______

做一做

1. 用简便方法计算下面各题，并说一说运用了什么运算律。

$\frac{2}{3}\times\frac{1}{4}\times3$　　$(\frac{8}{9}+\frac{4}{27})\times27$　　$87\times\frac{3}{86}$

2. 奶牛场每头奶牛平均日产牛奶$\frac{3}{50}$ t，42头奶牛100天可产牛奶多少吨？

小学英语课前自主学习指南（3~6 年级）

Step1：

Listen and imitate.（听课文录音，并跟读5遍，读准单词发音，读顺句子。）

Step2：

Underline the new words and key sentences.（红笔画出课文中的新单词，并将单词含义写到上方，黑笔画出重点句型。新单词含义可查阅课本单词表，重点句型可参考课本常用表达法。）

Step3：

Translate the text.（将文本翻译成汉语，写到便利贴上，附到文本旁边。）

Step4：

Summarize the main idea of the text.（概括文章大意，用英文表达：They are talking about...，使用可擦笔写到文本上方。）

Step5：

Answer the questions.（在理解课文的基础上，尝试回答课后题。）

Let's try

Mike and Xiao Yu are going home now. Mike sees a man coming towards them. Listen and circle.

1. What does Xiao Yu's uncle look like?

   A. Big and tall.　　B. Thin and short.

2. Does Xiao Yu's uncle often take him to school?

   A. Yes, he does.　　B. No, he doesn't.

Let's talk

Mike: My uncle is a fisherman.

Xiao Yu: Where does he work?

Mike: He works at sea. He sees lots of fish every day!

Xiao Yu: I see. How does he go to work? By boat?

Mike: No. He works on a boat. He goes to work by bike.

Xiao Yu: He has a very healthy life.

Mike: Yes. He works very hard and stays healthy.

Xiao Yu: We should study hard and stay healthy, too.

Where does Mike's uncle work?
How does he go to work?

Where does your father/mother work? How does he/she go to work?

初中语文课前自主学习指南

张明丽

一、自学步骤

1.一读课文，整体感知

边读边做批注，圈画出生字词，标出文章段落的序号。结合课下注释，通过查阅工具书解决生字词的读音和释义。将查阅的读音和词义写在课本的相关位置。

2.再读课文，理清脉络

扫清文字障碍后，再读课文，通过圈画文中关键的词语、句子，抓住文中时间变化、地点转变的词语和新的人物第一次出现的段落。圈画每段中的中心句、总起句，关注段首段尾句，概括总结梳理文章的脉络层次。

3.结合背景，理解主旨

通过查阅资料及预习单中的助读资料，了解文章的写作背景。结合具体的写作背景，再去读课文，圈画相关事物特征、人物形象的特征和品质的词语，以及关键语句，进行批注，体会作者的思想感情及文章主旨。

4.品读课文，赏析语言

圈画出描写生动形象和表达主旨的句子，进行旁批，抓关键词及联系上下文，体会文章的语言及表达的深刻的含义。

5.写下感悟，提出疑问

通过自主学习，写下自己的感受和在阅读中的困惑，训练敢于质疑和提出疑问的能力。

二、自主学习单示例

七年级上册《从百草园到三味书屋》

自主学习单

一、学习目标

1.学习默读技巧，掌握默读方法，养成一气呵成读完全文的习惯，通过抓住标题、开头、结尾和关键句段，迅速理解文章大意，整体感知文章的基本内容。

2.精读百草园段落，品味准确传神的语言描写，学习抓住特点描写景物的方法。

3.结合自己的生活体验，体会童年生活的美好，激发对童年生活的热爱。

二、学习活动

【助读资料】边读边画出重点文学常识并记忆。

鲁迅（1881－1936），中国文学家、思想家、革命家和教育家。原名周树人，字豫才，浙江绍兴人。1918年5月，首次用“鲁迅”的笔名，发表中国现代文学史上第一篇白话小说《狂人日记》，奠定了新文学运动的基石。1918年到1926年间，陆续创作出版了小说集《呐喊》《彷徨》、论文集《坟》、散文诗集《野草》、散文集《朝花夕拾》、杂文集《热风》《华盖集》《华盖集续编》等专集。

【活动一】默读课文，生字生词查一查。

1.读准下面字词，在括号中写上正确的拼音。

确凿（　）	竹筛（　　）	菜畦（　　）
渊（　　）博	蟋（　　）蟀（　　）	桑椹（　　）
皂荚（　　）树	轻捷（　　）	性子很躁（　）
直窜（　）向	油蛉（　　）	斑蝥（　　）

攒（　　）成　　　　秕（　　）谷　　　　缠络（　　）

觅（　　）食　　　　脊（　　）梁　　　　长（　　）妈妈

脑髓（　　）　　　　人迹罕（　　）至

【活动二】通读课文，结构内容理一理。

通读课文，理清作者的写作思路，每一部分各写了什么内容？

第（　　）段：________________________________

第（　　）段：________________________________

第（　　）段：________________________________

【活动三】再读课文，主旨情感悟一悟。

结合具体的写作背景，再去读课文，圈画相关事物特征、人物形象的特征和品质的词语，以及关键语句，进行批注，体会作者的思想感情及文章的主旨。

朗读课文，做到：正确——读音正确，停顿适当，不错读不漏读；流利——语调正确，语气连贯，读准重音；有感情——能运用语音、表情和动作等。

【活动四】品读课文，优美语言评一评。

语言风格：

课文读起来富有童趣，在文中画出你喜欢的一些段落或语句细加品味，做批注，准备在课堂上与同学、老师分享。

句子1：________________________________

____

批注1：________________________________

____

句子2：________________________________

____

批注2：____

____

三、自学收获与思考

我的感受：

____

____

____

我的疑惑：

____

____

____

预习情况自评：

1.表现积极，完成目标（　）2.表现积极，基本完成目标（　）3.表现一般，不能完成目标（　）

初中数学课前自主学习指南

刘云英

一、自学步骤

1.明确自学目标

阅读自主学习单中的学习目标，明确本节课学习目标及重要知识点，并且明确自主学习需要达到什么效果。带着目标进行预习，有助于学生有针对性的自学，提高学习效率。

2.巩固旧知

复习本节课相关知识点，为学习新课提供背景和关联性，使学生更容易理解新概念或新知识点，并且能在新课应用中增强学生的自信心。

3.阅读教材，理解概念

根据自主学习目标，仔细阅读教材对应章节，探究并思考教材中的问题，对重点定义、定理和性质尝试记忆并用数学语言翻译，并且尝试推导概念定理及性质的生成过程。对教材中的重要知识点进行标画，对不理解的地方进行标记。同时可以通过查阅相关资料、参考书籍或网络资源、学习教师课前下发的微课视频资源来加深对知识的理解。

4.试做例题，核对正误

通过预习，利用所学新知识将课本例题答案覆盖住进行试做，做完以后核对答案看步骤及结果是否正确，理解每一步的算理或者理论依据，对于不理解的步骤进行标画。

5.巩固提高，自学反馈

利用所学知识完成自主学习单内容，对于新知识进行消化和吸收，加强对新知识的理解和记忆，提高学生的自学效果。

6.自问促学

通过自主学习遇到了哪些困惑的问题，写下自己没有解决的问题和疑问，或者自己认为本节课中重要的问题，以便课中一起探究，同时训练学生敢于质疑和提出疑问的能力。

二、自主学习单示例

八年级上册5.1认识二元一次方程组

自主学习单

一、学习目标

1.了解二元一次方程、二元一次方程组及其解等概念。

2.会检验所给的一组未知数的值是否是二元一次方程、二元一次方程组的解。

二、学习过程

（一）巩固旧知

1.我们学习一元一次方程的流程是什么？

2.一元一次方程的概念：含有____个未知数，并且未知数的次数为__的整式方程叫作一元一次方程。

3.下列方程中，是一元一次方程的是（　　）

A. $x^2-5x+3=3$　　B. $y=-3$　　C. $x+2y=5$　　D. $x-1=\frac{2}{x}$

4.方程$2x-1=3$的解是（　　）

A. $x=-1$　　B. $x=-2$　　C. $x=1$　　D. $x=2$

（二）自主学习

情境1：在商店里，大国旗为5元/面，小国旗为3元/面。咱们班买了大国旗和小国旗共8面，一共花了34元。请问这个班买了大国旗和小国旗各多少面？（设出未知数，列出方程即可）

方法一： | 方法二：

情境2：运动会结束，八年级二班所得的奖牌数比八年级一班多5块，若将一班的奖牌给二班1块，那么二班的奖牌数就是一班的2倍。请问一班和二班各得了多少块奖牌？（设出未知数，列出方程即可）

方法一： | 方法二：

问题1：上述两种方法，哪种方法更简单？

问题2：你上述所列的两个未知数的方程有共同什么特点？

建模一：

二元一次方程的概念：含有______个未知数，并且所含________的________的次数都是________的整式方程叫二元一次方程。

自学反馈1：判断下列方程是否为二元一次方程：

（1）$2a+3b=5$　（2）$x^2+y=20$　（3）$xy=1$

（4）$x+\frac{1}{y}=2$　（5）$2x+y+z=1$　（6）$y=3-2x$

建模二：

二元一次方程组的概念：共含有______个未知数的两个______次方程所组成的一组方程叫二元一次方程组。

二元一次方程组的写法：用大括号联立起来。

注意：方程组中各方程中的同一个字母必须表示同一个对象。

自学反馈2：

它们是二元一次方程组吗？

（1）$\begin{cases}x+y=2\\x-y=1\end{cases}$　（2）$\begin{cases}x-3y=8\\xy=6\end{cases}$　（3）$\begin{cases}x=0\\y=1\end{cases}$　（4）$\begin{cases}z=x+1\\2x-y=5\end{cases}$

（三）巩固提高

建模三：

二元一次方程的解：适合一个二元一次方程的一组________的值，叫作这个二元一次方程的______。

例如：$x=5$，$y=3$是方程$x+y=8$的一个解，记作$\begin{cases}x=5\\y=3\end{cases}$

问：二元一次方程的解有多少个？____________

二元一次方程组的解：二元一次方程组中各个方程的________，叫作这个二元一次方程组的解。

自学反馈3：

1.下面4组数值中，哪些是二元一次方程$2x+y=10$的解？（　　）

（1）$\begin{cases}x=-2\\y=6\end{cases}$　（2）$\begin{cases}x=3\\y=6\end{cases}$　（3）$\begin{cases}x=2\\y=4\end{cases}$　（4）$\begin{cases}x=4\\y=2\end{cases}$

2.二元一次方程组$\begin{cases}x+2y=10\\y=2x\end{cases}$的解（　　）

A$\begin{cases}x=4\\y=3\end{cases}$　B$\begin{cases}x=3\\y=6\end{cases}$　C$\begin{cases}x=2\\y=4\end{cases}$　D$\begin{cases}x=4\\y=2\end{cases}$

（四）自问促学

我的疑惑：

____

____

____

自主学习情况自评：

1.表现积极，完成目标（　　）2.表现积极，基本完成目标（　　）

3.表现一般，不能完成目标（　）

初中英语课前自主学习指南

刘乾男　孙鑫　刘晓曼　许崇伟　李凌坤　孙香玲

一、自学步骤

1.基于语言训练，确定自学内容

自学内容是学生进行有效自学的载体，自学内容是否科学直接关系到学生自学的质量。在初中英语教学中，不能笼统地让学生对英语文本进行阅读，不能简单地让学生对英语课文中的新单词进行背与记。在初中英语自学单中，要基于英语语言训练的目标来确定自学内容，从而引导学生进行高效的英语自学。

例如，七年级下册Unit 11 “How was your school trip? ” 的听说课，教师可以在自学单中呈现以下自学内容。

自学内容1：看一看，连一连。根据每一张图片中的活动内容连接相应的短语。

Ride a horse　　go for a walk　　feed chickens　　milk a cow

自学内容2：想一想，拓一拓。人们在外出郊游时，除了以上活动之外，还有哪些其他活动？请你根据自己平时郊游时的照片和同学说一说。

这样的自学内容就不是简单地让学生去读一读英语课文，对其中的英语新单词进行背与记。引导学生通过看一看、连一连、想一想、拓一拓，能够有效地让他们在这个过程中完成相应的英语语言积累。

2.基于教学重点，设计自学问题

在确定了自学内容以后，还要设计相应的自学问题，才能使学生在问题的推动下进行自学。因此，在初中英语自学单中要基于英语教学重点为学生设计自学问题。

在初中英语阅读课的教学中，学生只有对英语文本的重点进行深入阅读，才能促进他们把握英语文本的基本脉络和重点内容。因此，教师要善于在英语阅读文本的重点之处设计自学问题，通过自学问题引导学生在课前对英语文本进行有针对性的自学。

例如，在教学八年级上册Unit 8第61页的阅读课文时，为了让学生能够对感恩节的历史由来这一重点内容进行自学，可以在自学单中为学生设计以下自学问题。

（1）When is the Thanks-giving day?

（2）Who were the first travellers? Why did many of them die?

（3）How did people celebrate it? Which is the main dish of the Thanks-giving day?

通过这 3 个自学问题能够有效地引导学生对感恩节的历史由来进行有针对性的阅读。

3.基于学生学情，渗透自学方法

自学是一种自主性很强的英语学习活动，然而初中生的自主学习能力还不是很强，他们在进行英语自学的过程中，往往缺少正确的自学方法，因此自学效果比较差。在初中英语教学中，教师要基于学生的学情，对他们进行自学方法的渗透，这样，才能让他们的英语自学更高效。

例如，在教学七年级上册Unit 8时，可以在自学单中设计如下问题渗透自学方法。

（1）基数词变成序数词有哪些规律？请你举一些例子来说明。

（2）in和on两个介词在表达时间上有什么区别？请举例说明。

（3）你最喜欢哪一个月？为什么？可以借助以下句式写一写：

I like December best because Christmas Day is on December 25th.

I like________best because_______________________________.

以上案例中，不仅给学生的英语自学指明了方向，而且给学生的英语自学提供了方法上的指导。这样，学生在自学的过程中，就不会不知所措，就能够清楚自学应该从什么地方入手，要采取什么样的方法，从而确保课前自学的效率。

4.基于自学过程，优化自学评价

评价是自学中不可缺少的一个重要环节，具有导向、激励、调控等多元功能，是学生英语自学的“助推器”。在引导学生进行英语自学时，要基于学生的自学过程进行星级自学评价。教师既要考虑个体、小组的评价，又要考虑家长、教师的评价；既要考虑学生听说读写的过程评价，还要考虑完成情况即终结评价。在评价方式上，可以采用星级、图案、敲章等多种吸引学生眼球的方式，也可以适当细化评价内容。如可以在“自学单”的末尾穿插以下评价内容。

自我	书写情况 ☆	自学情况 ☆	完成情况 ☆
家长	书写情况 ☆	自学情况 ☆	完成情况 ☆
教师（学完后）	优□　良□　一般□　合格□		

这样，就能够通过多元化的评价主体和评价方式对学生的自学过程进行评价，从而确保学生课前自学的实效。

二、自主学习单示例

九年级上册Unit 1 How can we become good learners?

自主学习单

【学习目标】

1.学会谈论怎样学习。

2 能正确使用by+doing结构。

【学习重、难点】

重点：

1.能够正确拼读和理解下列单词/短语的基本含义：pronounce，pronunciation，pattern，memorize，patient，textbook，aloud，conversation，practice，improve，speak-spoke-spoken.

2.能够正确运用下列语法项目和语言形式的基本结构和表意功能：How do you study…？ /I study by+doing… /What about+doing…？ /It's too…to… /The+比较级，the+比较级。

难点：

1.能够熟练运用by+doing形式表方式、方法。

2.A层学生能够学习并运用丰富的语言描述如何学习英语的方法。

3.B层学生能够掌握并灵活运用How do you study…？ I study by….等相关句型和用法在真实语境中进行简单对话。

I.Find the ways

1.你认为哪些图片所代表的学习方式对你的英文学习有帮助，快把它们圈出来吧。

2.以上有哪些方法可以有针对性地提高以下英语水平，请分类填入，也可以自行补充。

New words: by reading English books, by looking up the dictionary ,

Grammar: ________

Spoken English（英语口语）: ________

Listening: ________

Writing: ________

II.Translation

1.words预习课本P1-P2新单词并背诵，完成下面的汉译英。

（1）课本________　（2）发音（n.）________

（3）交谈，谈话________　（4）大声地，出声地________

（5）发音，读音________　（6）句子________

（7）耐心的，病人________　（8）练习________

2.phrases预习P1-P2，完成下列短语。

（1）通过与朋友一起学习________

（2）通过制作单词卡片________

（3）通过阅读课本________

（4）通过听磁带________

（5）通过向老师求助__________________

（6）备考_________________

（7）看录像 __________

（8）have conversations with__________

（9）大声朗读 _________

（10）practice pronunciation _______________

（11）学到很多________________

（12）that way =in that way

（13）说的技巧___________________

（14）too…to ___________

（15）spoken English________

（16）有点紧张____________________

（17）完成做某事 ___________________

（18）作报告_______

（19）一个读书很慢的人_______

（20）得到/抓住主要意思_______

（21）一字一字地、逐词_______

（22）对……有耐心________

3.Sentences

（1）—你是如何为考试做准备的？

—____do you___________________?

—我通过听磁带来学习。

—I study_________________tapes.

（2）太难理解英语口语了。It's_____hard _____ understand spoken English.

（3）老师要求我大声朗读课文。The teacher asked me to _____the text_________.

（4）你通过听英文歌来学英语吗？

______________ you learn English__________ __________ to English songs?

My questions:

____

____

____

____

____

初中物理课前自主学习指南

冷明明

一、自学步骤

1.明确学习目标

根据教师下发的自主学习单明确自主学习目标，让学生有针对性地进行自主学习，提高自主学习效率。

2.根据资源，自学课本，完成课前调查报告

边自学课本边做批注，圈画出知识点，标出重点定义及概念。需要课前调查时，学生提前完成调查报告或平板拍照上传，如调查生活中物品的质量，生活中测量质量的仪器，家庭每月用电量，家用电器的额定功率等。

3.完成自主学习单，自我评价

通过自学课本，完成预习单，并评价自学成果。教师通过智学网收集数据，促进精准施教。

4.写下疑问，自问促学

通过自主学习，写下自己的困惑，训练敢于质疑和提出疑问的能力。

二、自主学习单示例

八年级物理《力》

自主学习单

一、学习目标

1.通过常见事例和实验，认识力的作用效果，归纳出力的概念。

2.认识力的作用是相互的。

3.能用力学相关知识解释日常生活中的有关现象。

二、学习活动

根据资源，自学课本第101~104页。

1.力的作用效果：a.改变物体的______；b.改变物体的________，具体指物体由静到____、由动到____，以及________或________的改变。

2.力的概念：力是一个物体对另一个物体的_____。力的作用涉及的两个物体，一个是____物体，另一个是____物体。力通常用字母___表示。

3.力的作用是_____的。

你怎样判断力是否存在？

____

三、自我评价：

自我评价1

1.如图所示，气球__________力了（选填“受”或“不受”），你的依据是__________________。

2.这个力的施力物体是_____，受力物体是_____。

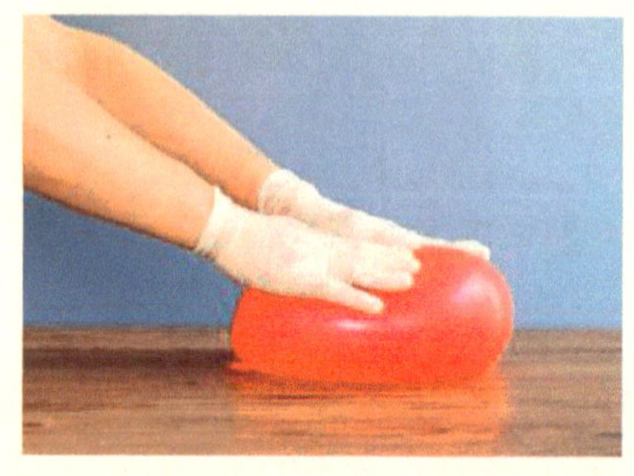

自我评价2

1.如图，A同学将飞来的足球顶进球门中，足球___力了（选填“受”或“不受”），你的依据是_________________。

2.这个力的施力物体是_____，受力物体是_____。

3.A同学顶球后头很疼，这说明力的作用是________的，球也给人力的作用。

自问促学：

问题是学习的起点，在本节自主预习中，你遇到了哪些让你困惑的知识或方法，写在下面一起解决吧！

____

自学评价：

1.表现积极，完成目标（ ） 2.表现积极，基本完成目标（ ） 3.表现一般，不能完成目标（ ）

三、调查报告示例

16.2 电流做功的快慢

调查报告：观察家里电气设备的铭牌或使用说明，记录它们的额定功率。

用电器	额定功率	用电器	额定功率

初中化学课前自主学习指南

秦宏宇

一、自学步骤

1.明确目标

根据教师下发的自主学习单明确自主学习目标，即希望通过自主学习达到什么样的学习效果。这有助于学生有针对性地进行自主学习，提高学习效率。

2.阅读教材

根据自主学习目标，仔细阅读化学教材的相关章节。注意理解教材中的重点和难点，对不理解的地方进行标记，以便在课堂上重点听讲。

3.查阅资料

对于不理解的问题，可以通过查阅相关资料、参考书籍或网络资源以及教师课前下发的自主学习文字资料以及微视频资源来寻找答案。这有助于扩大知识面，加深对问题的理解。

4.自学笔记

在自主学习过程中，将重要的知识点、化学方程式、概念等整理成笔记写在自主学习单中。这有助于加深记忆，并在课堂上更好地参与讨论。

5.思考问题

在自主学习过程中，根据教师提出的问题组，可以进一步思考一些与自主学习内容相关的问题。这有助于拓展思维，培养独立思考能力。

6.提出问题

如果有一些问题在自主学习中没有得到解决，可以在课堂上向老师提问。这有助于提高课堂听讲的针对性，更好地理解和掌握知识。

7.家庭实验

对于化学这门实验性很强的学科，课前自主学习还可以包括做一些简单的家庭实验。这有助于加深对化学知识的理解，培养实验技能和观察能力。例如醋泡鸡蛋、硫酸铜晶体的培养、用紫甘蓝制作酸碱指示剂等。

二、自主学习单示例

九年级上册第二单元第二节《水分子的变化》

自主学习单

【自主学习目标】

★1.知道电解水的实验现象，能从宏观物质和微观模拟图的角度理解该变化过程，理解电解水的宏观、微观、符号表示三者的对应关系。

★2.能说出化学变化的实质及分子、原子的本质区别。

3.知道氢气在氧气中燃烧的现象，会写化学方程式。

4.理解并记住氢能源的3个优点。

5.会判断化合反应和分解反应。

【自主学习过程】

方法指导：初步学习从宏观和微观内在联系的角度分析思考问题，理解表征符号的意义。

水的三态变化是水分子间的间隔和排列方式发生了改变，分子本身不变，如果往水中通以直流电，情形是否会有不同呢？

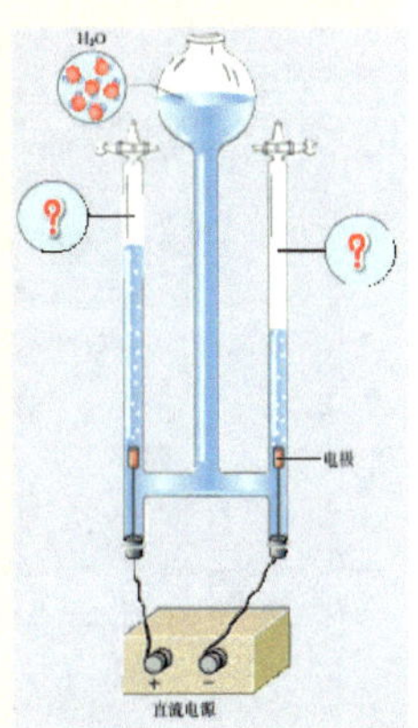

一、水的分解

自主学习要求

①观看实验视频。②先自主思考，形成自己的观点。③再在小组内交流，形成小组的观点。

探究活动一：电解水的实验

1.思考问题

①水通直流电时，观察两个电极上有什么现象？

②比较两个玻璃管内气体的体积大小关系？

③你对气体成分能作出哪些比较科学的猜想？

④怎样用实验证明玻璃管里的气体是氧气（O_2）或氢气（H_2）？

观看电解水实验视频，思考并填写下列空白。

2.实验现象

（1）正（+）极的玻璃管内气体能使带火星的木条________，证明是_______；负（–）极的玻璃管内气体用燃着的木条检验，气体能_______，发出______色火焰，证明是_______。

（2）氢气与氧气的体积比大约是______：______。

记忆小窍门：“电解水，别忘付清（负氢）水电费”。

二、电解水的微观过程

1.自主学习要求

①观看实验视频。先自主思考，从微观角度分析，电解水的过程是怎样的呢？②模仿微课的讲解过程，请尝试写出电解水的文字（汉字）表达式、（化学）符号表达式、画出微观过程模拟图、完成反应的化学方程式，注意体会理解宏观、微观粒子、表达符号三者的一一对应关系。

2.结合电解水的微观示意图，思考、理解填写下列问题：

①化学变化的微观实质是____________________________________。

②分子和原子的本质区别是________________________________。

③原子是____。

④保持水化学性质的基本微粒是____________，画出微观示意图：__________写出符号：__________，角标“2”的意思是_________，2个水分子用符号表示为：______________；

保持氢气化学性质的基本微粒是________________，画出微观示意图：____________写出符号：____________，角标“2”的意思是

＿＿＿＿＿＿＿＿；2个氢分子用符号表示为：＿＿＿＿＿＿。

⑤化学反应的过程是分子分成原子，原子重新组合成新物质的过程。在化学反应前后，原子的＿＿＿＿＿、＿＿＿＿＿、＿＿＿＿＿不变，所以化学反应前后物质的总质量不变（质量守恒）。

⑥电解水的实验说明，水是由＿＿元素和＿＿元素组成的化合物。

三、氢气在氧气中燃烧

自主学习要求

①观看实验视频。②先自主思考，形成自己的观点。③再将自学单填写完整。

1.特别注意

点燃不纯的氢气可能发生爆炸，点燃氢气前，一定要先＿＿＿＿＿。

2.实验现象

纯净的氢气在空气中安静燃烧

①产生＿＿＿色火焰，放出热量

②烧杯内壁出现＿＿＿＿＿。

3.化学方程式

＿＿＿＿＿＿＿＿＿＿＿＿＿＿＿＿＿＿＿＿

结合化学方程式，画出合成水的微观模拟示意图。

四、氢能源的优点

自主学习要求：①观看科普视频。②先自主思考，形成自己的观点。③再在小组内交流，形成小组的观点。

氢气被认为是未来最理想的能源的原因：

①＿＿＿＿＿＿＿＿＿＿＿＿

②＿＿＿＿＿＿＿＿＿＿＿＿

③＿＿＿＿＿＿＿＿＿＿＿＿

五、化合反应和分解反应

自主学习要求：①观看微课。②先自主思考，形成自己的观点。③再回答下列问题。

1.化合反应是指由两种或两种以上物质生成一种物质的化学反应。

化合反应特点是："多合一" ［即多（种）合成一（种）］

例如： $2H_2 + O_2 \xlongequal{点燃} 2H_2O$ 反应类型属于________反应

2.分解反应是指由一种物质生成两种或两种以上物质的化学反应。

分解反应特点是"一分多" ［即：一（种）分成多（种）］

例如：$2H_2O \xlongequal{通电} H_2 + O_2$ 反应类型属于________反应

【学以致用】

下列化学反应中，既不属于化合反应，又不属于分解反应类型的是（ ）

A.电解法冶炼铝：$2Al_2O_3 == 4Al + 3O_2\uparrow$

B.制备熟石灰：$CaO + H_2O = Ca(OH)_2$

C.实验室制氧气：$2H_2O_2 == 2H_2O + O_2\uparrow$

D.工业制烧碱：$Na_2CO_3 + Ca(OH)_2 = CaCO_3\downarrow + 2NaOH$

六、自学收获与思考

我的感受：

____

____

我的疑惑：

____

____

____

自学评价：

1.表现积极，完成目标（ ） 2.表现积极，基本完成目标（ ） 3.表现一般，不能完成目标（ ）

第四章

济南市历城区祥泰实验学校学习型课堂操作流程

济南市历城区祥泰实验学校学习型课堂操作流程

基于“自主互助·高效愉悦的学习型课堂”建设，主要从氛围的创设到注意力的调控；从课前的预设到课堂的发问；从思维的引导到方法的指导；从合作探究到学习能力的形成。祥泰实验学校学习型课堂操作流程提炼为五大环节，即课前热身，调动兴趣→自学反馈，提出问题→合作质疑，解决问题→巩固练习，拓展提升→总结收获，达标过关。

一、课前热身，调动兴趣

课前3~5分钟时间进行挑战擂台赛，语文、数学、英语学科擂台赛内容以基础知识为主。小助手（一生）组织，以小组为单位快速上台进行字词展示、口算展示、单词展示，学生可拍手判断或者话语回应，指令员报时，在短时间内多个小组上台挑战，调动学生学习积极性。

二、自学反馈，提出问题

组长组织组员在小组内进行自学收获交流，每位组员自由发表想法，达成共识的知识每位组员给予积极回应，有疑问的地方提出来，小组内互学互助解决，对于小组内遇到的疑难问题，记录在板贴上，留待全班交流。

1.问题生成课：学生自学完成后，进行小组合作学习交流并汇报，生成新问题。

2.问题解决课：对学生提出的新问题进行归类，进行小组合作学习，解决学生提出的问题。

三、合作质疑，解决问题

学生汇报展示、思维碰撞解决问题之后，教师进行精讲点拨，迁移运用。继续出示难度更大，或者是综合性程度更高的问题让学生去完成，鼓励同学们继续攻坚克难，解决老师提出的问题。

此环节教师主要通过自学交流环节发现的问题、结合所学内容，启发学生思考，培养学生用自己的语言总结所学知识，并逐步学会提问有价值的问题。

四、巩固练习，拓展提升

本环节设计的练习，既包含对新知的巩固和知识的灵活运用，还包括对新知理解的完善和深入，可以检查学生学习目标的达成度，对从中暴露出的缺陷和错误及时矫正，进行补偿性学习。

五、总结收获，达标过关

当堂进行总结升华，达标过关。学生能有较为充分的时间（5~10分钟为宜）完成当堂过关达标，并当堂进行过关的评价与反馈。达标过关根据课型制订相应的概念性知识、原理性知识和能力性知识达标。

小学语文学习型课堂操作流程

黄立学　时礼娟　朱梦如　程丽

一、挑战擂台赛

课前3~5分钟时间进行挑战擂台赛，挑战内容为所学单元应知应会字词。小助手（一生）组织，以小组为单位快速上台展示，其余学生拍手判断，指令员报时，在短时间内多个小组上台挑战，调动学生学习积极性，挑战成功可获得小组积分。

【擂台赛常用话术】

小助手：谁来当擂主？

生（齐说）：我来当擂主！（所有学生高举手）

小助手：×组。

小组长：大家好，我们是×组，可以开始了吗？

生（齐说）：可以。（所有学生拍手准备）

小组长：他们组用时×秒，挑战成功/失败。谁来挑战？

生（齐说）：我来挑战！

二、自学反馈，提出问题

组长组织组员在小组内进行自学收获交流，每位组员自由发表想法，对达成共识的知识给予积极回应，有疑问的地方提出来，小组内互学互助解决，对于小组内无法解决的疑难问题，记录在板贴上，留待全班交流。

第一环节：检查字词。

以组为单位汇报字词自学成果，小组成员读生字并组词，组员根据分工进行识记生字的讲解。组员可以从以下五个方面进行讲解：

1.提醒字音。（该字的本音是什么？在本词语中发生的音变是什么？）

2.多音字。

3.同音字混淆。

4.词语的解释。

5.书写提醒。

【以三年级上册语文《富饶的西沙群岛》为例自学反馈生字学习流程】

生1：请大家看我们，表扬4组。

生1：我们是2组，我们小组准备好了，可以开始了吗?

全体学生：（拍手）可以。

生2：请大家跟我读生字。（饶、优、瑰、岩、参、武、栖、粪）我们小组经过合作交流，认为较难的生字有饶、瑰、参，下面有我们小组其他成员来汇报。

生3：我来汇报生字“饶”，我可以给它组一个词“富饶”，我是通过换一换的方式记住的这个生字，把“浇水”的“浇”的“氵”换成“饣”，就是我们今天学习的“富饶”的“饶”。我来汇报生字“瑰”，我可以给它组一个词“玫瑰”，我还可以结合字理进行识记，“瑰”中的“王”表示“玉”，“瑰”有“珍奇”的意思。

生4：我来汇报多音字“参”，这个字有三个读音，“参”字在“海参”“人参”中读shēn，在“参差不齐”中读cēn，在“参军”“参观”中读cān。我是通过组词的方式记住这个字的。

生5：大家是否还有不认识的生字?

（全体学生回答无或者有，若有不认识的生字，该小组当场解决）

生6：下面由我们小组来进行考察。随机选择学号来考察生字（要求被考察的学生组一个词并说出识字方法）。下面由大家给我们小组考察，随机选择学生考察小组内成员。

台下学生：请××汇报多音字。

生1：请大家给我们小组评分。

全体学生：评价打分。

小组谢谢大家下台。

第二环节：检查课文朗读。

选取课文中精彩片段，明确朗读要求：读音正确、朗读流利、不添字不漏字，根据片段的长短确定练习时间，选取小组代表进行检查。

加分要求：根据朗读要求达成一项加1分，共3分。

【以六年级上册语文《好的故事》为例检查课文朗读学习流程】

小助手：接下来检查大家的课文朗读情况，重点检查第5、第7自然段，2分钟的练习时间，一会儿小组代表进行课文朗读。

全体学生练习朗读。

小助手：谁来朗读？

全体学生：我来朗读。

小助手：请1组代表朗读课文。

（1组代表朗读课文）

小助手：请同学们打分。

小助手：请5组代表朗读课文。

（5组代表朗读课文）

小助手：请同学们打分。

小助手：请6组代表朗读课文。

（6组代表朗读课文）

小助手：请同学们打分。

第三环节：概括课文的主要内容。

根据小组讨论课文的主要内容，教师把握学生自学情况，为后续问题生成和问题解决做精准分析。

【以五年级下册语文《草船借箭》为例概括课文主要内容学习流程】

小助理：请大家根据自学情况，小组内交流课文的主要内容，形成统一答案，小组上台汇报，限时2分钟。

小助理：请×小组上台汇报，请大家认真听。

生1：周瑜妒忌诸葛亮的才干，要诸葛亮在十天内造好十万支箭，以此陷害他。诸葛亮同周瑜斗智，用妙计向曹操“借箭”。诸葛亮如期如数交付周瑜，周瑜自叹不如诸葛亮。

生2：大家同意他的观点吗？或者说还有补充的吗？（学生补充）

生3：谢谢你的补充，×××进步非常大，加两分。感谢大家的补充，请大家给我们小组评分。

生4：感谢大家给我们小组打×分，谢谢！

老师总结：像这样叙事的课文，我们可以按照故事的起因、经过、结果进行概括课文的主要内容。不仅如此，文章开头、结尾都提到诸葛亮比周瑜有智慧，这样的写作方法就是——首尾呼应。这样严谨的结构大大增强了故事的完整性和严密性。

第四环节：问题生成。

此环节教师主要通过自学交流环节发现的问题、结合课本的例题核心问题，启发学生思考，组织小组交流汇报。在小组汇报交流的基础上，老师的精心点拨指导，逐步培养学生用自己的语言总结所学知识，并逐步学会提问有价值的问题。

【问题生成常用话术】

小助手：通过大家的自学，根据自学情况，围绕课文内容、写作方法、联系生活实际提出自己的问题，时间5分钟。

小助手：下面请老师帮我们梳理问题。

三、合作质疑，解决问题

教师通过自学交流环节发现的问题、结合所学内容，启发学生思考，培养学生用自己的语言总结所学知识，学生汇报展示、思维碰撞解决问题之后，教师进行精讲点拨，迁移运用。继续出示难度更大，或者是综合性程度更高的问题让学生去完成，鼓励同学们继续攻坚克难，解决老师提出的问题。

小组合作交流学习、汇报要求：结合文中重点自然段、关键语句、重点词语，说说体会，落实描写方法。在此环节中教师实施点拨追问，落实教学目标。

【以五年级上册语文《圆明园的毁灭》为例进行问题解决的学习流程】

小组合作讨论、汇报的问题：圆明园的建筑风景有什么特点？

汇报过程：

生1：大家好，我们是2组，下面由我们组和大家一起学习第三自然段，圆明园的建筑风景有什么特点？

生2：通过学习研究这个自然段，我们发现圆明园内的建筑风格非常多。“有金碧辉煌的殿堂，也有玲珑剔透的亭台楼阁；有象征着热闹街市的‘买卖街’，也有象征着田园风光的山乡村野。”这句话中，作者运用了排比的修辞手法，读起来朗朗上口，体现了作者对圆明园的赞美之情。

生3：除了这些，圆明园中还有许多景物。“园中景物都是仿照各地名胜建造的，如海宁的安澜园，苏州的狮子林，杭州西湖的平湖秋月；还有很多景物是根据古代文人的诗情画意建造的，如蓬岛瑶台，武陵春色。圆明园中不仅有民族建筑，还有西洋景观。”这句话中作者运用了举例子的方法，向我们讲述了圆明园中景物非常多，而且各有特色，比方说有仿照各地名胜建造的，也有仿照古代文人的诗情画意建造的。不仅有国内的建筑，还有国外的。

生4：“漫步园内，有如漫游在天南海北，饱览着中外风景名胜；流连其间，仿佛置身在幻想的境界里。”这句话总体来说漫步圆明园的感受，表达了园内建筑风格的多样，表达了作者的赞美之情。

生1：以上是我们组的汇报，请问大家还有要补充的吗？（学生补充）谢谢大家的补充。

四、巩固练习，拓展提升

本环节设计的练习，既包含对新知的巩固和灵活运用，还包括对新知理解的完善，可以检查学生学习目标的达成度，对从中暴露出的缺陷和错误及时矫正，进行补偿性学习。

练习题的处理基本流程如下：小组先交流习题，把能解决的题目先在组内解决，会的同学教给不会的同学；把集中出错题目或组内解决不了的题目的题号记录到黑板上，以“正”的形式标记；以小组为单位上讲台把这些题目认领并讲给全班同学听；每道题目讲完后，教师要举一反三，或出示综合性程度更高的问题让学生去完成，鼓励同学们继续攻坚克难。

五、总结收获，达标过关

当堂进行总结升华，达标过关。学生能有较为充分的时间（5~10分钟为宜）完成当堂过关达标，并当堂进行过关的评价与反馈。达标过关根据本课重点出错题目再出一套类似习题让学生练习，及时了解当堂检测的目标达成情况，对不达标学生及时进行面批辅导，课后安排导师辅导。

小学数学学习型课堂操作流程

张嫦娥　宋晓晓　张宝然

一、挑战擂台赛

课前3~5分钟时间进行挑战擂台赛，一至四年级主要为口算擂台赛。小助手（一生）组织，以小组为单位快速上台展示口算，其余学生拍手判断，指令员报时，在短时间内多个小组上台挑战，调动学生学习积极性。

【擂台赛常用话术】

小助手：谁来当擂主?

生（齐说）：我来当擂主！（所有学生高举手）

小助手：×组。

小组长：大家好，我们是×组，可以开始了吗?

生（齐说）：可以。（所有学生拍手准备）

小组长：他们组用时×秒，挑战成功/失败。谁来挑战?

生（齐说）：我来挑战！

四至六年级主要为笔算擂台赛，如3道脱式计算题用课件呈现，同时出现计时器在线计时。全班共同开始做题，小组内计算完成并互批完成后报时，全对即可获得小组积分。

二、自学反馈，提出问题

首先组长组织组员在小组内进行自学收获交流，每位组员自由发表想法，达成共识的知识每位组员给予积极回应，有疑问的地方提出来，小组内互学互助解决，对于小组内遇到的疑难问题，记录在板贴上，留待全班交流。

【以四年级上册数学《积的变化规律》为例自学反馈环节片段】

师：昨天我们已经自学了课本第51页积的变化规律，现在请你把自学的收获在小组里分享一下，把自学中遇到的问题、困惑提出来，先在小组里解决，小组里解决不了或者特别有价值的问题整理到板贴上，一会儿全班交流。计时5分钟，开始吧。

（组内交流）

1号：打开课本第51页，谁先来说说通过昨天的自学学到了什么？

2号：我先说，从上往下观察第1组题，我发现一个因数不变，另一个因数末尾添0，积的末尾也添0。

3号：我想给他补充一点，末尾添一个0相当于乘10，添两个0相当于乘100。所以我的发现是，一个因数不变，另一个因数乘10，积也乘10；另一个因数若乘100，积也乘100。

4号：我有一点疑问，难道只有因数乘10，乘100，乘1000，积有这样的变化规律？乘其他数，可不可以呢？

1号：我认为乘其他数也可以，请大家看第二组题，从下往上看其中一个因数4不变，另一个因数乘的几呢？积是不是也乘了。（边划边说）

其他组员回应：乘2，积也乘2。

2号：我还有补充，请大家看从第一个算式到第三个算式，一个因数不变，另一个因数乘4，积也乘4。综合刚才大家的发现，在乘法算式中，一个因数不变，另一个因数乘几，那么积也一定乘几。同意吗？

其他成员回应：同意。

1号：谁能来举几个例子验证一下？

3号：我举个例子，1×3=3，3×3=9，9×3=27。一个因数不变，另一个因数依次乘3，积也依次乘3。（板贴记录，边指边说）

4号：我认为你举个这个例子很好，观察第1个算式和第3个算式，一个因数不变，另一个因数乘9，积也乘9。

2号：我有问题，那如果一个因数不变，另一个因数除以几，积是不是也除以几呢？

1号：就是第2组题的规律，从上往下看，一个因数4不变，另一个因数除以2，积也跟着除以2。所以我认为你的猜想是对的。你们同意吗？

1号：大家通过观察发现了积的变化规律，并且举例验证，现在我们可以归纳总结一下了。应该是一个因数不变，另一个因数乘几或除以几，积也乘几或除以几。

其他成员回应：同意。

2号：对，我还有一点补充，除以几（0除外）。

4号：时间不多了，还有1分钟。

1号：谁还有没有解决的问题吗？

4号：我还有一个地方不明白，如果两个因数都变了，那积的变化和因数的变化有规律吗？

1号：你的这个问题很好，有谁能解决吗？如果没有人能解决我们就把这个问题记出来，一会儿交流吧。

三、合作质疑，解决问题

此环节教师主要通过自学交流环节发现的问题，结合课本的例题核心问题，启发学生思考，组织小组交流。中低年级在小组汇报交流的基础上，老师加以点拨指导，逐步培养学生用自己的语言总结所学知识，并学会提问有价值的问题。

小组上台汇报的7个环节，分别是：①推凳子，小跑上台，找准各自位置；②监督员表扬并随时提醒听众；③组长自报家门；④主讲汇报；⑤互动质疑；⑥听众点评；⑦小跑回座位。

小组上台汇报的各个环节，在汇报交流的过程中也有特定的话术。

【交流讨论话术】

1.下面由我们第××小组来和大家分享

2.例题……

3.这是我们组的想法，大家同意吗？请问大家还有什么问题或者补充吗？

4.我们组赞同你们组的想法，但还想补充……

5.我们组有一个问题，为什么……

6.听了他的发言，我还有一个想法……

【个人汇报话术】

1.我是这样想……

2.我来补……

3.我有不同的想法，我认为……

4.我来纠……

【评价建议话术】

1.你说的条理很清晰，如果能……就更好了。

2.你刚才的发言很精彩，但我还想提一点建议……

3.你发言声音很洪亮，自信大方，比以前进步多了，如果能……就更好了。

4.你们组分工很明确，汇报很清楚，如果能……就更好了。

在中高年级进行教学时，教师选择一部分学生在小组自学交流过程中提出的有价值的问题，有条理地组织学生进行小组交流。在小组展示汇报中，全班学生之间互动质疑，教师要及时发现好的做法及学生存在的共性问题，适当地、合理地进行点拨和引导，不断将思维引向深入。

我们的讲题方式有两种，一种是讲明白，另外一种是问明白，以问代讲，以问促学。小组主讲通过问题主导的方式把下面的学生问明白，互动质疑是整个小组汇报流程中最精华、最出彩的地方。将一节课中的重点或者易错点，通过问题的形式抛给学生，让学生进行回答，达到生生互动、共同总结梳理的目的。

【以三年级上册数学《多位数乘一位数》为例合作质疑环节片段】

小组合作探究，并将方法整理在板贴上，展示到黑板上。

组1：我们组用口算的方法计算。12分成2和10，先用3乘10得30，再用3乘2得6，再用30加6，最终12乘3的结果是36。谁有问题或补充？

生1：我的问题是为什么不能用12里分出来的10乘2呢？

组1：因为12分成了10和2，不是10个2，所以不能用10乘2。

生1：谢谢你，我知道了。

组1：谁还有问题或补充？

生2：我的问题是为什么把12分成了2和10？

组1：因为12这个数比较大，12直接乘3比较复杂，所以我们组想到把12分成10和2，分别乘3比较简单。

生2：谢谢你，我知道了。

组1：谁还有问题或补充？

组2：我们组用连加的方法进行计算。根据乘法的意义，12乘3表示3个12相加，可以用12加12加12的连加竖式来计算，个位上，2加2加2得6，十位上，1加1加1得3，所以结果是36。谁有问题或补充？

$$\begin{array}{r} 1\ 2 \\ 1\ 2 \\ +\ 1\ 2 \\ \hline 3\ 6 \end{array}$$

生3：12乘3是乘法问题，你们组为什么换成了加法？

组2：12乘3表示3个12相加。

师：你们小组运用了数学的“转化”思想来解决问题，把不会的乘法计算转化成了熟悉的加法计算，真了不起。

组2：谁还有问题或补充？

组3：我们小组的方法是乘法竖式计算。先写出12乘3的竖式，个位上2乘3得6，表示6个一。十位上1乘3得3，这里的3在十位上表示3个十，结果是36。谁有问题或补充？

$$\begin{array}{rr} & 1\quad 2 \\ \times & 3 \\ \hline & 3\quad 6 \end{array}$$

生4：为什么十位上的1和乘数3没有数位对齐，还要用1乘3呢？

师：这是一个非常有价值的问题，我们在学加减法时，都是相同数位相加减，为什么在12乘3这个乘法竖式里，十位上的1要和个位上的3相乘？

组3：谁来帮帮我？

生5：我们小组的观点是，可以借助连加的方法来思考，12乘3表示3个12相加，在加法竖式中，个位上是3个2相加，也就是3乘2，十位上是3个10相加，也就是3乘10，所以3既要乘个位上的2，又要乘十位上的1。

师：看来，乘法竖式的计算方法和加法竖式的计算方法是一样的。

生6：我有问题，我的问题是3为什么写在个位，不能写在十位？

组3：因为个位和个位对齐。

师：我有补充，我们看，3如果写在十位可不可以表示3个12相加，那既然可以表示，说明写在十位也是可以的。但是为了统一，我们最后决定让末尾对齐，这样更美观。

生7：我有问题，10乘3得30，为什么结果只写一个3而不是30？

组3：十位上的1乘3得30，30中的0和个位上的6相加后得出来6。

师：这个乘法竖式实际应该先写出个位的结果6，再写出十位的结果30，要在6的下一层写30，最后相加。中间一共有两层，我们数学追求简洁美，所以把30和6展开的这部分进行了省略。

$$\begin{array}{rr} & 1\quad 2 \\ \times & 3 \\ \hline & 6 \\ & 3\quad 0 \\ \hline & 3\quad 6 \end{array}$$

师：感谢以上三个小组的研究和分享，12乘3有三种计算的方法，结果都是36，而且我们通过加法弄明白了乘法竖式计算的算理。

四、巩固练习，拓展提升

本环节设计的练习，既包含对新知的巩固和灵活运用，还包括对新知理解的完善，可以检查学生学习目标的达成度，对从中暴露出的缺陷和错误及时矫正，进行补偿性学习。

练习题的处理基本流程如下：小组先交流习题，把能解决的题目在组内解决，会的同学教给不会的同学；把集中出错题目或组内解决不了的题目的题号记录到黑板上，以“正”的形式标记；以小组为单位上讲台把这些题目认领并讲给全班同学听；每道题目讲完后，教师要举一反三，或出示综合性程度更高的问题让学生去完成，鼓励同学们继续攻坚克难。

五、总结收获，达标过关

当堂进行总结升华，达标过关。学生能有较为充分的时间（5~10分钟为宜）完成当堂过关达标，并当堂进行达标过关评价与反馈。达标过关根据本课重点出错题目再出一套类似习题让学生练习，及时了解当堂检测的目标达成情况，对不达标学生及时进行面批辅导，课后安排导师辅导。

小学英语学习型课堂操作流程

李莹　王燕

一、挑战擂台赛

课前3~5分钟时间进行挑战擂台赛，三至四年级进行单词擂台赛赛，五至六年级可进行单词、句子擂台赛。小助手（课代表）组织，以小组为单位快速上台展示，其余学生拍手判断，小助手报时，在短时间内3个小组上台挑战，调动学生学习积极性。

【挑战擂台赛常用话术】

小助手：Boys and girls ，are you ready? Which group can have a try?

生（齐说）：GroupX！（所有学生高举手，并说出组号）

小助手：GroupX，please!

小组长：Hello，everyone. We're groupX，can we start?

生（齐说）：Yes.（所有学生拍手准备）

小助手：GroupX用时×秒，Which group can have a try?

生（齐说）：GroupX!

...

小助手：The winner group is groupX，congratulations!（小助手公布赢的小组，并与全体学生鼓掌庆贺）

（第一名加5分，第二名加4分，第三名加3分）

五至六年级也可以将上台的擂台赛换成听写，如每节课选取5个单词，进行听写，全对即可获得小组积分。

二、自学反馈，提出问题

首先，组长组织组员在小组内进行自学收获交流，每位组员自由发表想法，达成共识的知识每位组员给予积极回应，有疑问的地方提出来，小组内互学互助解决，对于小组内遇到的疑难问题，记录在板贴上，留待全班交流。

第一环节：检查单词。

以组为单位汇报单词自学成果，组员根据分工进行新词讲解。具体讲解分为以下四个方面：

1.读单词，单词要进行拼读，帮助大家掌握发音。

2.解释汉语意思。

3.领读3遍。

4.检查下面同学读音。

在此环节中，教师要关注到学生汇报的内容，及时纠正指导，避免学生带着错音继续朗读。

第二环节：检查朗读。

全文进行朗读，明确朗读要求：发音准确、语音语调优美，流利朗读、有感情地朗读。根据难易程度检查时选取整组或者每组3、4号进行朗读。

加分要求：根据朗读要求达成一项加1分，共3分。

【课文朗读检查流程】

T：Now，let's check the reading. I'll give you 2 minutes to practice in your groups. Go!

组内练习朗读，重点关注3、4号同学。

T： Who can have a try?

Ss： Let me try!

T： Number 3 in groupX，please.

S1：How many points can I get?

T：Number 4 in groupX，please.

S2：How many points can I get?

T：GroupX，please.

S3：How many points can I get?

第三环节：概括文本大意。

同学们根据课前自学已有初步的答案，随后小组交流讨论，汇总为最精炼的语句（用英文表达：They are talking about...）。小组选取代表汇报，下面同学随时补充或纠正。教师进行总结。

三、合作质疑，解决问题

此环节教师主要通过自学交流环节发现的问题、结合所学内容，启发学生思考，培养学生用自己的语言总结所学知识，学生汇报展示、思维碰撞解决问题之后，教师进行精讲点拨，迁移运用。继续出示难度更大，或者是综合性程度更高的问题让学生去完成，鼓励同学们继续攻坚克难，解决老师提出的问题。

小组合作交流学习、汇报要求：根据教师预设问题进行讨论，汇总正确答案，并解释原因。在此环节教师实施点拨追问，落实教学目标。

【以五年级下册英语《Unit 4 When is art show? B Read and write》为例小组汇报片段】

小组合作讨论、汇报的问题：

Q1：When is the kitten's birthday?

Q2：When do they have white fur?

Q3：When are their eyes open?

Q4：What can they do on May 3rd?

汇报过程：

展示组内一名成员的任务单。

S1：Look at me!

Ss：Look at you!

S1：We're group 4， can we start?

Ss：Yes!

S1：Question 1, when is the kitten's birthday? The kitten's birthday is on April 15th. Because in the first diary，Sarah writes " My cat has two new kittens.The date is April 15th. So we know the kitten's birthday is on April 15th. " Do you agree?

S5：I have a question. On the preview list，"kitten' s " should be "kittens'"，because there are two kittens in Sarah's home. Do you agree?

S1：Yes，thank you! Add 1 point.

S2：Question 2，when do they have white fur? They have white fur on April 21st. From the second diary，the date and this sentence "They have white fur. "，we can know the answer.Do you agree?

Ss：Yes.

S3：Question 3，when are their eyes open? Their eyes are open on April 26th. We can find the answer on the third diary. Do you agree?

Ss：Yes.

S4：Question 4，what can they do on May 3rd? From the fourth diary，it writes："The kittens can walk now.They can play with Robin." We can know the answer：They can walk and play with Robin. Do you agree?

Ss：Yes.

S1：Do you have any other questions?

S6：I have an advice. Pay attention to your writing，please.

S2：We will，thank you!

S3：How many points can we get?

Ss：4 points.

S1：That's all！Thank you！

（节选李莹执教的《Unit 4 When is art show? B Read and write》一课）

四、巩固练习，拓展提升

本环节设计的练习，既包含对新知的巩固和灵活运用，还包括对新知理解的完善，可以检查学生学习目标的达成度，对从中暴露出的缺陷和错误及时矫正，进行补偿性学习。

练习题的处理基本流程如下：小组先交流习题，把能解决的题目在组内解决，会的同学教给不会的同学；把集中出错题目或组内解决不了的题目的题号记录到黑板上，以“正”的形式标记；以小组为单位上讲台把这些题目认领并讲给全班同学听；每道题目讲完后，教师要举一反三，或出示综合性程度更高的问题让学生去完成，鼓励同学们继续攻坚克难。

五、总结收获，达标过关

当堂进行总结升华，达标过关。学生能有较为充分的时间（5~10分钟为宜）完成当堂过关达标，并当堂进行过关的评价与反馈。达标过关根据本课重点出错题目再出一套类似习题让学生练习，及时了解当堂检测的目标达成情况，对不达标学生及时进行面批辅导，课后安排导师辅导。

初中语文学习型课堂操作流程

张明丽　单梦帆　王晓晨

基于“自主互助·高效愉悦”的学习型课堂建设，祥泰实验学校初中语文学习型课堂操作流程提炼为六大环节，即挑战擂台赛→基于问题，设置任务→合作探究，汇报展示→知识迁移，拓展提升→总结收获，当堂检测→分层练习，巩固提高。各环节在语文课堂上的具体运用如下：

一、挑战擂台赛

课前3~5分钟时间进行挑战擂台赛，主要以字词、古诗背诵、文言词汇、翻译句子为主。小助手（一生）组织，以小组为单位快速上台展示，指令员报时，同时出现计时器在线计时。在短时间内多个小组上台挑战，对用时最短且全对的小组进行积分奖励，调动学生学习积极性。

【以八年级上册《周亚夫军细柳》为例擂台赛片段】

【擂台赛常用话术】

课件准备擂台赛题目：重点实词

小助手：下面有请3组上台展示。

小组长：大家好，我们是3组，下面由我们组进行汇报，可以开始了吗?

生（齐说）：可以。

（小组合作展示）

小助手：他们组用时20秒。下面有请5组进行挑战。

小组长：大家好，我们是5组，下面由我们组进行挑战，可以开始了吗?

生（齐说）：可以。

小助手：他们组用时18秒。祝贺5组挑战成功。

小组PK A组

1.上自劳军

2.彀弓弩

3.天子且至

4.已而之细柳军

5.上乃使使持节

6.军士吏被甲

7.已而

8.至霸上及棘门军

9.天子乃按辔徐行

小组PK B组

1.持兵揖

2.称善者久之

3.改容式车

4.上自劳军

5.其将固可袭而虏也

6.曩者

7.居无何

8.军霸上

9.不闻天子之诏

二、基于问题，设置任务

1. 根据自主学习单的要求，学生自学完成后，在自学单上写下自己的疑惑，教师收集学生的自学单进行批阅，争取充足的批阅时间和二次备课时间。

2. 将学生出现的问题进行归类，进行归纳提炼汇总，根据问题汇总进行二次备课，设置学习任务，解决问题是最低标准，注重迁移拓展。

【以九年级下册《辛弃疾组词阅读》为例设置任务片段】

一、通过梳理大家的问题，把大家的问题归为三类：

1.辛弃疾的生平？人生志向？

2.《破阵子·为陈同甫赋壮词以寄之》“壮”在何处？词人情感？

3.《南乡子·登京口北固亭有怀》为何写孙、曹、刘三人？咏叹怎样的历史？

3. 出示疑问，设置任务

（1）出示学生问题一：辛弃疾与稼轩中学有什么关系？学生根据自己的了解和自主学习回答。

引出任务一：了解辛弃疾生平简介。

（2）出示学生问题二：《破阵子·为陈同甫赋壮词以寄之》，为何是“赋壮词”？

过渡语：我们知道，辛弃疾是豪放派词人，但辛弃疾词中有近百首含有“愁”字，九年级上册就学习过辛弃疾的词，我们来背诵《丑奴儿》。这节课我们聚焦《破阵子》《南乡子》。这两首词有无含“愁”？这两首词虽无“愁”字，但蕴“愁”情，请两位同学读，注意读准字音，读出节奏。

引出任务二：辛弃疾寄给志同道合的好友陈亮的一首风格雄壮的词。在这首词中，你从何处体会到辛词之“壮”？

三、合作探究，汇报展示

1.教师依据课堂进度，选取学生在自主学习单中提出的有价值的问题或课后练习题中的习题，作为小组合作探究的核心问题。各组在组长的组织下开展讨论，教师进行巡视观察，倾听各组的思路，对于学生在讨论中出现的问题，可以适时进行点拨。

2.小组上台汇报展示，要求4号学生先说，依次3号和2号，1号主持总结并加分。小组汇报时边讲解边圈画。其他同学有问题随时举手补充。

3.台下同学针对台上同学的汇报及时回应和补充，鼓励台下小组展示不同思路，并给予每人2分的加分奖励。

4.汇报展示结束后，师生共同对台上小组的汇报展示进行评价。并给予小组5分、8分、10分不等的加分奖励。

注意：学生根据自学交流中小组提出的疑难问题，教师选择有价值的问题，有条理地组织学生进行小组交流。在小组展示汇报中，全班学生之间互动质疑，教师要及时发现好的做法及学生存在的共性问题，适当、合理地进行点拨和引导，不断将思维引向深入。

小组主讲通过问题主导把下面的学生问明白，其实我们的讲题方式有两种，一种是讲明白，另外一种是问明白，以问代讲，以问促学。互动质疑是这一部分也是整个小组汇报流程中最精华、最出彩的地方，其实就是一节课中的重点或者易错点，通过问题的形式抛给学生，让学生进行回答，达到生生互动、共同总结梳理的目的。

【以八年级下册《卖炭翁》为例合作探究片段】

自主学习、合作探究

活动一：朗读——卖炭翁故事

1.读准字音

2.读出节奏

3.借助课本注释，同桌合作一起讲讲诗中的故事，然后填空，概括故事：

这首诗歌通过讲述卖炭翁____炭、____炭、____炭的故事来表现了卖炭翁生活的艰辛。（各填写一个动词：烧炭、运炭、失炭）

如果用一个字来形容卖炭翁的遭遇，你会用哪个字？“苦”。

4.小组合作，解释标红词语的意思，并翻译文章。

活动二：品读——卖炭翁劳苦

提出问题：作者从哪些方面来写出卖炭翁的遭遇很“苦”呢？

1.小组合作：请结合具体语句，从人物描写手法和写作手法角度来分析。

2.合作交流（4号先说，依次3号和2号，1号主持总结并加分）

要求：①4号先说，依次3号和2号，1号主持总结并加分。

②小组汇报时边讲解边圈画。

③其他同学有问题随时举手补充。

（一）烧炭苦

生1：满面尘灰烟火色，两鬓苍苍十指黑。

人物外貌描写，诗人用简练的笔触勾勒出人物外貌，抓住三个部位（脸、鬓、手）、三种颜色（脸是烟火色，鬓发是灰白，十指是乌黑），形象地描绘出卖炭翁的生存状态：一是劳动的艰辛，一是年岁已老。后一句中，“苍苍”与“黑”形成鲜明对比。

生2：可怜身上衣正单，心忧炭贱愿天寒。

肖像描写、心理描写。并且运用对比，“衣正单”，本该希望天暖，然而却“愿天寒”，只因为他把解决衣食问题的全部希望都寄托在“卖炭得钱”上。这两句写出了主人公艰难的处境和复杂矛盾的内心活动。“可怜”二字，倾注着诗人深深的同情，不平之感，自在不言之中。

（二）运炭苦

生3：夜来城外一尺雪，晓驾炭车辗冰辙。牛困人饥日已高，市南门外泥中歇。

动作描写。写出了运炭的艰难：路远、车重、雪厚、人苦。

“一尺雪”说明天冷雪大，路必难行。

“碾冰辙”说明冰冻路滑，车速必然很慢。

“晓驾炭车”“日已高”说明路途遥远。

“困”“饥”“歇”三个字进一步形象地、准确地写出了运炭的艰辛。由于路途遥远，行路艰难，所以到“牛困人饥日已高”的时候，才到了“市南门外”，老人疲劳饥饿交迫，只得坐下在泥中歇息。

（三）失炭更苦

生4：翩翩两骑来是谁，黄衣使者白衫儿。

外貌描写。“翩翩”本意是轻快的样子，这里表现了宫使趾高气扬、得意忘形、骄横无理的样子，与卖炭翁为生活操劳的凄惨的个人形象形成了鲜明的对比，揭露了唐代“宫市”的罪恶。

生5：手把文书口称敕，回车叱牛牵向北。

动作描写，“把”“称”“叱”“牵”，几个简洁而有力的动词，形象地描绘出宫使如狼似虎般的蛮横掠夺。

一车炭，千余斤，宫使驱将惜不得。半匹红纱一丈绫，系向牛头充炭直。

心理描写、动作描写。对比的手法——“一车炭，千余斤”与“半匹红一丈绫”对比，写出了宫使掠夺的残酷。

“惜不得”写出卖炭翁怎样的心态和地位？他能反抗吗？

——写出了卖炭翁无可奈何、悲愤辛酸、甚至绝望的心态。

——不能，只能忍气吞声，也说明他是处在受压迫受剥削的无力反抗的地位。（对比：地位悬殊）

学生、教师进行评价。

师生共同总结：通过肖像、动作、心理等人物描写方法刻画两类人物形象。

卖炭翁：生活困苦，境遇悲惨。

宫使：横行霸道，仗势欺人。

反映一个现实，即上层社会剥削压迫人民，而生活在社会最底层的百姓却无力反抗。

再次齐读课文，读出对比中的无奈。

选择给你触动最深的诗句，描述一下你想象到、感受到的卖炭翁之苦，将你想到的写下来。

四、知识迁移，拓展提升

在学生汇报展示、思维碰撞结束之后，教师进行知识的迁移运用，提供相关的背景材料，帮助学生理解文章的深刻内涵，从而更好地理解文章主旨，提高文学素养和情感价值。

【以八年级上册《背影》为例拓展提升片段】

探究作者的写作动机

师：我们最后来探究一下作者的创作动机。

师：朱先生生于1898年，浦口送别是在二十岁，虚岁二十岁，也就是1917年。《背影》写于1925年，中间隔了几年啊？八年。过了八年朱先生才写这样一篇文章，这里面肯定是有原因的，看背景。

出示PPT。

当朱自清1925年接到清华大学的聘书，从浙江到了北京之后，父亲又担心他了。儿子只身一人又回到北京，举目无亲啊！因为担心儿子，所以父亲主动地给他写信：

“我身体平安，惟膀子疼痛厉害，举箸提笔，诸多不便，大约大去之期不远矣。”

师：读了这一封信，大家看啊，朱先生被感动了，为什么？这封信里有一个矛盾。大家再看，第一句“我身体平安”，身体好好的，对不对？最后一句“大约大去之期不远矣”，大去是什么意思？

生：死了。

师：就是去世，你觉得矛盾吗？

生：矛盾。

师：矛盾！对不对啊？为什么矛盾啊，就是父亲写信的时候依旧报着平安，可是又考虑到毕竟要把真实的状况告诉儿子，否则真的有那么一天的话，他会接受不了的，所以最后又写了一句“大去之期不远矣”。体现出了父亲对孩子无微不至的体贴和关心。

所以答案就在这里：他为什么写背影。

出示PPT：

我写《背影》，就因为文中所引的父亲的来信那句话。当时读了父亲的信，真的泪如泉涌。我父亲待我的许多好处，特别是《背影》里所叙的那一回，想起来跟在眼前一般无二。

朱国华的回忆

1928年，我家已搬至扬州东关街仁丰里一所简陋的屋子。秋日的一天，我接到了开明书店寄赠的《背影》散文集，我手捧书本，不敢怠慢，一口气奔上二楼父亲卧室，让他老人家先睹为快。父亲已行动不便，挪到窗前，依靠在小椅上，戴上了老花眼镜，一字一句诵读着儿子的文章《背影》，只见他的手不住地颤抖，昏黄的眼珠，好像猛然放射出光彩。

父亲在看到《背影》几年后，便去世了，他是带着满足的微笑去世的。

师：记得或记不得，说得或说不得，父亲都在那里，那是一个我们来到这个世上的至亲之人，可是要真正读懂他，可能需要我用一生的时间。对于人与事，我们都需要从多元的角度去体会，去感悟，这样会尽量减少生命的遗憾。

五、总结收获，当堂检测

针对当堂学习的内容，老师精心设计习题，一般包括基础知识和文章理解部分。学生能有较为充分的时间（4~6分钟为宜）完成当堂达标检测，老师根据当堂检测的情况及时进行评价与反馈。请学生上台讲解错误率较高的习题，对掌握较差的同学及时进行面批辅导，做到堂堂清、人人清。

【以七年级上册《从百草园到三味书屋》为例当堂检测片段】

不必说碧绿的cài qí，光滑的石井栏，高大的皂荚树，紫红的桑椹；也不必说鸣蝉在树叶里长吟，肥胖的黄蜂____在菜花上，qīng jié的叫天子（云雀）忽然从草间直____向yún xiāo里去了。单是周围的短短的泥墙根一带，就有无限趣味。油蛉在这里低唱，蟋蟀们在这里弹琴。翻开断砖来，有时会遇见蜈蚣；还有斑蝥，倘若用手指按住它的脊梁，便会啪的一声，从后窍喷出一阵烟雾。何首乌藤和mù lián téng缠络着，木莲有莲房一般的果实，何首乌有臃肿的根。有人说，何首乌根是有像人形的，吃了便可以成仙，我于是常常拔它起来，牵连不断地拔起来，也曾因此弄坏了泥墙，却从来没有见过有一块根像人样。____不怕刺，____可以摘到覆盆子，像小珊瑚珠攒成的小球，又酸又甜，色味都比桑椹要好得远。

1.下列字音字形完全正确的一组是（　　）

A. 桑椹（shèn）　　皂荚（jiá）　　云宵

B. 斑蝥（máo）　　脊（jí）梁　　轻捷

C. 珊瑚（shān hú） 油蛉（líng） 木莲藤

D. 缠络（lào） 攒（cuán）成 菜畦

2.依次填入下列横线处的词语，最恰当的一项是（ ）

A.趴 窜 如果/也 B.伏 窜 如果/还

C.伏 飞 即使/也 D. 趴 飞 即使/还

3. 选出下列说法中不正确的一项（ ）

A.本文选自鲁迅的《朝花夕拾》，是一篇回忆童年生活的散文。

B.文章第九段“我不知道为什么家里人……我的覆盆子们和木莲们！”是过渡段，在文中起承上启下的作用。

C.假如不怕刺，还可以摘到覆盆子，像小珊瑚珠攒成的小球，又酸又甜，色味都比桑椹要好得远。运用了视觉、听觉、味觉多种感官。

D.美女蛇的故事与百草园关系不大，没必要写，可以删去。

六、分层练习，巩固提高

设计分层练习，包含基础与提高两部分，及时填写每日作业公示。可利用智学网分组推送不同层次的练习。

【以九年级下册《送东阳马生序》为例练习提高片段】

基础：

A层：

一、文言归类

1.通假字

（1）四支僵劲不能动 （2）同舍生皆被绮绣

2.古今异义

（1）录毕，走送之 古义： 今义：

（2）以是人多以书假余 古义： 今义：

（3）卒获有所闻 古义： 今义：

（4）媵人持汤沃灌 古义： 今义：

（5）犹幸预君子之列 古义： 今义：

（6）缀公卿之后　　　　古义：　　　　今义：

3.一词多义

至：色愈恭，礼愈至______　　至舍，四支僵劲不能动______

4.词类活用

（1）手自笔录______　　（2）腰白玉之环______

5.其他实词

（1）无从致书以观　致：______

（2）又患无硕师名人与游　硕师：______

（3）尝趋百里外　趋：______

（4）从乡之先达执经叩问　叩问：______

（5）未尝稍降辞色　辞色：______

（6）援疑质理　援：______　　质：______

（7）俯身倾耳以请　请：______

（8）或遇其叱咄　叱咄：______

（9）俟其欣悦　俟：______

（10）媵人持汤沃灌　沃：______

（11）右备容臭　臭：______

（12）烨然若神人　烨然：______

（13）余则缊袍敝衣处其间　缊袍敝衣：______

（14）而承天子之宠光　宠光：______

（15）父母岁有裘葛之遗　遗：______

（16）无冻馁之患矣　馁：______

6.虚词意义及用法

（1）以：

无从致书以观______　　以是人多以书假余______

以衾拥覆______　　以中有足乐者______

俯身倾耳以请______

（2）于：每假借于藏书之家______

（3）之：

每假借于藏书之家______　　弗之怠______

走送之______　　当余之从师也______

从乡之先达执经叩问______　　无鲜肥滋味之享______

不知口体之奉不若人也______　　盖余之勤且艰若此______

而承天子之宠光______

（4）其：俟其欣悦______　　门人弟子填其室______

（5）而：足肤皲裂而不知______　　久而乃和______

坐大厦之下而诵诗书 ______

二、默写

1.本文中点出作者学习态度的句子是：________________________。

2.本文中渲染了从师求学的艰难的句子是：_________，__________。

3.本文中写出作者怡然自乐，对同舍生的奢华生活毫不羡慕的原因的句子是：________，________。

三.整体感知

作者介绍自己的学习经历和学习态度，勉励马生______________，成为__________________的人。

B层：

【链接中考】

1.对下列语句中加点词的理解，不正确的一项是（　　）

A.同舍生皆被绮绣：被子　　B.右备容臭：气味，这里指香气。

C.腰白玉之环：腰佩，用作动词　　D.媵人持汤沃灌：热水

2.选出下列句子中加点词语解释有误的一项。（　　）

A.录毕，走送之 走：跑　　B.从乡之先达执经叩问 叩：敲门

C.俟其欣悦，则又请焉 俟：等待　　D.余立侍左右，援疑质理 质：询问

3.下列句子中加点词的意义和用法，相同的一组是（　　）

A.久而乃和　　问今是何世，乃不知有汉

B.当余之从师也　　盖余之勤且艰若此

C.益慕圣贤之道　　香远益清，亭亭净植

D.以衾拥覆　　家贫，无从致书以观

4.选出下列句子中加点词含义相同的一组。（　　）

A.或遇其叱咄　　或王命急宣

B.故余虽愚　　而两狼之并驱如故

C.俟其欣悦，则又请焉　　因以为号焉

D.则又请焉　　余则缊袍敝衣处其间

5.下列表述中，不符合文意的一项是（　　）

A.“略无慕艳意”“不知口体之奉不若人也”，表现作者在艰苦的环境中一心向学的精神。

B.描写富家子弟的豪华，是为了突出对自己穷酸生活的遗憾。

C.作者以“勤且艰”的求学经历，勉励马生勤奋学习。

D.文段内容告诉了我们这样一个道理：精神上的富足，能够战胜物质上的贫困。

6.下面对选文的分析，不准确的一项是（　　）

A.选文开篇即点出作者“家贫”和“嗜学”的矛盾处境，由此引出求学的艰难。

B.选文将富家子弟的奢华和作者的贫寒加以对比，表现了作者求学意志的坚定。

C.作者写这篇文章的目的，是为了向人们展示自己成长之路的曲折与艰辛。

D.作者通过现身说法表明：知识的积累，精神的充实，是学子读书的必备条件。

提高：

（一）

刘羽冲偶得古兵书，伏读经年[①]，自谓可将兵十万。会有土寇[②]，自练乡兵与之角[③]，全队溃覆，几为所擒。又得古水利书，伏读经年，自谓可使千里成沃壤。州官使试于一村，沟洫[④]甫[⑤]成，水大至人几为鱼。由是抑郁不自得，恒独步庭阶，曰："古人岂欺我哉？"如是日千百遍，惟此六字。不久发病死。

【注释】 ①经年：一年左右。②土寇：土匪。③角：战斗。④洫（xù）：沟渠。⑤甫：刚。

1.用"/"给下面的句子断句。（画一处）

水大至人几为鱼

2.用现代汉语说说下面句子的意思。

恒独步庭阶，曰："古人岂欺我哉？"

3.结合文章内容，具体说说乙文中的刘羽冲是一个怎样的人。

（二）

余幼好书，家贫难致。有张氏藏书甚富。往借，不与，归而形诸梦。其切如是。故有所览辄省记。通籍[①]后，俸去书来，落落大满，素蟫[②]灰丝时蒙卷轴。

（节选自袁枚《黄生借书说》）

【注释】 ①通籍：名字登记在官籍中，指开始做官。②素蟫（yín）：书里的白色蠹虫。

1.用"/"给下面的句子断句。（画一处）

余幼好书家贫难致

2.把下列句子翻译成现代汉语。

故有所览辄省记。

3.请根据文中作者的经历，谈谈你对读书的认识。

初中数学学习型课堂操作流程

刘云英　何晴　邱丙杰　于其东　房晴

基于“自主互助·高效愉悦”学习型课堂建设，祥泰实验学校初中数学学习型课堂操作流程提炼为五大环节，即基于问题，合作交流→合作探究，汇报展示→精讲点拨，拓展迁移→总结收获，达标检测→分层练习，巩固提升。各环节在数学课堂上的具体运用如下：

一、基于问题，合作交流

1.学生自学完成后，教师收集学生的自主学习单进行批阅，争取充足的批阅时间和二次备课时间。

2.课前5分钟进行小组讨论，在自主学习的基础上，学生分组交流自学单中不懂的问题或者认为重要的问题，把不能解决的问题记录在板贴上，贴到黑板上进行展示。

【以七年级下册数学《完全平方公式》为例自学反馈环节片段】

师：昨天我们已经借助自主学习单学习了《完全平方公式》，现在请把你自学的收获在小组里分享一下，把你自学中遇到的问题、困惑提出来，先在小组内解决，小组解决不了或者特别有价值的问题整理到板贴上，一会儿全班交流。计时5分钟，开始吧。

组内交流。

1号：拿出我们做完的自学单，谁先来说说通过昨天的自学你学到了什么？

3号：我先说，我们来看自学单上我们做的题目，可以发现前两道结果是四项式，后面四道结果是三项式，后面四道比较特殊。我们进一步观察后面四道题目，他们的算式都是两数和的平方，得到的结果都是两数的平方和再加上两数乘积的2倍。

2号：我想给他补充一点，刚才发现的规律我们可以用字母来表示，就是$(a+b)^2=a^2+2ab+b^2$。

4号：我有一点疑问，我们的发现是正确的吗？

1号：这个问题很好，我们可以进行验证。我们来看，$(a+b)^2=(a+b)(a+b)=a^2+2ab+b^2$，利用多项式乘多项式法则可以得到我们的发现是正确的。

4号：原来是这样，我明白了。

1号：这个公式就是完全平方公式，如果我们把公式中的b替换成$-b$，计算结果是什么呢？

5号：那就是$[a+(-b)]^2=a^2+2a(-b)+(-b)^2=a^2-2ab+b^2$

3号：我还发现$[a+(-b)]^2=(a-b)^2$，所以$(a-b)^2=a^2-2ab+b^2$

1号：对的，这是第二个公式，这两个公式称为完全平方公式。

2号：这个公式怎么用呢？比如说算$(-a-b)^2$，符号要怎么确定呢？

1号：这个问题很好，我们把它记录到板贴上吧。

二、合作探究，汇报展示

1.对第一环节小组探究出的板贴问题进行归类，对较好的问题进行表扬并给小组加分。

2.先解决共性问题，再解决个性问题。每个小组派代表和加分员上台，小组代表进行题目描述，选取其他小组对本问题进行解决，加分员同学对回答问题或听课较认真的组进行加分鼓励。

3.小组上台展示思路和过程，鼓励3号、4号组员先展示，1号、2号组员进行思路补充和答疑解惑。对于汇报过程中出现的问题，教师可以适时引导，但不要出手太早。

4.引导台下同学通过用“对”“我有问题”“我有补充”等作出积极回

应，鼓励台下小组展示不同思路。汇报展示结束后，师生要共同对台上小组的汇报展示进行评价。此环节教师主要通过自学交流环节发现的问题、结合课本的例题核心问题，启发学生思考，组织小组交流。

【以七年级下册数学《完全平方公式》为例合作探究环节片段】

问题1：我们小组认为比较重要的问题是“什么是完全平方公式”？

生：先来看自学单上我们做的题目，先来看前四道，他们的结果是几项式？（提问学生）前两个是四项式，后两个结果都是三项式。我们来观察这两个，这两个式子有什么特点？都是两个数和的平方。再来看他们的结果，有什么特点？结果都是两个数的平方和，中间再加上他们乘积的二倍。

很好，所以我们发现两个数和的平方等于他们两数的平方和再加上他们乘积的二倍，那你能用字母表示我们的发现吗？（提问）$(a+b)^2=a^2+2ab+b^2$，我们的发现需要进一步验证，$(a+b)^2=(a+b)(a+b)$，变成了多项式乘多项式，找个同学来算一下（提问）计算为$a^2+ab+ab+b^2$，合并同类项，等于$a^2+2ab+b^2$。所以，我们验证得到$(a+b)^2=a^2+2ab+b^2$（板书），这就是第一个公式。

提问：如果把公式里的b换成$-b$该如何计算呢？

生：用$-b$去替换b，$[a+(-b)]^2=a^2+2a(-b)+(-b)^2=a^2-2ab+b^2$

我们知道$[a+(-b)]^2=(a-b)^2$，所以$(a-b)^2=a^2-2ab+b^2$，这是第二个公式，这两个公式称为完全平方公式。

师：刚才某某为我们说明了如何发现完全平方公式进而验证完全平方公式的过程，他利用多项式乘多项式法则进行验证，通过代数角度进行验证，我们还可以怎么验证呢？你能用几何方法进行验证吗？

生：我们来看这个图形，我们可以求这个大正方形的面积，它的边长是$a+b$，所以面积是$(a+b)^2$，除了整体求还可以割开求，也就是四个图形的面积之和，绿色部分面积为a^2，紫色部分面积为ab，

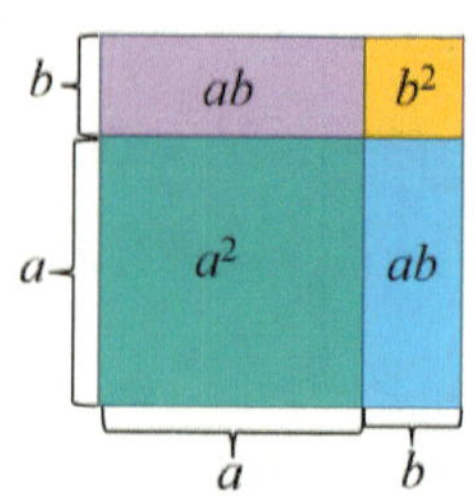

蓝色部分面积为ab，橙色部分面积为b^2，相加为$a^2+ab+ab+b^2$，即$a^2+2ab+b^2$它们都表示同一个图形的面积，所以（$a+b$）$^2=a^2+2ab+b^2$

生：我们再来看这个图形，求阴影部分的面积，它的边长都是$a-b$，是一个正方形，所以它的面积为多少呢？对，（$a-b$）^{2}，我们还可以换种求法，这个长方形的长为a，宽为b，面积为ab，这个长方形的长也为a，宽为b，面积为ab，大正方形面积为a^2，我们用大正方形面积减去这个长方形面积，再减去这个长方形面积，这里多减了一次，所以要再加上这个小正方形面积，就是加上b^2，所以为$a^2-2ab+b^2$，它们都表示阴影部分面积，所以（$a-b$）$^2=a^2-2ab+b^2$

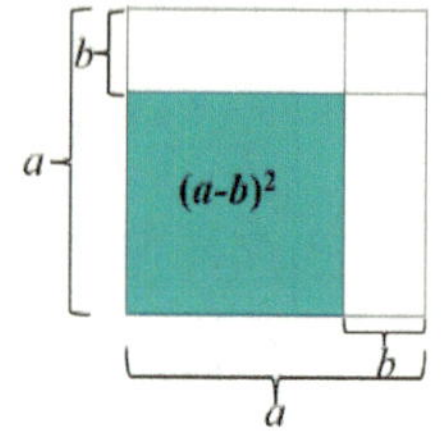

师：我们借助几何图形也验证了完全平方公式。在数学里，我们对于知识的研究不仅可以站在代数的角度，也可以通过几何的观点去研究，数与形往往是相通的。多么有意思啊，这就是数形结合思想。数与形的结合是美的本质，体现了数学独特的美。

师：在课本上找到完全平方公式，画出关键词。

生：两数和的平方等于两数的平方和加上它们乘积的2倍；两数差的平方等于两数的平方和减去它们乘积的2倍。

问题2：我们小组认为比较重要的的问题是，使用完全平方公式时应该注意什么？或者说如何判断哪个是a，哪个是b？比如说（$2x-1$）^{2}如何计算？

生：完全平方公式有两个，它们的结果中都有a^2+b^2，不同点是，当前面是两个数的和时，后面是加$2ab$，当前面是两个数的差时，后面是减$2ab$，所以后面乘积2倍和前面是一致的。如果是计算两个数的平方和那么要使用第一个公式，如果计算两个数的平方差，用第二个公式，找到公式后我们可以去判断里面的a和b，比如说计算（$2x-1$）^{2}我们用第二个公式，那谁是里面的a呢？（提问）$2x$是a，谁是里面的b呢？（提问）1是b，所以答案就是（$2x$）$^2-2\times2x\times1+1=4x^2-4x+1$（注意$2x$是整体）。

师：刚才某某同学为我们讲得很详细，总结了公式应该怎么用，我们使用这个公式要注意的是二倍乘积的符号问题，它要与前面一致，所以这里老师给大家总结了一个小口诀：首平方，尾平方，乘积2倍放中央，符号看前方。此外，公式里的a和b表示一个整体，注意要加括号。

师：那老师这里还有一个问题，如何计算（$-a-b$）^{2}和（$-a+b$）^{2}？

生：我们可以把负号提出来，（$-a-b$）$^2=[-(a+b)]^2$，因为奇负偶正，所以$[-(a+b)]^2=(a+b)^2=a^2+2ab+b^2$。（$-a+b$）^{2}我们把$-a$和$b$换一下位置，那么变成（$b-a$）^{2}，$b-a$与$a-b$互为相反数，（$b-a$）^{2}=（$a-b$）$^2=a^2-2ab+b^2$。

师：所以我们发现（$-a-b$）^{2}等于（$a+b$）^{2}，（$-a+b$）^{2}=（$a-b$）^{2}

问题3：我们组的问题是学习完全平方公式的意义是什么？有什么好处？谁来帮我们解答？（提问学生）我们组认为，学习了完全平方公式之后，当我们去解决两数和的平方和两数差的平方的时候，我们就可以直接运用公式来进行计算，就可以不用利用多项式乘多项式一步步计算了，会使得运算简洁，让我们算得更快。

三、精讲点拨，拓展迁移

通过上述的学习阶段学习和掌握了知识点后可以进行相应的综合提高问题，在小组展示汇报中，全班学生之间互动质疑，教师要及时发现好的做法及学生存在的共性问题，适当地、合理地进行点拨和引导，不断将思维引向深层。

【以七年级上册数学《完全平方公式》为例点拨迁移环节片段】

在学习了完全平方公式后，老师布置了一道作业题：如图，长方形$ABCD$的长为a，宽为b，面积为4，周长为10，分别以a、b为边作正方形$ABEF$及$ADGH$，求两个正方形面积之和。小燕同学认真思考后，发现利用现有知识不能求出a、b的值，但可以用完全平方公式通过适当的变形求a^2+b^2的值，从而求得两个正方形面积之和。

（1）问题解决：请你依据上述内容填写已知条件和结果：

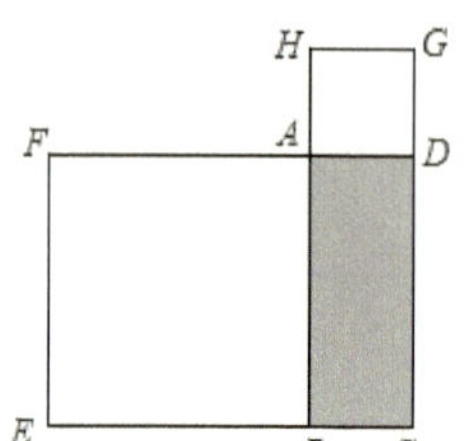

$a+b=$_______ $ab=$_______ $a^2+b^2=$_______

（2）已知$x+y=7$，$xy=10$，求（$x-y$）^{2}的值。

师：现在呈现在大家面前的是一道综合题目，那么我们一起来看这道题目，一起来解决它！给大家五分钟时间进行讨论，应该如何解决呢？

组1：看到第一题，能够想到图形的周长和面积，就能解决第三个填空题。

生1：如何联想到完全平方公式？

组1：通过学习知道完全平方公式，再得到周长和面积之后就可以解决这个问题。

生1：谢谢你，我知道了。

组1：谁还有问题或补充？

组2：我们组发现可以通过完全平方公式的变式来加深相关学习，把完全平方公式分成三个部分，分别是两数的和或两数的差、积的2倍以及平方和。

生2：比如这道题目，提供了组成部分可以应用吗？

组2：可以理解为两数的和或者两数的差、积的2倍和平方和，通过两个公式的相加、相减或者是倍数关系可以进行应用。

生2：谢谢你，我知道了。

师：你们小组运用了数学的变式思想来解决问题，把完全平方公式的特征和各个组成进行相关练习。

四、总结收获，达标检测

当堂进行总结升华，达标过关。学生能有较为充分的时间（5~10分钟为宜）完成当堂过关达标，并当堂进行过关的评价与反馈。达标过关根据本课重点出错题目再出变式训练题让学生练习，及时了解当堂检测的目标达成情况，对不达标学生及时进行面批辅导，课后安排导师辅导。

【以七年级上册数学《完全平方公式》为例当堂检测环节片段】

A层：

1.利用完全平方公式计算：

（1）$(6ab+5b)^2$　　（2）$(4x^2-3y)^2$

（3）$(-2m+1)^2$　　（4）$(-2m-1)^2$

2.将正方形的边长由a增加6，则正方形的面积增加了（　　）

A.36　　B.12a　　C.36+12a　　D.以上都不对

B层：

1.若x^2-6x+N是完全平方式，则N是（　　）

A. 11　　B. 9　　C. −11　　D. −9

2.如果$9x^2-mxy+16y^2$可化为一个整式的平方，则m =______。

五、分层练习，巩固提升

设计分层练习，包含基础与提高两部分，及时填写每日作业公示。可利用智学网分组推送不同层次的练习。

【以七年级上册数学《完全平方公式》为例练习提升环节片段】

A层：

1. 计算

（1）$(x^2+3y)^2$

（2）$(\frac{1}{2}x+\frac{1}{3}y)^2$

（3）$(5ab+2)^2$

（4）$(n+1)^2-n^2$

（5）$\left(-cd+\frac{1}{2}\right)^2$

（6）$(-2a-3)^2$

2.先化简，再求值：$4(x-1)^2-(2x+3)(2x-3)$，其中$x=-1$

3.若$a+b=3$，$a^2+b^2=7$，则ab等于（　　）

A. 2　　B. 1　　C. −2　　D. −1

4.图（1）是一个长为$2a$，宽为$2b$（$a>b$）的长方形，用剪刀沿图中虚线（对称轴）剪开，把它分成四块形状和大小都一样的小长方形，然后按图（2）那样拼成一个正方形，则中间空余的部分的面积是（　　）

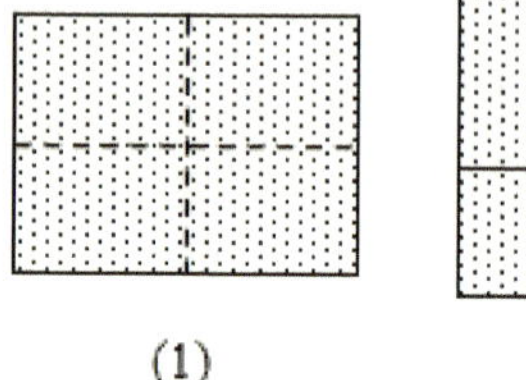

(1)

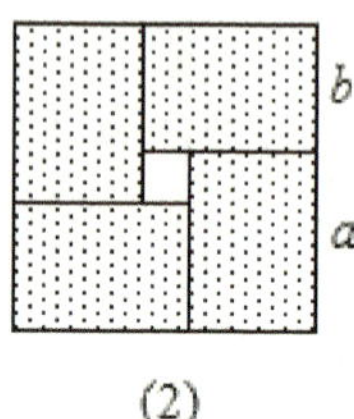

(2)

A. ab　　B. $(a+b)^2$　　C. $(a-b)^2$　　D. a^2-b^2

5.已知$(m+n)^2=11$，$mn=2$，则$(m-n)^2$的值为（　　）

A. 7　　B. 5　　C. 3　　D. 1

B层：

6.如果二次三项式$x^2-16x+m^2$是一个完全平方式，那么m的值是（　）

A. ±8　B. 4　C. ±4　D. 8

7.若$x^2+2(m-3)x+16$是关于x的完全平方式，则$m=$______；

8. 已知$x-y=4$，$xy=12$，则x^2+y^2的值为_____；

9. 已知$x+\frac{1}{x}=6$，则$x^2+\frac{1}{x^2}=$____；$\left(x-\frac{1}{x}\right)^2=$____；$x^4-\frac{1}{x^4}=$______；

C层：

10.已知实数a、b满足$(a+b)^2=1$，$(a-b)^2=25$，则$a^2+b^2+ab=$_____；

11.若$a-b=7$，$ab=12$，则求$a^2-3ab+b^2$的值。

初中英语学习型课堂操作流程

刘乾男　孙鑫　刘晓曼　许崇伟　李凌坤　孙香玲

基于“自主互助·高效愉悦”学习型课堂建设，祥泰实验学校初中英语学习型课堂操作流程提炼为六大环节，即Lead-in→Presentation→Deep thinking→ Show time→Exercise→Homework。各环节的具体运用如下：

Step 1： Lead-in

1.Let's PK

将本单元已学课文编成三组，每组4~5句话。以打擂台的形式呈现，每读错一个单词加3秒，用时最短的小组可加5分、第二名加4分、第三名加3分。

【示例】

课代表指导语：Boys and girls， are you ready？ Which group want to challenge?

全体同学：GroupX.

课代表：GroupX， please.

小组上台汇报，组内每人都要参与。

小组长：Hello， everyone. We are groupX，Can we start?

全体同学：Yes.（在小组汇报时，下面同学要仔细聆听，将错误及时记录）

课代表：GroupX，用时……

课代表：The winning group is groupX，congratulations!

2.Dictation

课代表：Now begin the dictation. Number one...（默写范围：每单元2d、3a、2b课文）

课代表：Check with your partner.

课代表：If you' re all right， please raise your hands. GREAT! Add 2 points.

课代表：Do you have any questions?

全体同学针对难写、易错的单词或短语提出问题，解决问题。

3.Free talk

教师创设情境，与学生自由对话，导入话题，进入这节课的学习。

【以七年级上册Unit 7 How much are these socks? 为例】

Activity 1： Warming-up

Students watch a short video to know what a charity sale is， and asks them to join in an English charity sale to help the people in need.

Step2： Presentation

教师预设问题，涵盖主旨大意与细节理解。小组讨论后，进行汇报。

小组长：Hello, everyone. We are groupX，Can we start?

组员A、B、C读题并回答，找出文中对应的依据，进行解释。

组员D将重点内容进行板书。

小组长：Do you have any questions?

（同学们视情况进行提问，可针对组内问题进行纠正，也可以提问组内3号、4号同学，看其掌握情况。如果没有人提问，小组长可针对刚才组内汇报内容，对同学进行提问，重点提问3号、4号。）

小组长：That' s all. How many points can we get? Thank you.

全体同学评价打分。

【以七年级上册Unit 7 How much are these socks? 为例】

Activity 4： Reading for the prices

（1） Students read the passage again， underline the prices in the passage， and then fill in the price tags.

（2） Discussion： Students find two sentence patterns to express the prices by discussing with their partners.

（3） Group Work： Students work in groups and use the two sentence patterns to sell the things they bring. Meanwhile， students evaluate the prices of other things to learn the second selling strategy—— good prices.

Activity 5： Reading for the customers

Students read the ad quickly to find the customers.

Meanwhile， students think if they can sell the clothes to other people to learn the third selling strategy—— different people.

Step 3： Deep thinking

教师带领学生深度挖掘文本，提出高阶问题，学生先独立思考，后小组讨论并且进行汇报。

【以七年级上册Unit 7 How much are these socks？为例】

Activity 6： Discussing how to sell better

（1）Students find the words which can help Mr. Cool sell better in this ad： great sale， very good prices， only. Meanwhile, students analyze these words show the things are cheap.

（2）Students find the sentences which can help Mr. Cool sell better in this ad. Watch a video of Mr. Cool to know that they should be passionate to sell their things. Practice the sentences and perform with passion.

> Come and ' buy your clothes at our 'great sale!We sell all our clothes at 'very good prices.Come to Mr. Cool's Clothes Store 'now!

（3）Students discuss with their partners to add other expressions to sell the clothes better. Meanwhile, students learn that they should be smart to sell their things better.

Step 4: Show time

Make a new dialogue/Writing（写作：根据本节课的话题和核心句型，生成新的对话或习作。）

【以七年级上册Unit 7 How much are these socks? 为例】

Activity 7: Selling the things

Students work in groups.

Choose the group they want to help and get ready for the English charity sale.

Step 5: Exercise

当堂进行总结升华，达标过关。学生能有较为充分的时间（5~10分钟为宜）完成当堂过关达标，并当堂进行过关的评价与反馈。达标过关根据本课重点让学生练习，及时了解当堂检测的目标达成情况，对不达标学生及时进行面批辅导，课后安排导师辅导。

【以七年级上册Unit 7 How much are these socks? 为例】

一、请根据表格所提供的信息，用完整的句子完成下列各题。

Mr. Cools Clothes Store		
Clothes	Color	Price
socks	white	two dollars for one pair
sweater	blue	30 dollars
trousers	black	45 dollars
dress	purple	80 yuan

1. What color is the sweater? ________________________

2. How much are the trousers? ________________________

3. How much is the dress? ________________________

4. How much are two pairs of socks? ________________________

5. Is the dress purple or pink? ________________________

Step 6： Homework

设计分层练习，包含基础与提高两部分，及时填写每日作业公示。可利用智学网分组推送不同层次的练习。

【以八年级上册Unit 4 What' s the best movie theater? 为例】

Level A： Finish the article

Level B： Write at least 5 sentences.

In my class， Tom is the best singer because he can sing fast songs very well.

____

____

____

____

____

初中物理学习型课堂操作流程

冷明明

基于“自主互助·高效愉悦”学习型课堂建设，祥泰实验学校初中物理学习型课堂操作流程提炼为六大环节，即创设情境，导入新课→基于问题，设置任务→实验探究，汇报展示→精讲点拨，拓展迁移→总结收获，达标检测→分层练习，巩固提升。各环节在物理课堂上的具体运用如下：

一、创设情境，导入新课

通过课前小测回顾旧知，教师面批收集数据。引出新课可以通过现象明显的小实验给学生以震撼的视、听、触觉体验，引发浓厚的学习兴趣，或通过国家科技发展、古代人民智慧、生活情境等事例导入，体会物理与生活的联系，引起学生民族自豪感。

【以八年级物理《力》为例导入环节片段】

中国航天一次次突破核心技术，将中国印记留在星辰大海。回顾激动人心的时刻：2023年10月26日，神州十七号载人飞船发射成功。将这一庞然大物送上太空需要多大的力呢？

来看一组数据，整个设备的质量接近500吨，大约是8节火车车厢的质量，需要的力能提起约25000桶桶装水，今天我们就来认识这熟悉而陌生的力。

二、基于问题，设置任务

1.学生自学完成后，教师收集学生的任务单进行批阅，争取充足的批阅时间和二次备课时间。

2.利用智学网数据或手阅结果将学生出现的问题进行归类，找到共性错因，记录相关学生姓名。特别注意对学生自学时提出的疑问进行归纳提炼，根据问题汇总进行二次备课，设置学习任务，解决问题是最低标准，注重迁移，每类再设计1~2个类似问题以备课堂上使用。

【以八年级物理《力》为例自学反馈环节片段】

出示学生问题一：

自问促学 问题是学习的起点，在本节自主预习中，你遇到了哪让你困惑的知识或方法，写在下面一起解决吧! 两个不相互接触的物体也会有力的作用吗？	自问促学 问题是学习的起点，在本节自主预习中，你遇到了哪让你困惑的知识或方法，写在下面一起解决吧! 两个不接触的物体可以产生力吗？

引出学习任务一：两个看起来没有互相接触的物体，能不能产生力？

学生演示实验寻找答案，得出结论：看起来不相互接触的物体也能产生力。

出示学生问题二：力看不见，那你是如何判断有没有力的？

自问促学 问题是学习的起点，在本节自主预习中，你遇到了哪让你困惑的知识或方法，写在下面一起解决吧! 怎样判断力的存在？	自问促学 问题是学习的起点，在本节自主预习中，你遇到了哪让你困惑的知识或方法，写在下面一起解决吧! 判断物体受不受力时，依据怎么说？

教师点拨：我们能看见物体受力后的一些变化，这些变化叫作力的作用效果。

引出学习任务二：力的作用效果有哪些呢？

分析黑板上的学生实验数据：学生可以发现形状的改变。

对剩下的作用效果逐个分析，得出：力还能使运动方向改变、速度大小改变，统称为运动状态的改变。

总结：力可以使物体发生形变，也可以改变物体的运动状态。

三、实验探究，汇报展示

1.教师依据课堂进度，引导学生提出、明确实验探究的问题，在教师的引导下，学生确定实验器材、实验步骤、实验方法等，各个小组在组长的组织下开展实验，记录数据，归纳结论。教师进行巡视指导，观察各组的实验进程和出现的问题。

2.小组上台展示实验过程和实验数据，汇报实验结论，鼓励3号、4号组员先展示，1号、2号组员进行思路补充和答疑解惑。对于汇报过程中出现的问题，教师可以出面引导，但不要出手太早。

3.引导台下同学通过“对”“我有问题”“我有补充”等作出积极回应，鼓励台下小组展示不同思路，分享实验过程中遇到的问题和解决的办法。汇报展示结束后，师生要共同对台上小组的汇报展示进行评价。此环节主要是对实验的评估和分析，教师主要通过在各组发现的问题、结合学生没有提到的核心问题，启发学生思考，组织小组交流，完成对实验的评估。小组上台汇报的各个环节，在汇报交流的过程中也有特定的话术。

交流讨论

1.下面由我们第（ ）小组来和大家展示实验……

2.实验过程……这是我们记录的实验数据……

3.这是我们组通过实验数据得出的结论，大家同意吗？请问大家还有什么问题或者补充吗？

4.我们组赞同你们组的想法，但还想补充……

5.我们组有一个问题，为什么……

6.听了他的发言，我还有一个想法……

个人汇报

1.我是这样想……

2.我来补……

3.我有不同的想法，我认为……

4.我来纠正……

评价建议

1.你的条理很清晰，如果能……就更好了。

2.你刚才的发言很精彩，但我还想提一点建议……

3.你发言声音很洪亮，自信大方，比以前进步多了，如果能……就更好了。

4.你们组分工很明确，实验过程清晰，汇报清楚，如果能……就更好了。

教师引导学生小组合作完成探究实验，实验过程中教师巡视观察学生的实验进度，收集学生遇到的问题并进行指导。在小组展示汇报中，学生小组展示实验过程，呈现实验数据，汇报实验结论，全班学生之间互动质疑，教师要及时发现好的做法及学生存在的共性问题，适当地、合理地进行点拨和引导，不断将思维引向深处。

【以九年级物理《测量电功率》为例汇报展示环节片段】

【进行实验与收集证据】

1.实验步骤及注意事项

（1）连接电路前，开关应处于_______状态，并将滑动变阻器阻值调至______处。

（2）闭合开关，调节滑动变阻器，使电压表的示数分别_______、_____、__________额定电压，分别读出电压表和电流表的示数，填入表格，并观察小灯泡的亮度。

（3）分别计算电功率填入表格。

2.将实验数据填入表格

实验次数	电压U/V	电流I/A	电功率P/W	灯泡发光情况
$U<U_{额}$				
$U=U_{额}$				
$U>U_{额}$				

两个学生一组进行实验，教师巡视指导，重点指导同学们排除电路故障问题。

做得快的前三组在大屏幕填入本组数据（Excel表格），为进行后续综合数据的交流做准备。

【分析与论证】

（1）首先小组就本组的数据，尽可能多地交流发现。

（2）在Excel中将电压用“升序”功能排列。

实验结束，教师拍摄小组数据与结论，小组汇报。

组1：分析数据可知：

当$U_{实}<U_{额}$时，$I_{实}<I_{额}$，$P_{实}<P_{额}$，灯泡亮度较暗；当$U_{实}=U_{额}$时，$I_{实}=I_{额}$，$P_{实}=P_{额}$，灯泡正常发光；当$U_{实}>U_{额}$时，$I_{实}>I_{额}$，$P_{实}>P_{额}$，灯泡亮度比正常发光亮。

（3）灯泡两端的实际电压越大，灯泡的实际功率越大，灯泡越亮。即灯泡的亮度取决于电功率。

生1：我有异议，我们发现当$U_{实}<U_{额}$时，灯泡亮度跟正常发光差不多。

生2：这是因为电压取值范围太小，灯泡亮度变化不是很明显。

师：大家同意他们小组的结论吗？

组2：我们认为灯泡的亮度取决于实际功率，小灯泡的电功率分为额定功率和实际功率，而额定功率是不变的，只说电功率不可以。大家同意我们小组的看法吗？

其他组：同意。

组1：请大家为我们组和组2点评打分。

生3：组1实验仔细，数据记录清晰正确，打8分。组2总结得很好，勇于提出质疑，打4分。

师：实验过程中大家遇到了哪些问题？你是如何解决的？

组3：我们发现电流表无实数，电压表也无实数，检查电路发现开关开路了。

组4：我们分析整体数据，发现了其中存在的误差——电流并不是预想中的随电压的增大而增大，而是上下略有波动。这是什么原因呢？请大家帮我们解答。

（学生先独立思考，然后小组讨论）

组5：这可能是因为灯泡灯丝电阻随温度的升高而增大。

师：说得正确，你们思考很认真。

四、精讲点拨，拓展迁移

在学生汇报展示、思维碰撞结束之后，教师进行精讲点拨，迁移运用，继续出示难度更大，或者是综合性程度更高的问题让学生去完成，鼓励同学们继续攻坚克难。

【以八年级物理《力》为例精讲点拨环节片段】

师：演示捏塑料瓶和玻璃瓶，为什么我们捏玻璃瓶，却看不到形变呢？

（学生自主思考，然后小组讨论）

教师点拨：塑料瓶的形变是怎么被我们看到的？怎么看到玻璃瓶的形变？

生1：塑料瓶的形变是通过水面高度的变化被我们看到的。

生2：可以看手的形变。

生3：用一个更细的瓶，捏动瓶身看水面高度的变化。

教师点评：大家都进行了积极的思考。生2思考得很深入！这个问题我们等一会儿再解决；生3这个想法大家看看可不可以？

（学生演示实验，平板实物展台）

师：这个实验我们用到了什么方法？

生：转换法。

师：同学们知识掌握得很扎实。

五、总结收获，达标检测

当堂进行总结升华，达标过关。学生能有较为充分的时间（5~10分钟为宜）完成当堂过关达标，并进行评价与反馈。达标过关后根据本课重点出错题目再出变式训练题让学生练习，及时了解当堂检测的目标达成情况，对不达标学生及时进行面批辅导，课后安排导师辅导。

【以八年级物理《力》为例当堂检测环节片段】

1.运动员用网拍击拍球时（如图），球和网拍都变形了。这表明两点：一是力可以使物体发生________，二是力的作用是____的。此外，网拍击球的结果，使球的运动方向和速度大小发生了变化，表明力还可以使物体的___________发生变化。

2.一本书放在桌面上，书受到桌面的支持力F，这个力的施力物体是____，受力物体是____；桌面受到书的压力F'，这个力的施力物体是_____，受力物体是_____。

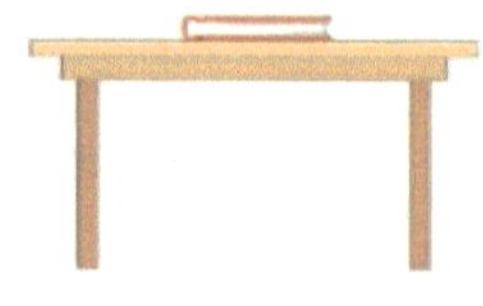

3.如图所示，春游时小明坐在船上用力推另一只小船，结果两船向相反的方向运动。请写出与此现象相关的物理知识：

（1）__________________ （2）__________________

六、分层练习，巩固提升

设计分层练习，包含基础与提高两部分，及时填写每日作业公示。可利用智学网分组推送不同层次的练习。

【以八年级物理《力》为例分层作业片段】

基础知识

1.力的概念：

力是一个物体对另一个物体的______。力的作用涉及的两个物体，一个是____物体，另一个是____物体。力通常用字母____表示。

2.力的作用是____的。

3.力的作用效果：a.改变物体的____；b.改变物体的____，具体指物体____或____的改变。

基础题

1.足球运动员用头球攻门时，施力物体为____，受力物体为____；此时运动员的头也会感觉到痛，这说明了____________。

2.如图所示，跳高运动员对撑竿施力的同时，撑竿也对运动员施了力，但这两个力的作用效果不同，前者使撑竿发生了________；后者使运动员的________。

3.关于力的概念，下列说法正确的是（　　）

A. 彼此接触的物体之间一定有力的作用

B. 一个物体受力时，它一定与其他物体相互接触

C. 彼此不接触的物体之间不可能有力的作用

D. 物体受到力的作用，一定有施力物体和受力物体同时存在

提升题

4.以下给出的各种现象中，物体运动状态不发生变化的是（　　）

A.在弯路上的汽车匀速转弯　　B.熟透了的苹果从树上掉下来

C.人造地球卫星绕地球匀速转动　D.小孩沿滑梯匀速直线下滑

拓展题

5.请设计实验，证明书放在桌子上，桌面也发生了形变。

初中化学学习型课堂操作流程

秦宏宇

基于“自主互助·高效愉悦”学习型课堂建设，祥泰实验学校初中化学学习型课堂操作流程提炼为六大环节，即创设真实“好情境”（激趣激疑探究欲）→ 重难点设成“问题组”（思维价值是关键）→ 小组合作要用好（互助共赢求高效）→ 结论结果要钉牢（建构知识落实好）→ 当堂检测真做好（追踪达标成绩高）→ 分层练习，巩固提升。

一、创设真实“好情境”（激趣激疑探究欲）

教师通过创设能激发学生自主探究的化学问题情境，如化学实验、模型、图表、习题、文字材料、动画演示、化学游戏等，引导学生进入学习状态。

在讲解“酸的性质”这一节时，教师可以先准备一些酸碱指示剂，如酚酞、石蕊等，然后设置一个魔术表演的情境，让学生猜测教师手中的“神秘液体”是酸还是碱。这个魔术表演可以激发学生的好奇心和探究欲望，同时也引出了本节课的主题。

在导入新课时，教师可以先让学生回忆一下之前学过的物质分类，如单质、化合物、氧化物等，然后通过实验探究酸的性质。教师可以让学生分成小组，每个小组进行不同的实验，如酸与金属氧化物、酸与金属、酸与碱等实验。在实验过程中，教师可以引导学生观察实验现象，并让学生记录下来。通过实验探究，学生可以了解酸的化学性质和反应原理，同时也可以掌握酸碱指示剂的使用方法。

除了实验探究外，教师还可以通过问题导入、生活实例导入等方式导入新课。例如，在讲解“燃烧的条件”这一节时，教师可以先提出一个问题“为什么火柴可以点燃？”然后让学生思考并回答问题，从而引出燃烧的条件。

总之，在化学课堂中创设情境、导入新课是非常重要的环节。通过合理的情境设置和导入方式，可以激发学生的学习兴趣和探究欲望，提高教学效果。

【创设情境】化学小魔术

教师进入教室后，向同学们展示魔术棒，并神秘地说：“今天我将为大家带来一场神奇的化学魔术表演！”

教师拿出魔术棒，向同学们展示其表面无特殊之处，然后说：“现在我要将这根普通的魔术棒变成一根会变色的魔法棒！”接着，教师将装有氢氧化钠的喷壶喷湿魔术棒，然后展示给学生看，魔术棒变成了红色。

生：白色的纸棒变成了红色！

教师继续说：“现在我要将这根红色的魔法棒再变回原来的颜色！”接着，教师将装有稀盐酸的喷壶喷湿魔术棒，然后展示给学生看，魔术棒变回了白色。

生：为什么又变成了白色？

教师问：“你们知道这是怎么回事吗？这就是化学的魅力所在！”然后引出本节课的主题——酸碱指示剂。

二、重难点设成“问题组”（思维价值是关键）

1. 学生自学完成后，教师收集学生的任务单进行批阅，争取充足的批阅时间和二次备课时间。

2. 利用智学网数据或手阅结果将学生出现的问题进行归类，找到共性错因，记录相关学生姓名。特别注意对学生自学时提出的疑问进行归纳提炼，根据问题汇总进行二次备课，设置学习任务，解决问题是最低标准，注重迁移，每类再设计1~2个类似问题以备课堂上使用。

【以九年级上册化学《水分子的变化》为例自学反馈环节片段】

师：昨天我们已经自学了《水分子的变化》，现在请你把你自学的收获在小组里分享一下，把你自学中遇到的问题、困惑提出来，先在小组内解决，小组解决不了或者特别有价值的问题整理到板贴上，一会儿全班交流。计时5分钟，开始吧。

组内交流。

生1：打开课本，水通直流电时，观察两个电极上有什么现象？

生2：我先说，都有气泡产生，但是多少不同。

生3：两个玻璃管内气体的体积大小关系是？

生4：一个是另一个的两倍关系。

生1：你觉得这两种气体是什么？是一样的吗？

生2：可能是氧气和氢气。

其他组员回应：同意。

生1：怎样用实验证明玻璃管里的气体是氧气（O_2）或氢气（H_2）？

生3：用带火星的木条检测氧气，用燃着的木条检测氢气。（板贴记录，边指边说）

其他组员回应：同意。

生4：我还有一个地方不明白，产生多的气体是氧气，还是少的气体是氧气？

生1：你的这个问题很好，有谁能解决吗？如果没有人能解决我们就把这个问题记下来，一会儿交流吧。

三、小组合作要用好（互助共赢求高效）

（一）化学概念课课堂小组合作的实施步骤

1. 教师依据课堂进度，适时展示学生暴露或提出的共性问题，作为小组合作探究的核心问题。

2. 小组上台展示思路和过程，鼓励3号、4号组员先展示，1号、2号组员进行思路补充和答疑解惑；对于汇报过程中出现的问题，教师可以出面引导，但不要出手太早。

3. 让学生分组进行探究活动，如设计实验方案、收集数据等，培养他们的合作精神和探究能力。各组在组长的组织下开展讨论，教师进行巡视观察，倾听各组的思路。教师要及时发现好的做法及学生存在的共性问题，适当地、合理地进行点拨和引导，不断将思维引向深处。

【以九年级上册化学《元素周期表》为例合作质疑环节片段】

小组合作探究，并将问题整理在板贴上，展示到黑板上。

师：同学们，我们已经学习了元素周期表的相关知识，现在请大家分组进行讨论，提出你们在自学过程中遇到的问题和困惑。

组1：我们小组对元素周期表的排列规则不太清楚，能否再解释一下?

组2：我们想了解一下，如何利用元素周期表进行元素的性质推断?

组3：我们觉得元素周期表中元素的性质与原子序数之间的关系有些复杂，能否详细解释一下?

师：非常好，大家提出的问题都非常有深度。现在小组继续讨论5分钟，看看自己的小组能解决哪些问题。然后找小组代表上来解答这些问题。

3号小组的组员1：首先，我们组来解答小组1的问题。元素周期表的排列规则是根据元素的原子序数从上到下、从左到右进行排列的。

3号小组的组员2：每个周期的元素具有相似的电子排布特点，而同一族的元素具有相似的化学性质。

3号小组的组员3：大家还有什么问题?

组1：谢谢同学，我们明白了。

4号小组的组员1：接下来，我们来解答小组2的问题。利用元素周期表进行元素的性质推断主要是根据元素在周期表中的位置和族的特点来进行的。

4号小组的组员3：由我来举例子。比如，同一族的元素往往具有相似的化学性质，而同一周期的元素往往具有相似的电子排布特点。

组2：谢谢同学，我们明白了。

1号小组的组员4：最后，我们来解答小组3的问题。

1号小组的组员1：元素周期表中元素的性质与原子序数之间的关系是复杂的，因为元素的性质不仅取决于原子序数，还取决于其电子排布和所处的化学环境。因此，我们需要综合考虑这些因素来进行元素的性质推断。

组3：谢谢同学，我们明白了。

师：感谢以上小组的研究和分享！表扬以上小组能够积极思考，提出问题，同时也应该感谢能够从同学们那里得到解答和指导。

（二）实验课小组合作探究环节的实施步骤

1. 确定探究问题：教师根据课程内容和学生的兴趣，提出一个具体的问题。问题应具有挑战性和探究性，能够引导学生通过自主合作的方式进行深入探究。

2. 分组和分工：教师将学生分成若干小组，每个小组的学生根据自己的兴趣和能力进行分工。例如，有的学生负责实验操作，有的负责记录数据，有的负责分析结果等。

3. 准备实验材料：学生根据探究问题，列出需要的实验材料，并在课前准备好。如果需要用到危险的化学试剂或设备，教师需要提前进行安全指导。

4. 设计实验方案：学生根据探究问题，设计实验方案。方案应包括实验目的、实验步骤、实验预期结果等。

5. 进行实验：学生按照设计的实验方案进行实验。在实验过程中，学生需要仔细观察、记录数据，并对实验中出现的问题进行及时调整。

6. 分析结果：实验结束后，学生需要对实验结果进行分析。他们需要将实验数据与预期结果进行比较，找出差异，并尝试解释原因。

7. 得出结论：根据实验结果和分析，学生得出结论。这个结论可以是对探究问题的回答，也可以是对化学知识的理解和应用。

8. 反思和总结：学生需要对整个探究过程进行反思和总结。他们需要思考自己在探究过程中的优点和不足，并提出改进意见。同时，他们也需要对其他小组的探究过程进行评价和借鉴。

在整个合作探究环节中，教师需要起到引导和监督的作用。他们需要确保学生的安全，同时也需要引导学生进行深入探究和学习。

四、结论结果要钉牢（建构知识落实好）

在学生汇报展示、思维碰撞结束之后，教师进行精讲点拨，迁移运用。继续出示难度更大，或者是综合性程度更高的问题让学生去完成，鼓励同学们继续攻坚克难。

【以九年级上册化学《水分子的变化》为例教师进行精讲点拨】

（1）准备合成水的演示实验。实验器材有：橡胶管、尖嘴瓷管，酒精灯、小试管、火柴、冷而干燥的烧杯（250毫升）。实验药品是用气囊收集好的氢气。

师："点燃不纯的氢气容易发生爆炸，在点燃氢气等可燃性气体之前，要先检验其纯度。"随后进行实验，用酒精灯将小试管收集的不纯净的氢气引爆，让学生听到尖锐的爆鸣声。再用酒精灯将小试管收集的纯净的氢气引爆，学生会听到"噗"的一声。

（2）教师开始演示实验：将实验室暗处理，将氢气点燃。

师：××同学，你来描述火焰颜色。

生：我看到火焰呈现淡蓝色。

开灯后，在火焰上方罩一个冷而干燥的烧杯，一段时间后，迅速让学生触摸烧杯并仔细观察。

师：××同学，你来描述实验现象。

生：我看到烧杯有水雾产生。

师：那有没有看到气体在燃烧呢？请同学们也不要忘记描述显而易见的实验现象。

教师继续引导学生，利用动画，从“宏观—微观—符号”的三重思维表达氢气燃烧的方式。要求同桌互讲，第二次从文字所对应的宏观物质，与微观模拟示意图对应的微观本质，与化学符号一一对应，加深印象。最终让学生构建出完整的三重思维学习方式。

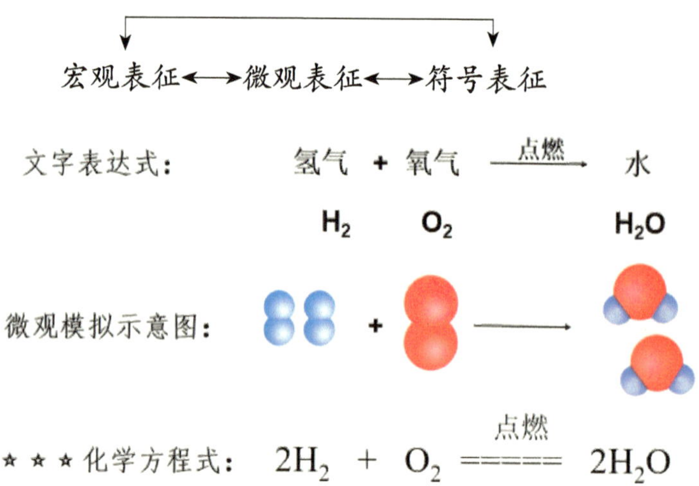

五、当堂检测真好（追踪达标成绩高）

根据本节课的教学目标和学习目标所设计的当堂检测单考查学生应知应会的内容。学生完成当堂检测后，教师对当堂进行检测进行评价与反馈。课程结束后收上来，以便教师及时了解当堂检测的目标达成情况，对不达标学生及时进行面批辅导。

【以九年级下册化学《金属的化学性质》为例展示当堂检测以及下一节课的课前检测】

【当堂检测】

1.填充完整金属活动性顺序及3条应用

钾 钙 钠 （ ） 铝，（ ） （ ） 锡 铅 （氢），（ ） 汞 （ ） 铂 金

K Ca Na Al Sn Pb（H） Hg Pt Au

应用：

（1）金属的位置越靠前，它的活动性就越____。

（2）排在______的金属能与酸反应放出氢气。（此处酸指盐酸和稀硫酸）

（3）位于____的金属可以把位于____的金属从它的______中置换出来。

2.写出下列反应的化学方程式

（1）Zn与稀硫酸反应：________________________________

（2）Cu与硝酸银溶液反应：____________________________

（3）“湿法炼铜”的原理：____________________________

3.（多选）欲探究铁和铝的金属活动性差异，采用金属试样与酸溶液反应的实验，通过观察反应现象得出结论。下列有关做法中，不符合控制变量要求的是（ ）

A.取用铁片和铝粉进行实验　　B.取用的稀盐酸浓度和体积相同

C.取铁和稀盐酸反应，铝和稀硫酸反应　D.在相同的温度下进行实验

4.将X、Y、Z三种金属分别浸入稀硫酸中，Y溶解并放出氢气，X、Z不溶解；将X浸入Z的硫酸盐溶液中，在X的表面有Z析出。则三种金属的活动性由强到弱排列顺序正确的是（ ）

A.X>Y>Z　　B.Y>X>Z　　C.Y>Z>X　　D.X>Z>Y

六、分层练习，巩固提升

设计分层练习，包含基础与提高两部分，及时填写每日作业公示。可利用智学网分组推送不同层次的练习。

【以九年级上册化学《化学方程式的意义和计算》为例展示】

A层【夯实基础】

若在实验室中用电解水的方法制取8g氢气，需要电解水的质量至少是多少？（请根据化学方程式进行计算，写出规范的解题步骤）

若在实验室中用电解水的方法制取64g氧气，需要电解水的质量至少是多少？（请根据化学方程式进行计算，写出规范的解题步骤）

B层【能力提升】

实验室做氧气的性质实验时需要16kg氧气，若实验室以过氧化氢为原料制取氧气，需要过氧化氢的质量是多少？（请根据化学方程式进行计算，写出规范的解题步骤）

济南市历城区祥泰实验学校学习型课堂激励机制

祥泰实验学校“自主互助·高效愉悦”学习型课堂小组评价采用积分量化评价学生，学生在课堂中的行为表现得到相应的积分，以积分过程有效激励学生学习，鼓励学生自我监控学习的过程和结果。

课堂积分分为擂台、问题意识、小组汇报、个人发言、听众表现、总结评价六大项。每一项都有对应的得分要求和分值。

一、课堂积分细则

1. 擂台：当堂擂主 3 分，本周擂主 5 分。

2. 问题意识：学生能提出问题加 1 分，有价值的额外加 2 分。

3. 小组汇报中为了鼓励学生积极发言，每次汇报加基础分 5 分，组内几号同学汇报额外加几分。

4. 未经小组讨论的个人发言，如回答教师、学生的提问或补充、纠正、质疑同学发言等，按照组内序号给予 1~4 分奖励，即几号回答问题加几分。

5. 听众表现主要鼓励学生的倾听和回应。做到积极倾听和及时回应的同学加 1 分。

6. 总结评价，将最高分选出为本堂风采小组获得五育币一枚。

这种即时评价具有可视性，对学生的学习心理具有直观的刺激，使学生能够现场体验到学习的成就感，制造仪式感。

二、计分方式

为了积分能持续有效的激励学生，学校研究了具有祥泰特色的积分评价表并与学校的评价机制进行了对接。以一节课、一天、一周、一个月为时间节点进行总结。一节课后将积分统计在当堂积分处，一天将总积分表中本天的积分进行统计。（班主任进行点评，主要鼓励落后小组）一周后小组积分呈现在班级右侧的积分栏里。

三、奖惩措施

根据班级积分表每周评选优胜小组，教师给予“免作业”或者“五育币”等作为奖励。一个月或者一学期的积分和五育币的累积，可在“红领巾超市”进行积分兑换奖品。积分在期末评优也占一定的百分比。另外班主任要对每周红灯小组、红灯个人进行诫勉谈话。

用这种评价机制不仅可以促进学生的学习积极性，还可以增强学生的自信心，提高学生的学习兴趣，使学生养成良好的学习习惯。同时帮助教师伴随教学过程开展评价，捕捉学生的有价值表现，促进教—学—评一致性。

第五章

教师文章

小学语文“自主互助 · 高效愉悦”学习型课堂教学实践研究

——《腊八粥》教学实践与思考

朱梦如

【摘要】随着新课标的发布以及基础教育新课改的深入推进，“自主、合作学习”是新课标课程改革提倡的一种新的学习方式，旨在通过学生的自主学习和小组合作学习，培养他们的综合素质和终身学习的能力。本文将以小学语文《腊八粥》一课为例，探讨学生自主学习及小组合作在小学语文教学中的价值及实施策略，旨在为小学语文教学提供有益的参考和借鉴。

【关键词】自主互助；高效愉悦；语文课堂

一、“自主互助 · 高效愉悦”学习型课堂的内涵

“自主互助 · 高效愉悦”学习型课堂的核心在于“以学生为中心”，强调学生的课前自学和课中合作学习。“自主互助 · 高效愉悦”学习型课堂在互助式的学习环境里，学生通过独立学习、疑问交流、小组探究等途径，积极投入到学习中，从而实现知识的自我构建和转移。同时，在自主互助的学习型课堂中，教师的作用也由传统的知识传授者转变为学习引导者和促进者。[1]因此在新课标的背景下，教师如何去开展自主互助的学习型课堂？如何在课前、课中、课后有效的引导学生自主互助的学习？这些问题都值得讨论和研究。

《义务教育语文课程标准（2022年版）》（下称新课标）的基本理念中指出“现代社会要求公民具备良好的人文素养和科学素养，具备创新精神，合作意识和开放的视野，具备包括阅读理解与表达交流在内的多方面

的基本能力，以及运用现代技术搜集和处理信息的能力。语文教育应该而且能够为造就现代社会所需要的一代新人发挥重要作用。”[4]

新课标的总目标第五条中指出“能主动进行探究性学习，在实践中探究、运用语文”[4]，在不同的学段目标中，也多次提到要求学生“有主动学习”的愿望。

由新课标中的要求我们不难看出，从小培养学生的自主学习能力，使他们会学且掌握一定的学习的技能，对于学生全面发展和终身发展都有着不可估量的作用。既然小学生语文自学能力对学生的成长及终身发展有着很重要的作用，那么就应该重视在小学阶段培养学生的自主学习能力，构建“自主互助·高效愉悦”学习型课堂，充分突出学生的主体地位，让自主互助的学习改变以往教学中教师满堂灌的传统教学模式。鼓励学生自主学习、互助交流，在学习中提出问题、分析问题、解决问题，尝试将教材文本中的听、说、读、写等基础性语文学习大胆放手给学生，同时教师还要把语文教学与学生的生活实际联系起来，努力为学生打造自主互助的语文学习展示平台。

二、“自主互助·高效愉悦”学习型课堂的价值

随着时代的发展，获取信息的方式多元化，传统的“教师讲、学生听”教学模式已逐渐显现出其局限性。为了解决这一问题，自主互助的学习型课堂目前已经成为课堂改革的重要方向之一。自主互助的学习型课堂相比于传统的课堂也有更多的价值。

（一）转变学生学习方式

在自主互助的学习型课堂中，学生不再是被动的接受者，而是成为主动的学习者。因此，教师应该鼓励学生自主学习，独立思考，同时也要培养他们的团队协作精神。在复习期间，多音字是一个重点复习内容，因此教师可以利用小组合作学习的方法，由组长带领学生在小组内一起梳理整册多音字，并介入合理的奖励机制。这样不仅能提高学生的自主学习能

力，还能培养他们的沟通能力和协作精神。[2]

（二）提升学生学习能力

自主互助的学习型课堂建设的一个重要意义是提升学生的学习能力。在传统的教学方式中，学生通常是被动地接受知识，缺乏主动思考和探索的能力。而自主互助的学习型课堂注重学生的自主学习和合作学习，通过引导学生主动探究问题、解决问题，培养学生的思维能力、创新能力、实践能力等，进而提升学生的学习能力。比如，在讲六年级上册语文第七单元语文园地“找出说明书中不恰当的表达”时，很多学生不能结合生活所学敏锐地捕捉到说明书中存在的问题，这时以合作学习的方式展开小组讨论，就可以开拓学生思维，并使他们在与同学的探讨中获得与生活相关的实践能力。

（三）转变课堂中教师身份

新一轮课改中也提倡“改变学生的学习方式，提倡学生开展自主学习、合作学习、探究学习”，因此在自主互助的学习型课堂中，教师要变“指挥者”为“引导者”。比如，在讲“如何分析小说人物形象”时，可以结合六年级上册小说这一单元给学生设置这样几个问题：《桥》中老汉的形象是什么样的？你从文中哪些内容中分析出来的？利用学生的答案，结合文本内容，循序渐进层层深入，与学生共同探讨、学习，总结出“如何分析小说人物形象”。

综上所述，“自主互助・高效愉悦”学习型课堂的实施对于转变学生的学习方式、增强合作互助意识、提升学生思维能力、转变教师观念等方面都具有重要的价值。随着教育改革的不断深入，自主互助的学习型课堂模式必将占据主流。因此，研究一套自主互助的学习型课堂教学模式就显得尤为重要。

四、“自主・互助・高效・愉悦”学习型课堂的策略

（一）以自主学习为必备环节

课前自学准备是自主互助的学习型课堂顺利开展的重要前提。在《腊

八粥》这一课中，教师首先需要深入研读课标、教材、教学参考书等与课文相关的资料，再充分了解作者沈从文写这一篇文章的目的和背景，明确教学目标和重难点，根据重难点设计出能够供学生自学的“抓手”——自主学习任务单。例如在《腊八粥》的自主学习任务单中，设计学生能够自己解决的问题，如：《腊八粥》这一课的课文主要讲了什么事情？你了解作者沈从文吗？你认为本课最重要的生字是哪几个？对于本课你还有哪些疑问？同时，教师还需要在下发自主学习任务单时，为学生提供必要的与本节课相关的学习资源，帮助学生做好课前预习和准备。

表1.六下第一单元第二课《腊八粥》自主学习任务单

一、基础部分：

1.通过查找、搜集资料，你了解到作者和腊八粥的哪些信息？

____

____

____

2.突破字词：

（1）读一读课文，遇到读不准的字查字典，遇到难读的句子多读几遍。

（2）试着读一读下面的词语，注意多音字和平翘舌音的字。

腊月	喝粥	细腻	咽下	沸腾
汤匙	搅和	浓稠	肿胀	猜想
熬粥	褐色	染缸	浪漫	脏乱
唾沫	嘟囔			

（3）你认为有哪些词语需要重点讲解，哪些会写的字需要特别重视。

____

____

____

（4）本课的多音字有哪些，请整理出来。

当学生们完成了自学任务单之后，老师需要在课程开始前详细地掌握他们的自学成果，以此来全面把握学生的学习状况，并且根据他们自我学习的表现作为参考，优化教课计划，制订更具针对性、挑战性的课堂学习目标与实践项目。

（二）以生生互查为重要手段

在创设情境之后，教师需要检查学生的自学情况，这一环节，为了体现学习的自主性，教师可以寻找一个小帮手，这个小帮手可以是上节课优胜小组中的组员，亦可以是近期课堂上有进步很大的同学。在小帮手的引导下，学习小组依次上台汇报生字自学情况、词语自学情况以及对课文的朗读情况。在这一环节中，学生就会在不断的生生互动中，将《腊八粥》一课的重点生字以及多音字解决掉。这种形式的自学检查，是完全“以学生为中心、以学生为主导”的自学检查。教师在这一环节只是一个负责协助的组织者。

自学检查完成后，教师就要适时进入课堂情境中，引导学生开展与课文内容相关的小组讨论交流，交流在自学《腊八粥》一课时遇到的问题、提出的问题，以及解决不了的需要在课堂环节讨论的问题。交流结束之后，每一个小组需要将自己组内讨论出的关于本节课最有价值的问题写在板贴上，并贴在黑板上。

（三）以问题生成为任务驱动

问题驱动是自主互助的学习型课堂的重要特征。[2]交流结束，教师要将学生板贴的问题进行归纳合并总结，如：这篇文章围绕“腊八粥”讲了几件事？《腊八粥》这篇课文可以分成几部分？这些问题都是与课文内容有关的。再如：文章为什么用了大量笔墨描写八儿“等粥”？为什么多次写到腊八粥在“叹气”？这些问题与写作方法有关。当然也会有学生提出：为什么要到晚上才能吃腊八粥？我们这里的腊八粥与沈从文写的腊八粥有什么不同？这些与生活实际有关的问题。无论学生提出怎样的问题，都要对学生进行表扬及肯定。

这样，关于《腊八粥》一课的问题就生成出来了，后续的学习都是以学生的问题为起点，真正做到了“以学生问题为起点”的学。

（四）以师生互动质疑为主要媒介

问题解决是自主互助的学习型课堂的核心理念之一。根据上一环节提出的问题，学生通过小组讨论、交流、上台汇报等方式，由组长带领组员将讨论所得分享给大家，其他小组可以在汇报小组的基础上进行质疑补充，学生在互相学习、互相帮助中共同完成这一环节。当然，在质疑的环节中，学生也会出现无法解决的问题，这时教师就应该介入课堂，引导学生更深入地理解问题。

四、结语与展望

自主互助的学习型课堂作为一种新型的教育理念，具有广阔的应用前景。通过实践，可以培养学生自主学习和合作学习的能力，提高学习效果和语文应用能力。[3]综上所述，小组合作学习在小学语文教学中具有重要的作用，是提高语文教学质量的重要保障，同时也是锻炼学生思维能力的必然要求。作为新时代教育工作者，小学语文教师应当积极探索小组合作学习的组织形式，不断丰富课堂内容，使学生在合作学习中陶冶情感，提升素养，充分发挥主观能动性，实现师生和谐共处，共同成长。

参考文献

[1]张芳.高中语文阅读自主互助的学习型课堂的理论思考与实施策略研究[D].广东：华南政法大学，2012.

[2]李春艳.初中自主互助的学习型课堂实施中的问题及对策[D].山东：山东师范大学，2013.

[3]王桂侠.初中语文自主互助学习方式研究[D].河北：河北师范大学，2018.

[4]中华人民共和国教育部.义务教育语文课程标准（2022年版）[S].北京：北京师范大学出版社，2022.

基于新课标理念下学生小组合作课堂教学模式建构

张嫦娥

【摘要】课程标准强调要积极倡导自主、合作、探究的学习方式。新课标理念下的新课堂以小组合作学习为依托，学生是课堂真正的主人，人人有事做，旨在培养每一位学生会自学、会讨论、会表达、会倾听、会互动五大方面能力，本文详细阐述了每种能力培养的具体实施策略，致力于培养学生的高阶思维素养。

【关键词】小组合作；新课题；高阶思维

一、新课堂的问题提出

《义务教育数学课程标准（2022年版）》中强调要积极倡导自主、合作、探究的学习方式。[1]小组合作学习是现代课堂教学的一种组织形式。从最初的小组合作简单的讨论到有模有样的擂台赛，从个别学优生滔滔不绝地讲题到现在小组默契合作实现以问代讲，作为一线教师在新课堂教学实践研究过程中，感触最深的是我们的课堂正在发生转变，由传统的课堂向新生态课堂发展。

二、新课堂的内涵

新课堂以学习者为中心，学生先通过独立的阅读、观察、分析、实践等手段来自主学习，教师再依据学生的自学发现与疑问确定教的内容。教师不急于教，学生有机会通过合作探究、相互帮扶、相互协作来解决问题。这样的课堂教得更精准，自动化学习的程度更高，学生有限时间内的参与度更广，更重要的是学生能够在教师的引导与组织下开展富有挑战的思维对话活动并且获得成功的体验。

我们所追求的课堂，便是“自主互助·高效愉悦”学习型课堂，简称为“新课堂”。

三、新课堂的实施目标

新课堂，学生是课堂真正的主人，学习参与度、兴趣度都很高，教师的教学任务也越来越轻松。但我也一直在思考：怎样让学生的核心素养真正落地？怎样让学生的思维探究走向深处？因此，我将新课堂教学目标定位在促进每一位学生会自学、会讨论、会表达、会倾听、会互动五个方面，致力于培养孩子们的高阶思维素养。

“高阶思维表现为思维的灵活性、深刻性、批判性和创新性等，在教学目标分类中表现为分析、综合、评价和创造。高阶思维是高阶能力的核心，主要指创新能力、问题求解能力、决策力和批判性思维能力等。”[2]

四、新课堂的实施策略

（一）学会自学，做会学善学者

“使学生主动参与学习的过程，提高自主探索的效果，这一切都取决于学生自学能力的培养。‘授人以鱼不如授人以渔’，培养学生的自学能力就是为了让学生由之前‘学会’的目标转变为‘会学’的目标。”[3]自学作为一种学习过程，也有其一定的规律，可以依据这些规律，教授学生一些实用的自学方法，以提高学生的自学效率和能力。

低年级我们就开始培养学生在数学课本上按照“读—画—思—问—答”的方式进行自学。通读教材，勾画重点，联想（思）标注，提问解答，达到写满画满的效果。其中在“思—问—答”的过程中，我们重点训练学生联想标注和提问的能力。比如，除法竖式中“商的个位写0，占位不可省略”，下面这三个0表示0÷5=0，0−0=0，就可以在自学时解释含义。像课本中出现的小亮、小红通常都代表解决问题的某种方法，就可以在自学时总结方法。最重要的是在自学的过程中提出问题并尝试解答，这种带着自己思考的自学方式，就是有效自学。

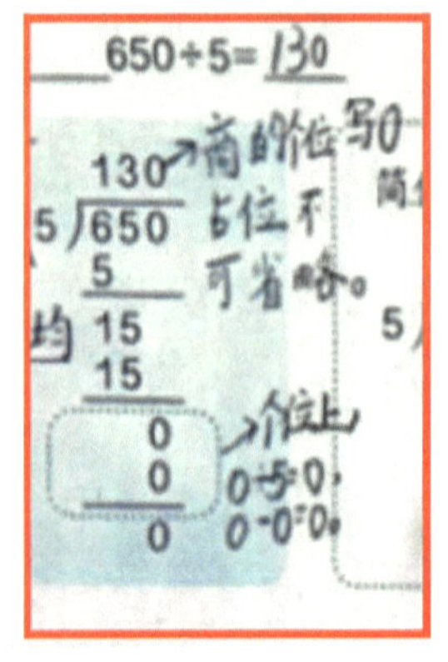

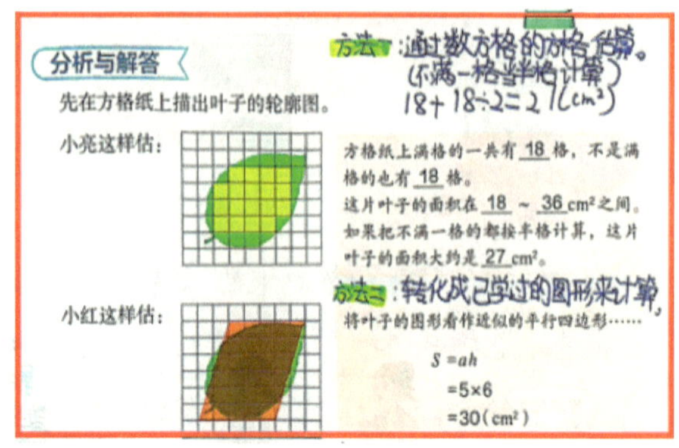

（二）学会讨论，做勤思善思者

学生课前已经进行了深度自学，课上第一个环节便是交流自学收获及遇到的问题，会的同学帮助不会的同学，“小组内互学助学，在单位时间内绝大部分学生都可以参与到学习中，大大提高学习效率。”[3]真正的讨论一定是建立在学生独立思考之上的，然后再通过共同讨论、相互启发，从而达到合作的目的。

为了提高讨论的质量，教师要教给学生讨论的方法：各组由一人汇报自学或独立思考的内容，其他成员必须认真听，并且有自己的补充和见解。可以这样说：“我和你的想法是一样的，我还要补充……”；如果有问题或没听懂，可以这样说：“你刚才说的…我没听懂，为什么你说……”；最后，对达成共识和未能解决的问题分别归纳整理，准备发言。

（三）学会表达，做自信的演讲者

数学是思维的体操，思维是智力的核心，表达是思维的外在体现。培养学生善于表达自己的观点，说话时要声音响亮、条理清楚、语句完整，语言简练且能突出重点，成为自信的演讲者。表达自己的观点时可以使用“我认为……”“我同意……观点”。回答问题时要条理清晰，有理有据，“因为……所以这道题答案是……”“先求……再求……，求什么也就是求……，所以算式是…”。借助这样的话术训练学生进行完整表达。

为了达到训练目标，在合作学习中，小组成员人人都要说，而且要能大胆完整地说。每次集中1~4号某一人先说，补充说，指导说，如果是2~4号还会额外加分，让每个人都有上台表达的机会，通过组内交流与合作，增强组员信心，加强组内团结凝聚力。

（四）学会倾听，做积极的听众

倾听贯穿于课堂始终，无论是在小组讨论还是课堂互动中，倾听同伴的发言远比听老师讲重要，同伴的发言代表学生的思维水平，而老师的讲解是成人的思维，学生未必能完成理解。在小组讨论过程中，要求1人先说，其他人必须认真倾听并且不能打断别人的发言，要能听出别人发言的重点，对别人的发言做出判断，可以随时说“嗯，同意”“我有问题”“我有补充”，可以随时站起来说出自己的补充或独到见解。在这样的要求下训练，学生不但养成了专心听的习惯，而且培养了学生相互尊重、求真务实的品质。

（五）学会互动，以质疑促思维

小组汇报是学生最喜欢的环节，听明白不如讲明白，讲明白不如问明白。因此，我们培养学生以问代讲，生生互动。互动时主讲需要分析把握整体思路，提问简单问题可以让学困生回答，提高注意力跟上讲题思路；关键问题以考查提问的形式多问几个同学，以突破难点。如果有学生不会，可以说“谁来帮帮我？”由他来点名谁为其他同学讲解。台下的同学可以随时发表自己的想法，“我不同意，我有补充”等。如果有疑问，应立即追问为什么，不要害羞，不作声；有不同的见解和意见时，要敢于提出，大胆质疑。

在师生和生生互动中学会从多个角度思考问题，提升学习能力。“这种互动过程有助于发展学生的高阶思维能力，使他们学会质疑、分析、推理、判断和反思，从更全面的视角看待问题，并形成独立的判断和观点，从而发展批判性思维。”[4]教师适时组织生生之间的讨论与交流，由学生做主角，使学生的思维形成互相激荡的局面，塑造良好的、互动的学习氛围。

五、结语

综上所述，学生们在小组学习活动中角色相同，地位平等，加以有序组织，人人都有参与感，人人都可获得体验感，自身的素养能力也得到发展。因此，新课堂理念下只要应用得当、操作得法，通过小组合作学习活动，学生在协作学习中逐步学会交流、讨论等技能，学生们互相质疑、纠正、评价，敢于发表自己的见解，有效促进学生高阶思维的发展，同时在宽松愉悦的合作学习环境下会学、乐学、善学。

参考文献

[1]中华人民共和国教育部.义务教育数学课程标准（2022年版）[S].北京：北京师范大学出版社，2022.

[2]周永.指向发展学生高阶思维的小学数学小组合作学习策略探究[J].教育界.小学版，2023（36）.

[3]王小蓉.采用有效教学方式培养学生自学能力[J].科学咨询（教育科研），2016（3）.

[4]周大年.生态课堂理念下小组合作学习的实践研究[J].高中数学教与学，2023（11）.

小学高年级英语教学中学生自主学习能力的培养策略探究

李莹

【摘要】《义务教育英语课程标准（2022年版）》指出要培养学生的核心素养，其中学习能力是一大关键。随着时代的发展，单纯依靠老师的讲解已不能满足学生发展的需要，因此，培养学生的自学能力，是当前英语教学的重要着力点。本文从教学实践出发，阐述了培养自学能力的重要性，介绍了小学高年级英语课堂如何开展自主学习。

【关键词】小学英语；自主学习；小组合作；课堂模式

在“双减”与新课标颁布的双重背景下，传统的“满堂灌”已不适应学生的发展，教师应该更新教学理念，创新教学方式，营造良好的课堂氛围，充分发挥学生的主体地位，培养学生自学能力，提升课堂效率。

一、学生自主学习能力的内涵

自主学习是以学生作为学习的主体，通过学生独立地分析、探索、实践、质疑、创造等方法来实现学习目标。《义务教育英语课程标准（2022年版）》对学习能力进行了如下界定：“学习能力指积极运用和主动调适英语学习策略、拓展英语学习渠道、努力提升英语学习效率的意识和能力。学习能力的发展有助于学生掌握科学的学习方法，养成良好的终身学习的习惯。”[1]通过本课程的学习，学生能够树立正确的英语学习目标，保持学习兴趣，主动参与语言实践活动，在学习中注意倾听、乐于交流、大胆尝试，学会自主探究，合作互助；学会反思和评价学习进展，调整学习方式；学会自我管理，提高学习效率，做到乐学善学。[2]新课标倡导学生要自主探究，合作互助，尤其是对于小学高年级的学生来说，课文难度增加，仅仅依靠老师讲，难免效率低下，因此提高学生的自学能力势在必行。

二、培养学生自主学习能力的重要性

（一）提升学生能力

在新时代背景下，题海战术只能片面地提高学生成绩，却不利于学生综合能力的提升。五六年级的学生正处于小升初的关键阶段，也是思维发展的关键时期，他们已经有两到三年的英语学习经历，识记类教学模式极易阻碍学生的思维发展。自主学习的课堂要求学生独立思考，小组合作学习，共同解决问题，在这个过程中学生的思维得到了发展，学生的主体地位得以体现，并且活跃了课堂气氛，自主学习的课堂就会形成良性循环，学生享受学习的过程，同时综合能力得以提升。[3]

（二）提高课堂效率

近年来，随着新课改的推行，小学高年级的英语题目呈现出灵活性与探究性。传统的教学方式能让学生掌握课本的基础知识，但是在遇到开放性与探究性话题时，学生就会不知所措。培养学生的自学能力能让一部分基础知识在课下得到解决，课堂上学生就可以针对学习中出现的重难点进行重点攻破，有效节省了时间，提升了课堂效率。

三、小学高年级英语教学中培养学生自主学习能力的三个阶段

（一）课前预习阶段

想要真正实现自主学习课堂的前提是学生的课前自学。基于自己在教学过程中的探索，总结了以下五步预习法：

Step1：Listen and imitate.（听课文录音，并跟读5遍，读准单词发音，读顺句子。）

Step2：Underline the new words and key sentences.（红笔画出课文中的新单词，并将单词含义写到上方，黑笔画出重点句型。新单词含义可查阅

课本单词表或词典，重点句型可参考课本常用表达法。）

Step3：Translate the text.（将文本翻译成汉语，写到便利贴上，附到文本旁边。）

Step4：Summarize the main idea of the text.（概括文章大意，用英文表达：They are talking about...，使用蓝色可擦笔写到文本上方。）

Step5：Answer the questions.（在理解课文的基础上，尝试回答课后题。）

开始自学时，由教师带领学生们在课堂上一步一步自学，随时进行指导。随后教师逐渐放手，将自学任务提前布置，学生需要在课前进行充分自学，课本上要写满画满，但要保持有序、干净、整洁。

（二）课堂教学阶段

1.展示预习成果

（1）挑战擂台赛

挑战擂台赛在课前3~5分钟进行，以小组的形式进行已学单词的PK赛，看看哪一小组读得又快又准确。此环节既巩固了学生已学内容，又能活跃课堂气氛，调动学生学习的积极性。

（2）检查单词

单词是英语学习的基础，打不好基础，后续学习也无法完成。自学展示第一环节就是以组为单位汇报单词自学成果，组员根据分工进行新词讲解。具体讲解分为以下4个方面：

①读单词，单词要进行拼读，帮助其余同学掌握发音。

②解释汉语意思。

③领读3遍。

④检查下面同学读音。

在此环节中，教师要关注到学生汇报的内容，及时纠正指导，避免学生带着错音继续朗读。

（3）检查朗读

朗读课文是英语学习中的重要组成部分。自学展示第二步就是要对新授课文进行朗读，明确朗读要求：发音准确、流利朗读、有感情地朗读。根据难易程度检查时选取整组或者每组较弱的同学进行朗读。

2.合作质疑，解决问题

自学展示环节完成后，便是学生的合作质疑，解决问题阶段。教师通过自学交流环节发现的问题，结合所学内容，启发学生思考，培养学生用自己的语言总结所学知识。学生汇报展示、思维碰撞解决问题之后，教师进行精讲点拨，迁移运用。继续出示难度更大，或者是综合性程度更高的问题让学生去交流讨论，鼓励同学们继续攻坚克难，解决老师提出的问题。小组合作交流学习、汇报要求：根据教师预设问题进行讨论，汇总正确答案，并解释原因。在此环节中教师实施点拨追问，落实教学目标。

3.巩固练习，拓展提升

本环节设计的练习，既包含对新知识的巩固和灵活运用，还包括对新知识的理解和完善，可以检查学生学习目标的达成度，对从中暴露出的缺陷和错误及时矫正，进行补偿性学习。

处理练习题的基本流程如下：小组先交流习题，把能解决的题目先在组内解决，会的同学教给还不会的同学；把集中出错题目或组内解决不了的题目的题号记录到黑板上，以“正”的形式标记；以小组为单位上讲台认领这些题目并讲给全班同学听；每道题目讲完后，教师要举一反三，或出示综合性程度更高的问题让学生去完成，鼓励同学们继续攻坚克难。

4.总结收获，达标过关

当堂进行总结升华，达标过关。学生能有较为充分的时间（5~10分钟为宜）完成当堂过关达标，并当堂进行过关的评价与反馈。达标过关根据本课重点出错题目再出一套类似习题让学生练习，及时了解当堂检测的目标达成情况，对不达标学生及时进行面批辅导，课后安排导师辅导。

（三）课后复习阶段

复习工作是教学活动过程中的重要环节，是任课教师带领每个学生将学过的各个知识点进行整理归纳、分析总结、查缺纠漏，让每个学生对自己所学过的知识加深印象，使其在脑海中存留的时间变得更长一些，掌握得更加扎实。拥有良好的复习习惯，掌握有效的复习方法，可为今后的持续学习打下更好的基础。因此，教会学生复习归纳是培养学生自学能力的有效手段。教师在上完每一节课后，都必须要求学生及时复习当天所学知识点，比如读书打卡，初级挑战是给出框架，挖空对话的文本，让学生根据图片补充关键信息。高级挑战是根据图片提示，学生两两一组进行对话问答。通过教师不同的指导方式来引导不同层次的学生进行复习，更有利于维持学生对英语的学习兴趣，进而有效培养自学能力。

四、结束与展望

自主学习课堂是顺应时代发展要求，适合学生综合能力发展的高效课堂。在自主课堂的推行中，我们看到越来越多的学生变得更加自信，大方展示自我，综合素养得到飞速提升。但是自主学习课堂在实际教学中还有很多问题需要关注，如学生的自学发音指导，每节课的情景创设，学生的思维生长点等，接下来都需要我们深入思考。

参考文献

[1] 中华人民共和国教育部．义务教育英语课程标准（2022 年版）[S]. 北京：北京师范大学出版社，2022.

[2] 梅德明，王蔷．义务教育英语课程标准（2022 年版）解读 [M]. 北京：北京师范大学出版社，2022.

[3] 郁晓萧．倡导自主学习，开启课堂实践 [J]. 文理导航，2023（30）.

合作学习在语文教学中的应用研究

李雪

【摘要】新课标指出互动有助于提升学生思维的活跃性和思维的发散性。合作学习课堂教学模式的实施为学生创造了平等自主、互助、高效的课堂氛围，学生各抒己见，通过沟通交流碰撞出思想的火花，这样的学习体验才更愉悦，这样的学习过程才更有价值。文章对小组合作学习的课堂教学模式进行了深入分析，揭示了小组合作学习的必要条件和在课堂教学中的重要意义，同时说明了小组合作学习在实践中的一些探索。

【关键词】合作学习；课堂教学；互助

倡导“自主、合作、探究”的学习方式是新课程改革的理念之一[1]，合作学习有利于培养学生沟通、交流和自主思考的能力，为学生提供更多的锻炼机会，促进了学生的全面发展。[2]我国的研究者更多地把合作学习当作一种教学策略，认为“合作学习是一种旨在促进学生在异质小组中相互合作，达成共同的学习目标，并以小组的总体成绩为奖励依据”的教学策略体系。

一、合作学习课堂教学的基本条件

（一）明确学生小组内成员任务分工

每个小组都是一个小的团体，组内的成员扮演着不同的角色，承担着不同的分工，这是保证小组合作效率的前提。也可以根据学生情况给每个学生一个序号，如一号同学负责主持、二号同学负责板书等，这样不仅能使组内成员分工明确，还能在小组内形成一种自主、互助的学习氛围。

（二）规范学生小组合作学习规则

小组成员在合作的过程中，应严格约束自己的行为，教师在每个合作小组内设立组长，对学生的学习和交流行为进行监督。学生就问题展开讨论时，如若出现分歧，有些同学为了证明自己的观点而不断通过提高音量的方式试图压制对方，这样小组合作学习甚至课堂就失去了有序性。通过培养小组长的方式实现小组内部的自我行为控制，教师在小组合作中发挥的只是辅助和指导作用，而不是管理作用。教师的批评会影响学生讨论的积极性，所以利用学生之间的相互管理，可以保证小组合作过程中的课堂秩序，提高小组合作效率，不浪费课堂时间。

（三）建立科学多元的评价反馈体系

科学的评价方式可以调动学生的学习积极性，有助于培养学生在学习中的自信心。所以多元化的评价制度是合作学习课堂教学模式中非常重要的环节。评价是一门艺术，教师既要通过评价培养学生的自信心，也要通过评价让学生了解自己在学习中存在的不足。所以单纯的口头评价是不够的，可对学生进行奖励加分，呈现在黑板上，这种“即合作即表彰”的公示和评价激发了学生的学习积极性。

新课程标准积极倡导自主、合作、探究的学习方式。在学校的带领下，通过观摩学校优秀教师的课例，根据学段和班级学情，我设计了小组合作指南并进行了实践。

二、合作学习在小学语文教学中的有效策略

（一）课前自学在小组合作中的效用

语文学习离不开课前预习，本学期初我制订了学生预习指南，具体说明了学生预习生字和课文的要求并进行精细的指导，通过问题质疑的方式加深学生对课文的理解，课前解决部分问题，同时带着有效的问题进课堂。课堂中，组长带领组员们解决生字，合作过程中相互纠正补充，拓展识字方法，打擂台时高效高速识记。此时学生已经在自学和组内学习中解

决了一些容易的问题，剩下的疑难我再重点讲解，在生字学习过程中，学生在愉悦的氛围下汲取知识。对于课文的学习，学生在各小组进行梳理总结，掌握课文内容，归纳出主要问题，将小组的思想精华汇聚起来，教师带领学生将问题归类，解决问题。学生的积极性和主动性大大加强。

（二）习题讲评在小组合作中的应用

在日常做题时，我鼓励学生分组讨论，化整为零。我把所有的题尽量平均分到七个小组，在小组长的带领下，气氛十分活跃，学生能充分发言。对他们来说，每个组完成几个题并不是多大的负担，完成组内的任务后，还可以讨论其他题。我注意到连平时不爱发言的同学在我和组内成员的鼓励下，也主动去请教组长该如何讲。更让我惊喜的是，组长的能力远在我的意料之外，他们能够根据小组成员的情况，恰当选取发言的同学，既不过分偏爱成绩好的同学，也不冷落学困生，真正照顾到了大多数。从初次试行习题合作讲评课起，我尝到了甜头，今后会在课堂上分别布置不同层次的讨论交流问题，让他们活跃下去。同时，教师在小组合作中的引导作用十分重要，教师要时刻关注学生讨论的状态和作出的回答，相机讲解，突出重点，及时补充非共性问题。

（三）教师在小组合作中的角色和作用

小组合作学习中，教师要充分发挥其主导作用，通过情境创设，激励学生的探究兴趣。同时对学生的合作学习能力进行培养，使学生养成良好的合作学习的习惯。我认为可以从以下四个方面培养学生良好的学习习惯：一是学会倾听别人的意见。在我们组织教学时，讨论的目的之一是让同学们的思想得到交流。那么在别人回答时，我们要引导学生认真倾听别人的答案，这是培养学生学会尊重他人。二是教给学生讨论的方法，讨论要在本组内进行，不要影响到其他组，不能随便打断别人的发言，在理解别人发言内容的基础上再表明自己的观点。三是学会质疑。在小组活动中，对于其他同学正确的观点，指导学生积极回应。同时，还要敢于质疑。有疑问时，敢于追问为什么，不要因害羞而默不作声；有不同见解时，要敢于提出；想到了同学们没想到的，要勇于补充，与他人共享。四是学会表达自己的观点。教师应有意识地创造宽松的交流氛围，对学生表达的内容启发点拨，多作正面评价并且鼓励学生用手势结合语言来表达。

三、结语

师生互动不仅将单向的知识传送变成了双向的知识传送，也通过互动实现了师生之间、生生之间的情感交流和认知互换。更可喜的是，它使学生由学习上的竞争对手转变为相互协作的伙伴。而且在合作的过程中学生开阔了视野，拓宽了思路，培养了创新精神和实践能力。通过小组合作学习，学生学习的主动性和积极性增强了，参与度提高了，学生在合作学习中体验到了合作的快乐，拉近了师生、生生之间的关系。合作学习实现了每个学生都能获得成功的体验及实践和发展的目的。

参考文献

[1]中华人民共和国教育部.义务教育数学课程标准（2022年版）[S].北京：北京师范大学出版社，2022.

[2]孟庆生.“135自主互助课堂”教学模式下小组合作学习有效性的思考[J].学周刊，2013（6）.

小学音乐教学“自主愉悦”的课堂教学实践研究

刁洁

【摘要】本文从教学实践出发，通过阐述自身的教学经历，提出了自主愉悦教学在小学音乐课堂中的具体应用策略。通过教学方法上的启发引导，创造愉悦的学习环境，让学生主动参与音乐学习，培养他们的音乐素养和审美能力，激发学生的学习兴趣和创造力，从而有效地提高小学音乐课堂的教学效果，为学生提供更加愉快、有意义的学习体验。

【关键词】音乐教学；音乐要素

一、问题提出

当前本校音乐教学中仍长期使用“填灌式”传统双基教学模式，忽视学生音乐核心素养的提升。课堂中常见现象如：1.技趣不相融。重视双基的掌握，忽视兴趣的培养，学生无法真正感受到音乐学习所带来的乐趣。2.技趣不一致。没有运用合适的体验方式，达不到有效聆听音乐的目的。3.律动单一。导致学生对音乐的体验不够深入，不能很好地表现音乐。在新课程背景下，《义务教育音乐课程标准（2022年版）》的推出为小学音乐教育提供了明确的教学改革方向。要求小学音乐课程教学中要关注学生的主体地位，应用多元教学手段，提升小学音乐课堂教学效果，培养小学生音乐核心素养。

二、激活情感体验，培养自主创编能力

“音乐课的全部教学活动应以学生为主体，师生互动，将学生对音乐的感受和音乐活动的参与放在重要的位置。尊重学生的个性，鼓励学生积极参与各种音乐活动，以自己的方式表达情智。[1]”但是在实际的教学过程

中，很多教师却因为过度担心、低估学生能力，而不敢放手让学生去自主尝试，导致学生的自主意识在课堂教学中并未真正得到启发和挖掘。然而通过观察日常的教学我们会发现，学生的潜力真的是无限的，不应该凭借年龄来一概而论，只要方法得当、难易适度，学生给你的答卷一定会出人意料。

创编音乐是学生自主学习能力提升的重要方式。新课标要求3~5年级的学生“能运用多种声音材料和乐器，自编简单节奏或旋律，为朗诵歌曲、舞蹈等进行即兴伴奏”[2]。在低年级的音乐学习中，学生就已经掌握了X、XX、XXXX、X— 等基础的节奏元素和七个数字简谱音符的概念，但如何将这两个音乐要素概念融会贯通，鼓励学生尝试自编自创音乐或节奏片段，是提升学生自主创造能力的关键。在教学实践中，我采用先让学生进行节奏模仿，再让学生创编自己喜欢的节奏，进而让学生为创编的节奏填上音符，最终完成一句属于自己的旋律这一教学步骤，循序渐进地达到教学目标。在创编的过程中，我惊喜地发现，对于节奏谱的书写，学生掌握的远比我想象的要准确。这样的创编活动不仅检验了学生的所学所得，更增加了学生体验音乐的兴趣，是提升学生能力的有效途径。

三、体验音乐要素，提高律动能力

如何让全体学生在音乐常态课学习中形成基本的音乐能力、提升学生的综合音乐素养，培养学生终身热爱音乐的思想情感？这一问题困扰了许多致力于音乐学科教学的研究者。学生音乐能力的提升不是一蹴而就的，它需要在丰富的教学材料中，让学生充分感受每一种音乐要素，最终内化为自身素养。正如贝内特·雷默所说：音乐审美体验=审美观察+审美反应，当审美观察与审美反应同时存在、相互作用时，才能产生真正的音乐体验。[3]

任何一部音乐作品的创作都离不开节奏、音符、和声、调式等音乐要素，它们是构成音乐作品的基础。对于音乐课堂教学来说，引领学生通过对音乐要素进行直接的感受、体验、认知等学习活动，让学生在潜移默化中理解并表现音乐作品，进而提升学生的综合音乐能力，是最有效的教学方式。这就需要教师在日积月累的教学中渗透各类音乐要素知识，有意识地引导学生去关注音乐要素，授之于了解、感受、表现音乐的基本方法，培养学生对音乐要素敏锐的感知力，在不同的学段侧重不同的认知方式。例如，在教授二年级下册《青蛙音乐会》的回旋曲式时，我通过青蛙王子独唱、青蛙合唱、公主舞蹈三个不同的音乐形象，将乐段的结构转变为不同演员的出场顺序，让学生在聆听的时候既觉得形象有趣，还可以准确把握回旋曲式的特征。当学习三年级上册《维也纳的音乐钟》这节课时，学生再接触回旋曲式，能够迅速根据教师的提示回忆起回旋曲式的概念，并且能够进一步的用ABACADA进行回旋曲式结构标识，从而升华了对回旋曲式这一音乐要素知识的认知。

音乐要素的核心地位是不可动摇的，音乐教师在自己的教学中要让学生在感性体验——感性与理性结合——理性认知的递进式提升过程中，积累音乐能力，最终将其内化为自身思维中的音乐素养。

四、游戏再现情境，创设愉悦课堂

音乐课的内容是丰富多彩的，它的特点就是通过艺术活动来调动人的兴趣。所以在音乐学科教学中，可以秉持学科特有的力量来教育学生的思想，坚持以审美教育为核心，注重学生学习习惯、学习方法的培养和积极性的调动，让学生在愉快的音乐实践活动中主动去发现、去探究，去感受音乐、理解音乐、表现音乐，并在一定基础上创造音乐。在聆听课程的教学中，我努力给学生创造多听的机会，通过提问、做律动、数节拍等方式引导学生仔细聆听，同时通过让学生跟随音乐即兴编创动作，培养学生感受音乐的能力。在即兴活动中培养学生的敏锐听觉、迅速反应、富有表现力的节奏感，对学生感知音乐结构、音乐形象有极大的帮助。“听”与“唱”是相辅相成的两个概念，学会“听”音乐，自然会对音高概念有一定的感觉，唱的时候便能把握好音高，“听”出了音乐情感，“唱”也会饱含感情。

演奏是进行情感表达和音乐表现、开展音乐创作和展示的重要途径，对学生增强音乐理解、表现和创造能力，提高音乐学习兴趣，发展核心素养，身心健康成长等具有重要作用。[4]学生在学习音乐作品的过程中需要充分去感受和体验，适当加入打击乐器进行简单的演奏或伴奏，能够激发学生融入音乐、理解音乐的主动性，最终促进学生用自己的方式表现音乐。打击乐器演奏较为简单，但想让孩子正确的按照节奏来操作却是有难度的。在实际教学中，我选择先让学生跟着我有节奏地朗读歌词，并强调嘴和手要一致，然后教师再作乐器示范，最后挑选几位学习认真的同学出来表演，有不正确的地方指导改正，让做得好的学生当小老师，带领其他学生进行练习。通过他们的表演和我的引导，学生们非常清楚地知道怎样演奏是正确的，怎样演奏是错误的。学生反复练习将节奏和乐器配合起来，再配合音乐进行表演。在体验成功的过程中，学生更加体会到“玩”的乐趣，增强了音乐学习的趣味性，让学生在愉悦的课堂氛围中学习知识，感悟音乐的魅力。

五、结语

音乐教学是提升学生音乐素养的重要渠道，只有善于捕捉和把握音乐课堂上的每一个细节，深入挖掘音乐作品中蕴含的音乐要素，采用切实有效的教学方法，引导学生在自主的学习方式下探索音乐的奥秘，在愉悦的学习氛围中体会音乐的美好，才能实现学生音乐能力的整体升华。

参考文献

[1][2][4]中华人民共和国教育部.义务教育艺术课程标准（2022版）[S]北京：北京师范大学出版社，2022.

[3]贝内特·雷默.音乐教育的哲学[M].熊蕾译.北京：人民音乐出版社，2004.

小学语文教学中小组合作学习的应用策略探究

刘春荣

【摘要】合作学习是一种以学生为中心、以小组为形式、以合作互助的方式从事学习活动，促进学生共同提高的一种教学策略。经过不断地探索和实践，小组合作学习创建高效课堂的优势日益凸显。合作学习有利于培养学生的合作精神和交往能力，也有利于提高学生的创新精神和竞争意识。在语文教学中，恰当合理地运用小组合作教学，可以提高课堂学习效率，培养学生的学习兴趣。

【关键词】小组合作；课堂组织；小学语文教学

一、小学语文教学中应用小组合作学习的价值

在传统教学模式中，教师处于课堂的主导地位，学生在课堂上很难发挥学习的主动性。新课程改革倡导小组合作教学，这种教学方式便于教师在课堂中实行素质教育，变教师讲授为小组讨论，有利于提高教学质量；对学生来说改变了学习方式，变个别提问为小组汇报，调动了学生的主体参与意识和合作探究能力；课堂上师生民主平等，共同研究、探讨问题，教学相长，有利于构建和谐的师生关系。

通过探究小组合作教学，打造优质高效的课堂，促进学生对知识体系的构建，提高学生的自我价值意识。学习并践行小组合作学习的教学方式，对构建“自主互助·高效愉悦”的学习型课堂有显著推动作用。

二、小学语文教学中应用小组合作学习的具体策略

（一）“自主”是高效课堂的核心

学生是学习的主体，要有自我驱动的学习动力，小组合作学习的前提

是学生要有自主学习能力。目前我执教的二年级学生，正是培养良好学习习惯和自主学习能力的关键时期。所以本学期我把语文学习的预习任务放手给学生。无论是生字的预习还是课文的预习，我尝试让学生自主选择学习方式去分类、归纳、整理和理解知识点，让学生在自主学习中寻找适合自己的学习方法，从而掌握更多的知识并能够做到知识的迁移。在课堂上，学生不再被动地接受知识，而是主动地参与学习讨论并且乐于分享自己的收获和感受。我发现，在教学中让学生有准备地参与到小组合作学习中，给予学生更多的自主权，他们的学习热情和学习效果都会显著提高。

（二）“互助”是高效课堂的重要手段

学生之间的互助学习可以弥补以往以教师为中心和主导的课堂教学的不足，尤其在解决一些复杂问题时，小组互助合作学习往往能产生意想不到的效果。因此，从学期初，我就将班级重新进行了分组，共分成了10个学习小组，分组时尽量做到组间同质、组内异质。每个学习小组根据学生性格和能力的不同，将组员分为1号至4号（个别小组为1号至5号），小组成员分工明确，在小组内互相帮助，合作讨论解决问题。通过小组积分定期评选优胜小组，让小组间形成良性竞争，大大提高了同学们合作学习的积极性。尤其是组内优秀生带动后进生的互助学习模式逐渐形成，班集体的学习氛围更加浓厚了。

（三）“高效”是高效课堂的重要目标

在有限的时间内，如何让学生获得更多的知识和技能，是我一直思考的问题。我通过优化教学流程，减少无效的教学环节，让学生更专注于学习，提高课堂效率。在小组合作学习时，精选适合合作学习的学习内容，引导学生组内进行高效讨论，小组上台汇报学习成果时，优化汇报流程，短时高质完成汇报任务。同时，我还灵活使用多媒体教学和在线学习平台，让学生专注于课堂学习内容，保证学生学有所获。通过实践，我发现“高效课堂”的实现离不开教师深入学习和研究教学内容，精心备教材、备学生、备教学方法。尽管备一堂课需要花费大量的精力和时间，但每当收到学生良好的课堂反馈时，充实感和满足感油然而生。

（四）“愉悦”是高效课堂的直接体现

让学生在轻松愉快的氛围中学习，不仅可以提高学生的学习效率，还可以培养他们的学习兴趣和终身学习的意识。因此，从一年级开始，我就注重学生小组合作学习意识和习惯的养成，通过设计有趣的小组学习活动、引入实际生活中的例子、鼓励和赞扬学生等方式，让学生感受到学习的乐趣。在小组合作教学中，不断丰富评价方式，通过学生自评、生生互评、教师点评等，让学生在同伴及老师的鼓励和认可中体验到合作学习带来的愉悦。学生通过小组合作学习不断积累成功的经验，从而提高自我效能感，在学习中追求更高的目标，进而取得更好的成就。

三、小学语文教学中应用小组合作学习的注意事项

《义务教育语文课程标准（2022年版）》中对小学生小组合作与自主学习提出了要求，鼓励学生在教师的指导下，通过体验、实践、参与、探究及合作等方式逐步掌握语言知识和技能，不断调整情感态度，形成有效的学习策略，发展自主学习能力。[1]随着新课改对小学生核心素养培养概念的提出，在提升小学生知识掌握水平的基础上，加大了对学生核心素养建设的力度，其中最为关键的是学科核心素养。[2]为了达到新课标的学科核心素养的培养要求，教师应该采取科学的教学方法，其中小组合作教学就是其中效果较好的一种。在小组合作教学的探索和实践过程中，我也遇到了一些问题和困惑，认识到以下几点需要改进。

（一）注重学生的个体差异

在教学过程中，个别学生对重难点知识的掌握仍存在困难。在今后的教学中，要更加关注学生的个体差异，通过小组成员优秀带动后进的优势，采用分层教学的方法，让每个学生都能得到有效指导，发挥出自身优势。

（二）提高课堂互动意识

尽管语文教学上已经鼓励学生积极进行小组合作学习，但在课堂实践中有些学生仍缺乏互动和参与讨论的意识。在今后的教学中，我将更加注重培养学生的互动意识，鼓励他们积极参与到小组讨论中。

（三）促进教学能力提升

虽然我已经尽力提高课堂教学效率，但时常还是觉得自己的教学方法不够高效。教学没有最好只有更好，今后，我将继续学习与小组合作学习相关的教学方法和策略，提高自身的教学能力。

（四）坚持教学反思

没有反思就没有进步，只有通过反思，才能发现自己的不足，找到改进的方向。因此，我将持之以恒地进行教学反思，与时俱进，不断提升自己的教学水平，以更好地满足新的教学需求，实现高效课堂的构建。

综上所述，“在反思中践行，在践行中反思”是我在小组合作教学学习践行过程中坚持的核心工作理念。我相信只有通过不断地实践和反思，才能真正实现高效愉悦课堂的构建。今后我将继续学习和深挖小组合作学习的精髓，大胆将理论应用于实践，敢于创新，促进学生的深度学习和思维发展。

参考文献

[1]曾志育.小组合作学习提升语文教学实效.教学管理与教育研究[J].2023（20）.

[2]漆淑荣.小组合作学习在小学语文教学中的合理应用[J].天津教育.2023（29）.

[3]刘婷婷.浅谈小学语文课堂小组合作学习模式实施途径.国家通用语言文字教学与研究[J].2023（09）.

[4]高晓燕.小学语文课堂小组合作学习的误区及解决策略[J].新教育.2023（34）.

学生小组合作学习在小学语文教学中的实践与探索

徐芳

【摘要】构建“自主互助·高效愉悦”学习型课堂，充分发挥学生自主学习的主体地位，以学生小组为依托，培养学生在课堂中良好的行为习惯，建立平等民主的班级文化氛围，使小组成员在集体的带动下完成自主学习、合作学习、课堂讨论等学习任务。

【关键词】自主学习；合作学习；小组合作

一、问题提出

在传统的课堂模式中教师是课堂的主体，是一种填鸭式、满堂灌的课堂，学生只是被动地接受知识，被迫参与到课堂中，学生们的主体作用得不到发挥，我们更加关注的是教师怎么教而不是学生如何学。在这样的教学模式下会存在一个很大的问题，就是教学的高投入、低产出。表现为教师在上课的时候滔滔不绝地唱“独角戏”，尽己所能地将所有的知识都灌输给学生，结果是教师单方面持续输出，学生们兴趣索然，经常走神，吸收的效果自然很差。一些优秀的、自觉性比较高的学生还能主动与教师配合，积极地参与到课堂中，完成课堂教学任务，而一些学生参与感较低，只是被动地倾听和完成笔记，缺乏对课堂内容的深度思考，还有部分自控力较差的学生可能已经对课堂内容失去兴趣，思绪游离于课堂之外。

这一现象不仅伤害了学生的学习积极性，也对教师的教学热情产生了影响。长此以往，既影响学生个人素质的全面发展，也让教师产生了挫败感。为了让尽可能多的学生参与到课堂中，经过不断地实践与探索，在教学中尝试构建“自主互助·高效愉悦”学习型课堂。

二、运用小组合作学习在小学语文教学中的意义

（一）自主学习助成长

“自主学习是以学生为学习的主体，通过学生独立分析、探索、实践、质疑、创造等方法来实现学习目标”[1]，即学生主动地、自觉自愿地学习，而不是被动地或不情愿地学习。这一要求改变课程实施过于强调接受学习、死记硬背、机械的现状，“课程改革倡导在学习过程中学生主动参与、乐于探究、勤于动手，培养学生搜集和处理信息的能力、获取新知识的能力、分析和解决问题的能力以及交流与合作的能力。”[2]

学生通过自主预习、讨论，不断更正自己的想法，最后教师进行点拨、反馈，使学生豁然开朗，从被动的填鸭式教学，变成学生主动求证自己的想法是否正确。教师在课堂上讲得少了，可以抽出更多的时间进行个别辅导，学生相互讨论的过程也是彼此交流想法、分享观点的过程，学生们在这个过程中不仅极大地巩固和提高了知识，学生之间的关系也会更加和谐，课堂氛围更加和睦。这种方式使学生的主体作用与教师主导作用实现有机结合，师生之间产生思维上的碰撞，有利于教学相长。

（二）互助学习促发展

“小组合作学习是新课程倡导的三大学习方式之一，是指学生在小组或团队中为了完成共同的任务、有明确的责任分工的互助性学习。”[3]通过构建自主互助课堂教学模式，教师不再单方面的控制课堂，而是把更多交流讨论的机会留给学生，把更多课堂时间让出来，让学生展现自己的学习成果并进行小组汇报，这样才能最大限度把学习的主动权还给学生，真正实现以学生为中心，充分发挥学生在学习中的主体作用。“学生间互相帮助、互相启迪、互相考查、互相影响，让学生在群体互动中实现互助，并学会交往、学会共处、学会自律，培养学生的交流能力、合作能力、自我约束能力和团队意识等现代人的必备素质。”[4]

在教师的指导和引导下，以师生、生生之间的相互促进、相互合作

为基础，以学生的自主学习习惯和学习能力为前提，充分发挥学生的主动性、积极性，这样才能最大限度地提高课堂的效率，促进学生全面发展，从而让学生知识、能力、综合素质得以提升，帮助学生树立团队意识，培养学生团队合作精神，锻炼学生自主合作能力。

（三）高效学习提质量

通过在课堂教学中进行有效小组建设、合作学习，使学生在小组合作中获得感知，增长技能，体验合作学习的愉悦，这有利于学生学会倾听他人的想法，学会与他人共同讨论，学会和他人交流沟通，学会表达自己的观点等，使学生对小组建设、合作学习有更深刻的认识，充分发挥合作学习的优势，促进学生合作意识、交往品质等多方面素质的协调发展。同时对提高课堂教学效率、提升教师自身的素质以及促进学校发展都有很高的意义。

高效学习使学生的主体地位和主体意识得到充分地尊重和肯定，学生的想象力和创造力得到充分地挖掘和发挥，学生的个性特长和学习差异得到充分地关注和满足，学生的有效思维和合作探究得到充分地发展和展现。

（四）愉悦学习增信心

实施小组合作学习，要积极营造有利于学生合作探究的轻松、愉快、接纳的课堂气氛。小组间的成员和睦相处是小组合作的前提和基础，而小组合作的高效运转更离不开彼此之间的相互尊重、相互信任和相互支持。在小组合作学习中，应团结协作，取长补短，达到预定学习目标，从而使学生在愉快的氛围里学习，不断增强自己的学习信心。

在这一过程中，教师与学生一起构建民主、合作的教室文化生态，竭力为学生提供各种便利条件，帮助学生形成良好的学习习惯、掌握学习策略等。教师通过精心设计问题情境，引起学生的深入思考，引导学生质疑、探究、发现，创设能引导学生主动参与的、宽容的教育环境，在这种环境下学习，学生心情愉悦，学习潜力得以最大限度的发挥。

三、小学语文课堂教学实践中的常见误区

当然，在具体的课堂实践中发现以下几个问题，需要教师不断地进行探索与整改：

（一）小组合作探究过程中存在课堂纪律问题。学生们经常会谈论问题和任务以外的话题，甚至出现相互打闹等情况，影响班级秩序和整体的进度，所以小组合作时的纪律要求有待明确和强调。

（二）小组合作中存在小组长组织不到位情况。组长没有发挥好带头和领导作用，出现有个别组员游离于小组讨论之外的情况，也有个别组员没有参与到小组汇报的过程中，处于置身事外的状态，所以小组长的组织和号召能力有待提高。

（三）小组合作中存在老师对小组合作的任务把握不到位的问题。有时候给出的问题太过简单，不需要小组讨论也能完成，有时候给的任务太难，学生不知道从何下手，导致小组讨论无果，反而影响教学的质量，不利于学生能力的提高。

在今后的教学中我将继续不断深入思考与探索，找出更加高效有用的方法，切实落实“自主互助·高效愉悦”学习型课堂，营造良好的学习环境和班级氛围，促进学生不断进步，帮助学生全面发展。

参考文献

[1]李丽.“三三六”自主学习模式在初中数学教学中运用研究[D].四川师范大学，2014.

[2]苗成彦，李伟.提升语文课后作业质量的实践与思考[J].小学语文，2016（7）.

[3]尹志敏.谈初中语文教学中的合作学习[J].中文科技期刊数据库（全文版）教育科学，2016（7）.

[4]金骏.建数学自主学习 助学生互助交流[J].语数外学习：数学教育，2015.

核心素养导向下小学数学自主学习能力的培养

方妍

【摘要】以核心素养为纲的新课标呼唤以核心素养为导向的新教学，学生学习的主战场在课堂，课堂教学是一个双边活动过程，只有营造浓厚的自主学习氛围，唤起学生的主体意识，激起学习需要，学生才能真正去调动自身的学习潜能，进行自主学习，真正成为课堂学习的主人。

【关键词】自主学习；学科素养；小学数学

《义务教育数学课程标准（2022年版）》中明确指出，学生的动手实践、自主探索和合作探究是学习数学的重要方式。这表明，学生不仅需要掌握数学知识，更需要具备独立获取知识的能力和勇于创新的主体意识，以促进自身的主体性发展。这种新型的教育方式以继承为基础，以发展为目的，以培养人才为价值取向，符合时代发展的需求。

一、学生小组合作学习的理论依据

自主学习理论、认知心理学理论和建构主义学习理论也为本课题的研究提供了重要的理论依据和实践指导。这些理论认为，学习是一个主动的过程，学生通过自我激发学习动机、自主选择学习策略、自我监控和自我反思等能力来实现知识的构建和理解。这些理论有助于探索适合小学数学自主学习的有效方式和策略。

二、学生小学自主学习能力培养的有效策略

（一）明确学生自学步骤，引导学生自学意识

这种学习型课堂是以自学为前提进行的，为了让课堂更加高效，通过预习培养学生的自学能力，课前通过“读—划—思—问—答”五个步骤让

学生完成预习任务，尽量让学生发现问题、尽量让学生质疑问题、尽量让学生标新立异。学生带着对该知识的自我认知，到课上先就自学情况进行小组交流，尝试解决更多问题，同时也总结、筛选出共性的经验和问题。在这样的认知前提下，再进行小组互学、共学，形成发现问题、提出问题、分析问题、解决问题的“四能”意识。学生在交流、思辨、总结的过程中，其说理的意识与能力得到锻炼，学习数学的兴趣明显增强，信心逐步得以树立，学生更加喜欢并习惯这种自主学习、质疑反思、交流思辨的学习方式，这时的课堂才是最真实的、学生和老师最需要的课堂。

（二）科学合理分组，助推形成有利组织

这种学习型课堂依赖于小组合作学习的组织形式，首先把班级的小组训练好，课堂的最佳效果才会显现出来。“小组合作学习”目前已经成为新课标理念下的一项重要教学组织形式，但在实践初期，我发现班级内小组合作学习方式的实施还存在着误区。小组合作活动流于形式，缺乏实质的合作，学生不清楚到底要讨论什么、怎么讨论，学生之间缺乏沟通和深层次的交流，表面上“热闹”，实际上“活而无序”。课堂秩序混乱，学生发言七嘴八舌，合作效率低下，结果是优等生的想法代替了小组其他成员的意见和想法，差生成了陪衬。合作时间给予不足，小组合作学习呈现问题后，未留给学生思考时间就宣布“开始”，不到几分钟就叫“停止”。这样的小组合作学习不但达不到目的，而且很容易挫伤学生合作学习的热情，随之的评价体系也没有跟上，小组合作名存实亡。

针对发现的问题，我一周制订一个训练点，专项突破小组合作中的误区，深入小组中手把手教他们如何组织小组成员、如何讨论、如何解决问题。对小组学习进行必要调控，当学生和小组面临问题时，为他们提供有效帮助。同时重视评价，侧重于对小组的整体性评价，激发小组整体学习的积极性，这种小组捆绑式学习，才不会让学习稍弱的同学掉队。

通过一系列改进措施，学生经过训练后，现在在我的课堂教学中，主要的教学特征就是：给学生足够的时间，这时间包括学生的思考时间、讨论时间和深入探究问题的时间。在我的课堂上可以看到更多的是学生正在积极地思考、热烈地讨论，亲自动脑、亲自动手，不等不靠，不会将问题结果完全寄托于老师的传授，而是在积极主动地探索。他们在课堂互相辩证、积极思考、质疑设问，这不正是我们所追求的主动学习、深度学习的样态吗?

（三）抓好互助交流环节，激发愉悦学习感受

在教学中，还要及时捕捉和诱发学生学习中出现的灵感，对于学生别出心裁的想法，违反常规的解答，标新立异的构思，哪怕只有一点点的新意，都应及时给予肯定。学生不会产生挫败感，会带着积极愉悦的感受去学习，大脑会积极运转和思考，会学有所得。同时，数学教学还应当应用数形结合、变换角度、类比形式等方法去启发学生的数学直觉和灵感，促使学生能直接越过逻辑推理而寻找到解决问题的突破口。学生在关键处及易混易错处发生分歧时，敢于花时间让学生争辩交流。

我认为教学任务是否完成不在于课上讲了多少，而要看学生学得如何。只要有利于学生学习积极性的调动和学生发展，固定的课堂教学时间结构可以打破，无须每个环节都要安排。课堂上学生学得活泼、主动，重点思路掌握了，不会的问题解决了，学生对知识探究的欲望逐渐增强，边缘生也受到这种学习热情的感染，也逐渐找到了学习的愉悦感觉，这种学习型课堂的实施使得学生的上课效率有了很大的提高。

（四）分层指导训练，抓好学生的管理与评价

学生的思维水平在不同的年龄阶段是存在差异的，在课堂教学中，在尊重学生主体性的同时，我也考虑到学生之间的个体差异，要因材施教，发掘出每个学生的学习潜能，尽量做到基础分流，弹性管理。著名教育家斯卡纳金说：“如果孩子没有学习愿望的话，我们的一切想法、方案、设想都将化为灰烬，变成木乃伊。”在教学中我采用分类教学，分层指导的方法，尽可能地采用多样化的教学方法和学习指导策略，在教学评价上要承认学生的个体差异，对不同程度、不同性格的学生提出不同的学习要求，使每一位同学都能够稳步地前进。课堂上充分调动他们的学习积极性，并鼓励学生积极大胆地说出自己的想法。

教学中还要注重与学生的交流。“理解”是建立师生情感的纽带与桥梁。特别是对于班内需要被看见，被关注的学生，更需要我们的理解，要以饱满的热情和充沛的精力来感染学生，给他们一张笑脸、一颗诚心、一份真情。当学生取得好成绩、获得成功时，要给以祝贺和鼓励，当学生遇到困难、遭受挫折时，要给以安慰和支持。

三、结语

教学实践证明，学生自主学习的愿望是强烈的，学生主动发展的潜能是巨大的，学生有控制课堂的需求，学生的自主学习能力需要培养与提高。只要教师充分相信学生、尊重学生，调动学生的学习积极性，以教给学生学习方法为重点，以促进学生智能提高为核心，把学生作为课堂的主人、学习的主人，让学生有足够的时间看书、质疑、操作、观察、思考、讨论、练习、评价等，就能逐步提高学生的自身素质，从而为提高数学教学质量奠定良好的基础。

参考文献

[1]余文森.新课标呼唤新教学——新时代教学改革的方向和路径[J].重庆：教师教育学报，2023(02).

[2]范雄.自主互助学习型课堂教学模式的构建与实施[J].文科爱好者，2023(02).

[3]李衡.自主互助学习模式在小学数学课堂中的构建[J].华夏教师，2022(17).

小组合作学习模式在小学数学教学实践中的应用研究

宋捷

【摘要】新课标指出，学生学习应当是一个生动活泼的、主动和富有个性的活动。除接受学习外，动手实践、自主探索与合作交流同样是学习数学的重要方式。小组合作学习模式可以实现学习效率最大化，对于数学不好的学生来说，可以通过这种学习模式更好地实现取长补短。数学学习好的学生，可以帮助数学成绩差的学生，同时也可以分享学习方法，可以更好地实现互帮互助，从而提高数学成绩。

【关键词】小组合作学习；数学教学；应用研究

小组合作作为一种有效的课堂模式，不仅能够让学生从学会到会学，还能够逐渐在课堂上实现自主学习和自主管理。采取小组合作的课堂模式，符合新课标要求，不仅满足学生多元化发展的需要，还能培养学生主动探索、解决问题和敢于质疑的意识与能力。

一、现阶段数学教学中存在的问题

（一）学生方面

本学期教学过程力求在自学的基础上实现课堂自主探索学习，但是学生自学能力参差不齐，导致讨论自学内容时组内无法提出有效问题并讨论。组长在组织小组讨论的过程中，不能协调组员合理分工，不能呈现出完整的讨论成果，无法进行汇报，严重影响小组合作的效率。

（二）教师方面

课堂中需要引发学生思考的问题有时问得浅显直白，学生无须思考便能机械回答“是”“对”“同意”。这些问题缺少思维价值，在课堂上不能指引学生深入探索，导致学生对所学知识似懂非懂。在小组汇报时，急于训练二号或者三号的语言表达能力和思维能力，没有关注到在这个过程中组内其他成员在面对问题时是否拥有主动探究的想法和组内合作的心态，是否有品尝到成功的喜悦。学生的思维与表达差异也变得明显，在课堂上抛出问题后急于得到回应，剥夺了思维本来就慢的同学思考的权力，表达不够清晰完整的同学同样失去了获得别人认可的机会。

二、小组合作学习模式在数学教学中的具体应用

（一）精心设计课堂问题

在课堂上，一连串前后勾连的问题能够让学生一直处于思维灵活、积极猜想、动手实践的探究状态之中。通过精心设计、反复琢磨课堂问题，学生的思维在积极思考问题的过程中得到锻炼。在执教《条形统计图》一课时，我将整个单元内容进行整合，在一节课中用问题串的形式引导学生主动探索，积极思考。问题设计有内在逻辑，由小及大、由浅到深。学习内容虽有难度，但通过合适、简洁明了的问题为学生的探索搭建阶梯，让学生拾级而上，体验获得知识的乐趣。

（二）培养得力的小组长

首先，采取个别指导、班级培训等形式，从理论上对小组长进行一次全面培训，培养他们的组织、安排、协调、归纳能力，明确组内分工，促进小组合作交流的有效进行。

其次，定期在班内开展活动，如讲题比赛、数学故事讲堂、优秀小组和组长的评选等，让孩子们在活动中得到锻炼。

最后，我把自己当作是一名组长，进行示范引领。如在自学环节遇到应付了事的学生时，私下和组长交流，让组长鼓励他认真做一次，并进行多加分的奖励。然后课堂汇报精彩时可以给这个小组双倍加分，组长体会到了成功的喜悦，学习态度也会随之改变。给组长机会，先模仿再探索，提高课堂效率的同时，逐步挖掘学生的长处，培养学生解决问题的能力。

（三）训练自学技能

第一，明确自学目的。通过自学梳理和初探本节课知识，并提出需要研究的问题，通过独立学习基本解决知识目标。

第二，学会自学方法。自学遵循一读课文两遍、二划重点信息、三写关键解答、四问疑难问题的步骤进行。其中的关键步骤一是自问自答，在已经明白的知识、方法等内容的旁边，改写成问题并写出答案。二是系统提问，重点在于我发现了什么？我学会了什么？三是仿写，仿照例题，自己出一个题目，并写在例题旁边。四是写一写书上的练习题。

第三，及时评价和反馈指导。将优秀的自学成果在课堂上进行展示，对学生的自学能力进行阶段性评比和奖励。同时，教师在课堂上及时给予学生适当的指导，帮助学生掌握自学方法，提高自学能力。

（四）把控课堂氛围

课堂教学中不能激发学生的信心，课堂不能让学生满足和愉悦，那么他们将很难爱上学习。[2]完善加分奖励机制，通过给五号、六号多加分激发各组内积极互助的团结氛围，帮助组内五号和六号代表小组进行汇报。但他们汇报时受能力所限，常常表达不够清晰流畅，因此允许这部分学生有重复和改过的时间，允许他们有失误和纠正的机会，使学生感受到处于平等宽容、相互鼓励的课堂环境中才是良好的课堂氛围的体现。

新课程标准也指出："数学教学活动应激发学生兴趣，调动学生积极性，引发学生的数学思考，鼓励学生的创造性思维。"[3]通过小组讨论和汇报，学生交换想法，产生思维的碰撞，就能用不同的角度去观察事物并发现问题，形成独特的见解。利用现有的加分机制，学生会产生表达自己的想法、表现自我的强烈欲望。在这一过程中，学生敢想、敢说、敢问、敢质疑，因自己富有创造性的做法或观点得到他人的认同而产生心理满足感与成就感，在学习互动的过程中学会竞争与合作，增强团队互助合作的精神。

三、结束语

本学期教学过程力求在自学的基础上实现课堂自主探索学习。小组合作学习模式的推进，使得每个孩子都在尽可能地参与课堂，发挥自己的优势，借助汇报的机会去展现自己和锻炼自己。本文借助课堂观察研究发现，在小组合作具体的运用过程中，教师可以从精心设计课堂问题、培养得力的小组长、训练学生的自学技能和关注课堂氛围着手，提升课堂教学质量，培养学生的核心素养。同时，继续深入研究小组合作课堂模式的实施策略，不断完善这一教学模式，为培养具有创新精神和实践能力的人才做出贡献。

参考文献

[1][3]中华人民共和国教育部.义务教育数学课程标准（2022年版）[S].北京：北京师范大学出版社，2022.

[2]郑杰.为了学习的合作[M].武汉：长江文艺出版社，2018.

浅谈新课标下小学语文教学中小组合作学习的策略

张文慧

【摘要】新课程标准中提出“语文课程在推广普及国家通用语言文字、增强凝聚力、筑牢中华民族共同体意识，建立文化自信、培育时代新人，实现中华民族伟大复兴等方面具有不可替代的优势。”语文是小学阶段一门重要的基础课程，解读新课程标准是提高语文教学质量的重要前提和基础，为此教师应当基于新课标的指引对语文教学形式进行大胆创新，尝试以小组合作学习的形式提高语文教学效率。文章简单分析了新课标下小学语文教学中开展小组合作学习的积极作用，提出了小组合作学习的有效组织形式。

【关键词】小学语文；合作学习；新课标

一、新课标理念下小学语文教学策略分析

（一）积极反思教学更新教学理念

反思教师教学能力，加强学习，必须具有精深的学科专业知识、必备的教育教学知识、广博的科学文化知识以及实践性知识。多与优秀的教师进行沟通，结合本班学生的实际情况，设计课堂教学。反思课堂拓展，培养学生的核心素养，仅仅教授课本知识是远远不够的，需要根据教学内容进行适当补充，例如作者生平经历、创作背景、写作风格等，帮助学生加深对于文章的理解。树立终身学习理念，在学中思，在思中学，以教学反思为基础来改进课堂教学。

（二）凸显学生的主体地位，发挥学生的主动性

受传统教育的影响，教师在开展日常教学活动时往往采用灌输式的

课堂教学方式来凸显教师在课堂上的地位，学生长期处于一种被动接受知识的状态中，教师对教学内容毫无创意的照搬，使学生逐渐失去学习语文的兴趣。因此，教师要认真研读课标，准确把握课标精神，精心设计教学内容，凸显学生在课堂上的主体地位，提高学生学习兴趣的同时注重对学生学习能力和思维能力的培养与提高。例如，在学习《乌鸦喝水》这一课时，先让学生进行朗读，并提出“乌鸦是怎么喝到水的？”“你还有别的办法能够帮助乌鸦喝到水吗？”等探究性问题后，将这些问题作为自主学习的目标，深入文本，总结分析。

二、新课标下小学语文教学中开展小组合作学习的有效策略

（一）培养学生自主学习能力

教育工作者们经常在思考：同样的内容为什么有的学生能够理解透彻，而有的学生却一知半解？同样的进度为什么有的学生能迅速掌握，而有的同学却无从下手？关键就在于是否能够进行自主学习。《义务教育语文课程标准（2022年版）》中提到“深入推进自主合作探究式学习，倡导教学方式的变革”[2]，要确保学生的主体地位，鼓励自主阅读、自由表达。自主学习，顾名思义就是学生在学习生活中充分发挥主观能动性的过程。一年级学生培养自主学习能力，首先就要培养预习能力。根据一年级语文的预习要求：一读，二圈，三标，四组，五写，结合任教班级的实际情况，经过每天持续不断的检查、督促，基本上所有的孩子都能够完成预习。在一段时间以后，抽出10分钟的课堂时间，三分之一的同学预习的效果很好，三分之一的学生基本合格，还有一小部分的学生需要借助外界的力量来完成预习。但是经过锻炼许多孩子已经能够在教师没有提出预习要求时，主动预习课文，并且查找有关知识。由此看来，孩子们自主学习的能力是在逐步提升的，切实践行了新课标的要求。

教育家第斯多惠认为：“如果让学生习惯被动接受学习，任何教学方法都不可取，如果激发学生主动性，在探索中掌握学习方法，任何方法都

是可取的。”由此可见，教学中教师的主要职责是引导，课堂主动权应该在学生的手中。课堂中教师需要鼓励学生大胆质疑，平衡以学生为主体的教学方式和课堂教学时间的矛盾，使教学能更好地为学生提高自主学习能力服务。

（二）创设快乐学习情境

《义务教育语文课程标准（2022年版）》中提出“创设真实而富有意义的学习情境”[3]，“情景设计要贴近学生已有的知识经验和认知水平，激发他们的兴趣”[4]，在情境中教，在情境中学。结合一年级上册的课文《雨点儿》，教学设计中充分创设了情境，整个课堂的活跃程度很高。以《小跳蛙》的歌曲导入，引出课题。接着引导学生联系生活中看见的雨景、听到的雨声，贴近学生的认知，整个课堂中边讲解边插入雨的视频、音频，便于想象。最后伴着雨声朗读，进一步感受文章，整堂课都将情境贯彻始终。

创设课文情境不仅能让学生在活跃的氛围中轻松学习，集中注意力，激发学习兴趣，而且利于学生快速走进课文、理解课文，在愉悦中掌握实际有用的知识，服务于解决现实生活中的真实问题，最终达到教学目标。

（三）增进小组合作学习

合作学习是新一轮基础教育改革下倡导的一种全新学习方式，若想实现这一基本理念，就需要构建以合作学习为特征的教学模式。进行小组合作，首先需要科学分组，在组内根据划分的号码布置要求，以强带弱，实现学生之间的优势互补。此外，需要根据不同的任务及时调整人员安排，每隔一段时间交换分工，以此发展学生多方面的能力。在合作过程中教师给出明确的指令，利用任务驱动效率，根据不同小组的特点给予指导，及时表扬、加分，关注孩子们的动态；学生各自完成任务后在台下预演，保证顺畅完成上台汇报。最后要做出合理的评价，可以采用师评和生评相结合的方式及时对小组和个人进行准确评价，促进学生的后续学习。

高效的小组合作除了要解决教师如何教，更要解决学生如何学的问题，只有二者有机结合，才能打造高效课堂。新课标下的小组合作学习是提高小学语文教学质量的重要保障，更是锻炼学生思维能力的必然要求。我们需要积极探索小组合作学习的新形式，在实践中不断进步，提升课堂效率，紧跟新课标的步伐。

三、结语

综上所述，新课标下小学语文教学中实施合作学习活动，这是提高语文教学质量的重要保障，同时也是锻炼学生思维能力的必然要求。作为新时代教育工作者，小学语文教师应当充分学习合作学习活动的组织形式，丰富学生的学习体验。教师应当对学生进行科学的分组，在教育过程中通过创设教学情境，布置学习任务等多种形式引导学生快速进入学习状态，确保合作学习能够成为学生了解和接触语文知识的重要平台。唯有如此，合作学习的教育价值才能得以充分凸显，在不断推动小学语文教学质量提升的过程中，学生的综合素质也能得到有效培养。

参考文献

[1][2][3][4]中华人民共和国教育部.义务教育语文课程标准（2022年版）[S].北京：北京师范大学出版社，2022.

[5]刘建清.注重教学反思，构建优质课堂[J].试题与研究，2019（27）.

[6]曹爱卫.低年级语文这样教[M].上海：上海教育出版社，2018.3.

通过自主互助学习，打造高效课堂

何晴

【摘要】小组互助学习是一种基于合作学习理念的教学模式，旨在通过小组合作的方式，促进学生在互动中共同成长、互相帮助。实践表明，小组互助学习有助于培养学生的团队协作精神，增强他们的沟通技巧，提高学习效果。同时，教师作为引导者和支持者，需要关注学生的个体差异，提供有针对性的指导和反馈，确保每个学生都能在小组互助学习中获得成长。本文就此探究初中数学小组合作学习方略，提出精心营造氛围、基于学生问题的教、创造合作契机、学生的独立思考、补充指导学习等策略，以期使学生能够通过自主互助学习，打造高效课堂。

【关键词】初中数学；小组合作；教学策略；教学实例

一、研究背景

基于《义务教育数学课程标准（2022年版）》开展初中数学教学，应培养学生独立思考的习惯和合作交流的意愿，使学生在与他人合作探究知识和交流解决问题的过程中，养成合作学习的良好习惯，发展学习能力，优化学习效果。[1]学习的主体是学生，学习效率的高低取决于学生是否能够主动学习。只有当老师走进学生的内心，激发学生的学习热情，让学生愿意参与到学习的各个环节，学生才能不断进步。学生只有愿意学，才能学好；学生只有发自内心的认可他的老师，才愿意听老师的课。所以，要想让学生在课堂上高效学习，学生和老师都很重要。

二、教学策略

（一）精心营造氛围

基于数学学科的逻辑严谨性，在初中数学教学中，感到数学学习枯燥的学生不在少数，这也是部分学生即便处于小组合作学习模式，也不能有效提高学习兴趣的根本原因。对于这种情况，教师还需精心营造良好的教学氛围，改变学生对数学的刻板印象。比如，针对一些抽象几何知识，以2023年济南中考第20题为例，本题考查的是实际生活中三角函数的应用，教师可以通过多媒体再现生活中的汽车后备箱起落过程，突出生活与数学的趣味联系；针对一些复杂的代数问题，挖掘其关键信息组织数学游戏，让学生在游戏化的氛围下展开合作交流；针对一些具有特殊历史的数学理论，以八年级上册第一章《勾股定理》为例，国际数学家大会会徽、赵爽弦图、毕达哥拉斯地砖故事都与勾股定理有关，教师将数学文化、数学家故事渗透在教学中，让学生先听历史与名人故事，再展开小组探究。如此，小组合作学习不再是单一的“为了学而学”，而是在一种轻松、活泼、趣味的环境和体验中学，更进一步地调动学生主观合作学习能动性。[1]

（二）基于学生问题的教

教师要让学生发现自己哪里不会，预学单的设计就显得尤为重要。教师应用心制作或搜寻适合学生学情的预学单，当然，拿来主义绝对是不可行的：第一，它不贴合学生的实际学情；第二，它并不完全贴合所在地区的考情。教师应在借鉴的基础上再根据课标要求以及考点设计习题，并将预学单的例题尽可能设计为课本例题，这样既让基础差的学生有获得感，又让程度较好的学生在某个题上稍有卡顿，第二天的课堂教师就可以从问题出发、从卡顿出发。

以北师大版九年级下册第三章第5节《确定圆的条件》为例，学生在预学单后面提出了以下问题：

1.怎么画垂直平分线？

2.尺规作图三点怎么确定一个圆?

3.预学单中某个题怎么做?

于是这节课的设计就从如何画垂直平分线展开。

数学老师要让学生知道并理解公式、定理是如何推导的。如果学生不理解只是死记硬背，那遗忘的速度会非常快。垂直平分线的画法是八年级下册第一章《三角形的证明》所学，而且这个画法在中考的考察中也很常见，学生掌握得不扎实源自不理解推导过程。

课程的设计不仅要让他们说如何画，更应让学生拿出尺规画，留给学生充足的时间去体验这个过程。在《圆》这一章后面有一节课是如何画圆内接正六边形，相信有了这一节课的体验，在画圆内接正六边形时学生一定毫不费工夫。

（三）创造合作契机

小组合作的实施对于基础较差的学生特别有效。老师讲题是一对三十几人，有的班额较大的甚至能达到一对五十几人，学生稍不留神就错过知识点，而小组合作的好处是那些不敢问老师问题的学生在小组中能大胆地向同学提问，这样讲题更有针对性。

在讲一个知识点时（比如二次函数求线段最值），教师可以采取先带学生做一个典型例题，然后找学生上台讲题，讲到卡顿时老师再进行补充，或者由理解力强的学生进行补充，最后让学生独立完成一个题目。这样理解程度快的同学就能把这类题弄懂，就像“让一部分人先富起来，先富带动后富”，这些会的同学再在小组里带领其他学生解题，这样的好处是学生获得了成就感。

小组合作的目的是提高学生参与度，实现高效课堂教学，给不同知识层次的学生提供一个自我展示的平台。在小组合作过程中，教师要扮演好主导、顾问、同伴三种角色。在课堂中，教师要留给学生充足的时间去讨论，去通过小组解决个性化问题，适时倾听、协作、分享学生的合作成果。

甚至在考试前，教师还可以以小组为单位设定分数目标，分为小组目标分数和个人目标分数，对最终小组分数最高的组进行奖励。学生为了实现小组目标分数，会对组员进行分数分配，以小组荣誉调动个人力量。

（四）学生的独立思考

合作中如果缺少了学习者自主探索这一环节，合作也就没有了实际意义。所以，课堂之中的独立思考显得尤为重要。小组合作学习的流程，实际上是学习者之间产生观点交锋、思想碰撞，从而丰富认识，形成新思路，激发思维能力。

（五）补充指导学习

虽然小组合作学习策略主张让学生独立思考、自主探索，减少教师对学生活动的干预，但是在必要时学生还是需要教师的帮助。教师应避免盲目放手，而是应紧扣学生学情，适当补充指导其合作学习。[1]

比如，在学习北师大版七年级下册第一章《整式的乘除》第5节《平方差公式》时，教师在安排学生做相关题目时，有的小组成员对（$2a+5b$）（$-2a-5b$）的计算产生了分歧，有的说能用平方差公式计算，有的则说不能。但是学生在争论的过程中并没有对这道算式利用多项式乘多项式算一遍，此时教师可以引导学生利用多项式乘多项式计算，再对此问题进行思考，而经过点拨的学生能够更加深入地了解可以利用平方差公式计算的式子有什么特点：含有一对相同项，一对互为相反数的项。学生也能够养成深入探究的好习惯，乐于在今后的学习中进行深入思考和质疑。当然，对于学生的质疑，教师也要给予其一定的肯定和鼓励并积极解答，这样每一个小组在合作学习中产生的各种问题就都能够得到解决，从而提高合作学习的效果，对学生学习思维的发展也具有一定的促进作用。[2]

（六）小组再分配

在期末复习阶段，教师们常常有这样的困惑：讲得深了基础较差的学生听不懂，讲得浅了抓不住基础很好的学生。基于以上问题，教师在复习课的设计中可以将班内学生重新分组，学习程度较好的学生一组，剩下较弱的学生再分组，程度较好的学生可以在班内后方寻一个位置研究中高难度的题目，而基础薄弱的学生在教室前面补基础。这样再分组的好处是可以给基础薄弱的学生突破一个个知识点，对程度好的学生偶尔进行点拨，这样两边的学生都能获得自己需要的知识。期末复习阶段的班内分组分层不仅让好学生有机会汲取更高难度知识的养分，也能让基础薄弱的学生打稳根基。

三、结语

数学是学生在初中阶段学习的基础性学科，学好数学是解决现实生活问题的有效工具。小组合作学习模式在初中数学教学中的运用，能够为学生营造出更为积极的学习环境，促使学生在合作互动中产生学习兴趣、拓展数学思维、锻炼合作能力，因此需要教师积极地探索小组合作学习的有效实施策略，发挥出合作学习的优势，促进初中数学教学整体效果的提升。[3]

参考文献

[1]黄富英.运用小组合作学习提升初中数学教学实效[J].学周刊，2023（32）.

[2]沈晓霞.如何运用小组合作学习提升初中生的学习能力[J].数学学习与研究，2023（05）.

[3]周建拥.谈初中数学教学中的小组合作学习.数理天地（初中版）[J].2023（04）.

乐学善思，提质增效

——试析数学教学中小组合作模式的运用

房晴

【摘要】伴随着教育的持续发展与进步，数学教师在进行教学时，不仅要传授给学生们数学学科知识，更要培养学生们的数学思维和对数学知识的应用能力。所以，数学教师在教学过程中，要注重学生的主体地位，充分发挥他们的学习主动性，培养他们良好的数学学习习惯。为使学生们养成自主学习的好习惯，数学教师要采取多种方式来激发他们的学习兴趣。此外，还应为学生们营造一个良好的自主学习氛围。学生自主学习能力的提高必然带来课堂效率的提升，进而实现“自主互助·高效愉悦”的学习型课堂。在此基础上，本论文对小组合作学习在数学教学中的运用作了简单的分析。

【关键词】小组合作学习；数学；应用；高效

学校自开展小组合作学习以来取得了很多成绩，让我感受颇深。在践行“自主互助·高效愉悦”的学习型课堂中，小组合作全面推进，在数学教学中起到了至关重要的作用。小组合作学习是一种以学生为主体的学习小组共同完成学习任务的方法。在这样的学习过程中，学生可以进行独立思考、自主探究、合作与交流，进而在互相交流的过程中进行头脑风暴，让他们的思维与想法相互碰撞，从而找到解决问题的最佳途径。这种学习方式可以提高学生的学习效率和教师的教学质量。所以，数学教师在教学生的时候，为了保证学生在数学课上的主体性，可以在数学课上让学生以小组合作的形式进行学习，以此培养学生敢于探索，乐于交流，善于合作的自主性学习能力，使学生在学习相关的数学知识点时，可以相互交流和总结学习数学知识的最好方式，从而达到“学以致用”的目的。

一、合理划分小组成员，提高小组合作学习的质量

为了有效地提高小组合作学习模式在数学课堂教学中的应用效果，数学教师首先应该对小组成员进行科学、合理地划分。但以往的小组成员分配的过程中，教师往往以学生的学习成绩作为主要的参考目标，这样的分配方式或多或少存在着一些不足，进而不利于达到良好的小组合作学习效果。因此，为了有效地避免这一情况的出现，教师在进行小组成员的划分时，要充分考虑学生的具体学情，例如，数学基础、自主学习能力、性格特点……再根据学生不同的情况来对他们进行合理分配，使他们能够通过小组合作学习的方式互相弥补自己的不足，进而有效地提升自己的学习能力。

首先，教师要确定每个学习小组的具体人数，防止小组人数过多造成学生主动参与小组讨论的积极性不高，或者小组人数过少造成学生的讨论内容过于局限，组内学生得不到发展与提高。一般情况下，每个学习小组由4~6人组成，这样的组成方式有利于小组中的每一位成员都有足够的时间与机会去表达自己的想法。其次，教师还要根据学生不同的能力来对他们进行合理搭配。比如，小组中不仅需要有学习能力较强的学生，还需要有学习能力较弱的学生，这样他们在讨论的过程中，学习能力较强的学生能够带动学习能力较弱的学生进行讨论与学习。另外，小组内还需要同时具备性格内向以及性格外向的学生，性格外向的学生能够保证小组讨论活动的顺利开展以及在小组讨论的过程中引导性格内向的学生加入讨论，从而使小组成员做到各司其职。在保证小组成员合理分配的前提下，教师还要使各个学习小组呈现出“组间同质、组内异质”的特点，进而能够充分地发挥小组内合作学习的高效性以及小组间竞争学习的优势，从而有效促进学生学习能力的发展与提升。

二、教师发挥引导作用，确保小组合作交流的顺利开展

数学教学中的小组合作学习模式虽然是以学生为主体，但是基于我校学情，部分学生数学基础较为薄弱，学习能力以及语言表达能力等较为欠缺。因此他们在小组合作学习的过程中或多或少会遇到一些困难，从而很难独立完成所有数学知识内容的学习以及难以顺利进行小组合作交流学习。这时，教师就要充分发挥自身在数学课堂中的引导作用。例如，在学生进行小组合作交流的过程中，教师要引导学生进行小组内的互动交流，并帮助学生明确学习的任务与目标。因此，教师在布置相应的小组合作学习任务时，要充分结合自己的教学内容，在学生遇到学习瓶颈时，引导学生积极探索有效的解决办法。不仅如此，学生在进行小组合作学习的过程中产生意见分歧与交流矛盾是不可避免的，教师要及时发现问题并解决矛盾，在学生进行小组合作学习的过程中培养他们的团结合作意识，以期达到良好的合作学习效果。教师在学生进行小组合作学习的过程中，给予他们一些正确的指导与帮助，不仅能够增强学生小组合作交流的流畅性，进而使他们的学习效率与学习质量得到提升，还能够让数学教师在课堂教学的过程中有效地把握节奏，并在与学生的交流过程中进一步拉近师生之间的关系，改变传统教学模式下学生与教师之间缺乏有效的沟通与交流，师生关系疏远的不良状况。

三、开展问题探究式的小组合作学习，引导学生进行独立思考

问题探究式的小组合作学习模式能够通过提问的方式，引导学生进行独立思考、自主探索以及小组之间进行合作交流，从而有效确保学生在数学课堂中的主体地位，革除传统教学模式中学生们被动学习的弊端。因此，教师在教学的过程中，可以为学生创设问题探究式的小组合作学习情境，让他们对具体的问题进行自主探索，并且能够和小组内的成员一起交流讨论，同学之间互相学习，进而找出解决问题的最佳办法。

例如，在数学八年级上册《勾股定理》教学中，教师可以给学生创设

问题探究式的小组合作学习情境。教师抛出实际问题：某楼房三楼失火，消防员赶来救火，了解到每层楼高3米，消防员取来6.5米长的云梯，如果梯子的底部离墙基的距离是2.5米，请问消防员能否进入三楼灭火？让学生组成各个学习小组，与组内成员进行交流讨论，通过将实际问题转化成数学问题，进而找出相应的解决办法。学生在这样的学习过程中，能够针对具体的问题进行独立思考、自主探究以及合作学习，进而使他们的逻辑性思维、自主学习能力以及语言表达能力得到发展与提升。

四、结语

综上所述，小组合作学习模式能够帮助学生们在学习的过程中充分发挥他们的主体作用，在培养他们自主学习能力的同时，还激发了他们的团结协作意识、集体意识以及竞争意识，进而有效地提高他们的学习成效。小组合作学习推进了自主互助学习型课堂教学模式，给我们的教学带来了新的理念，因此，数学教师在教学的过程中可以运用小组合作学习教学模式，以此来提高自己的教学质量与教学效率，进而打造“自主互助·高效愉悦”学习型课堂，为学生的发展打下更好的基础。

参考文献

[1]许文渊.基于核心素养的小学数学说理课堂构建研究[J].西部素质教育，2022，8（09）.

[2]汪颜青.以核心问题引领小学数学对话教学的理性追求[J].亚太教育，2022（09）.

[3]卓素娥.深度学习视野下小学数学单元整体设计维度与注意问题[J].亚太教育，2022（09）.

[4]刘义艳.“教学做合一”理念下的小学数学解决问题的策略探讨[J].科学咨询，2022（04）.

“自主互助·高效愉悦”的初中语文学习型课堂初探

单梦帆

【摘要】随着课程改革的推进，树立“以人为本，全面发展”的现代教育思想，切实转变教师的教学行为，确立学生的主体地位，实现学生学习方式的变革，是现代教育的必经之路。作为一名初中语文教师，笔者也在积极探索“自主互助·高效愉悦”学习型课堂。在课程改革和信息技术的引领下，积极推进基于教学改革、融合信息技术的新型教与学模式，以期提高教育教学质量，促进学生全面发展。本文中笔者将从文本研究、学生主体、信息技术等方面对“自主互助·高效愉悦”学习型课堂进行探索。

【关键词】自主学习；小组合作；精准高效；愉悦学习

在新课程改革的背景下，注重学生的主体地位、注重人性回归已经是一种主流。作为初中语文的授课者与指引者，初中语文老师必须转变传统陈旧理念，思考并运用新的方法创新教育教学，提高语文教学质量。时代的发展带动了教育的改革和创新，如何深入文本研究、把信息技术运用到语文教学中，是我们语文教师应该不断思考和探索的。

一、加强文本研究，体现学生自主学习

（一）讲读课文和自读课文区分教

《义务教育语文课程标准（2022年版）》作为我国教育体制改革的基础性文件，将初中教材中的文本分成讲读课文和自读课文两类。所谓讲读课文，即需要教师带领学生深入文本，仔细推敲；所谓自读课文，即在老师的引导下学生自主阅读、自主学习。很多语文教师基于传统的教学观

念，担心学生不会自学，不能全面掌握知识点，就大包大揽，将自读课文变成了讲读课文。这样一来消耗了太多的课堂教学时间，同时也让学生养成了依赖、懒惰、不动脑思考等不良的学习习惯。

新课改后，我努力改变这种现状，让学生自己动脑动手学习。课前设置预习任务单和拓展资料，学生自主完成，课上进行合作讨论，解决疑难，多制造让学生发言的机会，让学生在交流谈论中提高表达能力和学习积极性。除了培养学生主动学习的能力，在课文讲解和习题布置上，根据语文学科自身的特点，精讲精练，扩大阅读量，提高学生的阅读理解能力。

（二）预习课和复习课均重视

在新课改课堂教学中，教师只是教学的组织者、指导者，学生才是学习的主人。在进行备课时，要基于学生的感受和疑问进行教学设计。所以，教师不仅仅要上好新授课，还要注重预习课和复习课的设计与教学。教师首先认真研读课程标准和教材，形成初步的教学设计。其次，认真批阅预习单，特别注意学生的感受和疑问，站在学生的角度上设计教学，真正做到使课堂服务于学生。在课件的设计中，可以将学生的问题截取出来进行展示，提高学生问问题的热情，使学生对课堂探究的问题更感兴趣。课下精心设计课后检测单，有必要可设计专题复习课，使学生形成系统化、整体化的知识体系。

二、小组合作，激发学生学习积极性

（一）真正把学生作为课堂的主体

学生是学习的主体，课堂则是每个学生充分展示自己的一个平台。老师在课堂上要大胆放手，耐心指导。充分发挥小组合作的功能，培养学生的合作能力、组织能力和上台展示能力。在展示环节中，固然有表现得非常到位的，也有表现较为欠缺的。但即使是展示不好的学生，也要静静地等待他们展示完，绝不要中途打断他们。一旦被否定，他们的信心将倍受打击，其他的后进生也会因此产生恐惧的心理。只要耐心指导，放手让学

生一次又一次地去尝试，去探索，去总结，不用着急教学内容是否能及时完成，不必担心教学质量暂时是否受到影响，只要让所有的学生真正成为课堂的主人，成功便指日可待。对于学生的发言展示，多奖励少批评。在教学中，充分关注学生情感态度变化，采取积极的态度，尽可能运用激励性的语言。如“说得真棒！”“回答得特别好！”，让学生在合作分享中体验成功，增强自信心。

（二）在多元评价中提高学生学习积极性

教育评价是教育改革和发展的“调控器”，“有什么样的评价就有什么样的教育”。因此，老师们转变了评价观念，树立发展性评价的理念，不断发现学生的进步，看到学生的发展，着眼于学生的未来，并鼓励学生进行自我评价和小组互评，让学生成为评价的主体，使评价成为学生发展的自我需求。

我们在课堂教学上大力推行即时评价，运用小组加分机制，小组加分公开透明，大大提高学生的学习热情。每周评选优秀小组，既提高了小组凝聚力，也使学生获得荣誉感。

转变了评价机制，学生在课堂上踊跃发言，在课外小组成员之间互相监督、互相帮助，提高学习积极性。学生在学校和老师的评价中获得了自信，发现了自己的优点，发展了自己的特长。

三、融合信息技术，促进精准高效学习

（一）拓展学习资源，创造多元化学习环境

传统的课堂教学大多采用老师单向知识讲授，学生在课堂上仅仅是被动地接受教育。我校为了改变这种传统的教学模式，积极探索融合信息技术的新型教学课堂，为教师和学生开通“智慧课堂”端口，教室多媒体、教师网络、学生平板三方连接，为学生提供多种学习资源，极大优化了学习环境，提高课堂的广度和深度。

借助信息化技术，教师可以创造多元化的学习环境，利用网络资源为

学生提供更为广泛的知识内容，增强了课堂的趣味性和与学生之间的互动性。例如，课前通过智慧课堂推送与本节课相关的课程资料和微课视频，学生进行自主预习，老师通过智学网了解学情，基于学生疑问进行教学设计。课中，老师在讲解重要知识点时，适时通过班级空间上传资料链接，引导学生及时迁移运用，举一反三。课后，拓展相关学习资源，拓宽学生知识维度。

（二）精准分析数据，打造个性化高效教育空间

在教育信息化技术支持下，学习内容与教学方式都得到了一定的改善。教育信息化技术也为学生打造更加精确、个性化的学习空间。

当学生完成相应的学习任务后，系统会根据学生的学习情况，形成每位学生的资料库，为之提供相应的学习支持和资源。这不仅可以提供更为透彻、全面的知识内容，也可以进一步激发学生的学习热情和学习兴趣。同时，根据学生个性化的学习需求，以及其自身不同层面和阶段的学习能力，教师还可以根据学生的特点给予个性化的指导和教育，以期最大限度地帮助学生完成学习目标。

例如，为了了解学生知识的掌握程度，老师可以通过班级课堂当堂发布习题，学生做完检测后提交智学网，系统能自动显示每位同学的答题情况和每道题目的得分率，老师可以清晰看到学生的知识薄弱点，根据数据精准讲解，极大地提高了学习效率。

四、创新教学方式，促进学生愉悦学习

在教育信息化技术支持下，教育和教学方法也随之变得更加灵活和多样化，在传统教学中难以做到的操作和活动，现在已经可以通过多种形式灵活运用来完成，使得教育教学质量愈加提高。

例如，利用多媒体，教师可以将图片、动画、声音等元素融合到课堂教学中，这不仅能够更加生动地呈现知识内容，而且还能给学生更加深刻的印象，有效引起学生的兴趣和注意力，提高了教学效果。

老师通过智慧课堂中的“随机抽选”“课堂游戏”“小组合作”等功能与学生互动，增强了课堂趣味性。学生作业提交至老师布置的班级链接，优秀作业班级共享，学生既可以通过班级空间互相学习、互相启发、互相交流，还能在愉悦的学习环境中进行学习活动，提高了学生的学习动力和学习主动性。

五、结语

在新课程改革的大背景下，语文教学更加注重人文性、学生的主体性，语文教师只有更新教育观念，提高自己的教学能力，让课堂“自主互助·高效愉悦”发生，才能跟上时代的步伐。虽然在探索前进的路途中会遇到一些困难和疑惑，但我相信，在新型的教与学的模式和观念下，只要我们一步一个脚印，踏实努力，勇于创新，把握信息化教育所带来的机遇和挑战，就一定可以在课程改革的道路上收获更加丰硕的果实，为我国的教育事业创造新的天地。

参考文献

[1]温儒敏.坚持立德树人，立足核心素养——用好统编本语文教材的两个前提[J].语文建设，2019（14）.

[2]董洪亮.义务教育课程实施：基础与挑战[J].江苏教育，2022（49）.

[3]佚名.教育评价改革，引导教师更好地履行教书育人职责[J].河南教育（教师教育），2021（04）.

[4]何文菲.落实“双减”要力促教学评一致[J].人民教育，2022（6）.

教有所思，行之有向

——“自主互助·高效愉悦”学习型课堂建设

邱丙杰

【摘要】本文探讨了“自主互助·高效愉悦”学习型课堂建设，以培养学生成为乐学善学者、责任担当者、问题解决者、健康生活者。通过创造积极的学习氛围、培养自主学习能力、促进小组合作学习和加强课堂互动，来构建高效的数学课堂，使得学生在学习中不仅提高能力还能收获幸福感。

【关键词】自主互助；高效愉悦；学习型课堂

一、引言

建构主义学习理论认为，学习是一个积极主动的建构过程，学习者在一定的情境下，通过与他人的互动和协作，主动地建构知识和意义[1]。合作学习理论强调，学习者通过与他人合作，共同完成学习任务，可以提高学习效率，增强学习动机，培养合作精神和社交技能[2]。自主学习理论主张，学习者应该具备自主学习的能力和意识，能够自我管理学习过程，选择学习内容和方法，评估学习效果[3]。在这些理论的支持下，建设自主互助、高效愉悦的学习型课堂是培养学生成为乐学善学者、责任担当者、问题解决者、健康生活者的重要途径。传统的数学课堂教学往往存在着被动学习、缺乏互动和效率低下的问题。为了改变这种状况，我们需要构建一种积极、自主、合作的学习环境，激发学生的学习兴趣和潜能，让学生在学习中更加积极主动地参与，提高学习效果，收获快乐与幸福。

二、“自主互助·高效愉悦”学习型课堂建设的意义

建设“自主互助·高效愉悦”学习型课堂能够改善传统的教育生态，从多方面助力人才培养，践行“立德树人”的教育任务。首先，能够提高学生的学习动力和自主性。这样的学习型课堂能够激发学生的学习兴趣和内在动机，使他们更积极主动地参与学习过程。学生能够自主选择学习内容、方法和节奏，增强了学习的自主性和责任感。其次，能够培养学生的合作能力和团队精神。通过小组合作学习，学生学会了与他人合作、分享和交流，培养了团队合作能力和领导才能。这种合作精神不仅在课堂上有益，也对他们未来的职业发展和社会交往有着积极的影响。再次，提升学生的学习效果和效率。课堂时间有限，学生精力有限，学习型课堂能够提高学生的学习效果和效率。通过精心设计的教学活动和合理利用教学资源，学生能够更快速地掌握知识和技能，提高学习成绩。最后，促进学生的全面发展和个性成长。“自主互助·高效愉悦”学习型课堂注重培养学生的多元智能和综合素质，不仅关注学术成绩，还包括思维能力、创新能力、情感态度等方面的发展。学生能够在一个愉悦的学习环境中展现自己的个性和特长。

三、“自主互助·高效愉悦”学习型课堂建设的策略

（一）创造积极的学习氛围

教师要营造一个积极、开放、安全的学习环境，鼓励学生提出问题、分享观点，激发学生的学习热情和兴趣。在“自主互助·高效愉悦”学习型课堂中，学生可以在课前、课中提出自己的疑问，可以小组合作讨论交流解决自己的疑问，老师尊重学生的每一个问题，并会针对学生的问题来进行课堂实施，学生在课堂中得到极大的尊重。同时，学生之间的学习氛围也是积极的，学生有上台展示的机会。当学生上台展示时，坐在台下的学生会积极给予展示者反馈，也可以随时站起来提出疑问，这样就不再是一个人的表演，而是所有学生的“你来我往”。

（二）培养自主学习能力

学生的自主学习能力决定着学生的终身学习能力。教师要引导学生学会自主学习，培养他们在制订学习计划、管理时间、选择学习资源等方面的能力，让学生成为主动学习者。培养学生的自主学习能力，我们重视课本的自学，同时，在课本的基础上，我们还设置了自学单。学生不仅要提前自学课本，还要完成自学单，通过自学单上的题目来检验自学的效果。自学单也能帮助老师了解学生哪些知识点通过自学掌握较好，哪些知识点需要重点讲解。在自学单的加持下，学生自学的思维量增加，学生自学更易评价，学生自学能力逐步提高。

（三）促进小组合作学习

小组合作学习是一种高效的教学方法，它可以促进学生之间的合作与交流，提高学生的学习效果和能力。通过小组活动、合作项目等方式，促进学生之间的合作学习，培养他们的沟通、协作和解决问题的能力[4]。首先，教师要依据学生的能力进行合理分组，一般是4~6人为一小组，组间水平是相当的。在小组合作时，要鼓励每个学生积极参与小组活动，发挥自己的优势，尤其注重组内学困生的贡献，给予学困生更多的表现机会，让他们为小组做出贡献。最重要的是，评价小组合作效果，及时进行激励反馈。在小组合作后，会依据小组和表现给小组进行加分奖励，让小组合作获得成就感。

（四）加强课堂互动

采用多样化的教学方法，如讨论、问答、案例分析等，加强师生之间、生生之间的互动，提高学生的参与度和思维活跃度。在数学课堂中，尤其重视提问，力求以问代讲，通过提问让学生参与到课堂中，加强师生之间互动。在学生上台讲题时，我们也采用提问的方式，“小老师”也要对学生进行提问，来实现生生之间的互动。师生互动与生生互动的实现使得整个课堂活了起来，让学生成为课堂真正的主人。

四、总结

建设“自主互助·高效愉悦”学习型课堂是培养学生数学核心素养、发展学生思维、提高学生能力的有效途径。通过创造积极的学习氛围、培养自主学习能力、促进小组合作学习和加强课堂互动，能够激发学生的学习兴趣和潜能，提高他们的学习效果和综合素质。这样的课堂是高效的课堂，学生能够利用最少的时间来提升自己多方面的能力，同时收获成就感和喜悦，从而使学生成为乐学善学者、责任担当者、问题解决者、健康生活者。

参考文献

[1]温彭年，贾国英.建构主义理论与教学改革——建构主义学习理论综述[J].教育理论与实践，2002（05）.

[2]王坦.论合作学习的基本理念[J].教育研究，2002（02）.

[3]周炎根，桑青松.国内外自主学习理论研究综述[J].安徽教育学院学报，2007（01）.

[4]张伟刚，孙文建.小组合作学习模式在初中数学教学中的应用[J].才智，2015（02）.

建设“自主互助·高效愉悦”学习型课堂

王萌

【摘要】本文基于“自主互助·高效愉悦”的学习型课堂建设，从课前的自学到课堂组内互学，让互助真正发挥；基于问题精准教，课堂讨论自动化，让效率真正提高；以问促学，从思维的引导到方法的指导，让思维真正发展；从问题提出到问题解决，使得学生不断获得成功体验的愉悦。

【关键词】自主互助；精准教；以问促学；高效愉悦；学习型课堂

一、引言

随着教育改革的深入推进，课堂教育模式的转变已成为必然趋势。“自主互助·高效愉悦”学习型课堂作为一种新型的教育理念，正逐渐被广大教育工作者所关注和实践。这种课堂模式强调学生的自主学习、合作学习，以及高效率、愉悦的学习氛围，旨在培养学生的综合素质和终身学习的能力。本文将就“自主互助·高效愉悦”学习型课堂的内涵、实施策略、实践效果等方面进行探讨。

二、“自主互助·高效愉悦”学习型课堂的内涵

“自主互助·高效愉悦”学习型课堂是一种以学生为中心，注重学生自主学习、合作学习和创新能力培养的新型教育模式。在这种模式下，学生不再是被动接受知识的对象，而是学习过程中的主体，通过自主探究、合作学习的方式，主动获取知识，发展能力。教师则扮演引导者和促进者的角色，帮助学生建立正确的学习方法，激发学生的学习兴趣和创造力。

三、实施策略

（一）创新教学方式

“自主互助·高效愉悦”学习型课堂需要教师创新教学方式，采用启发式、探究式、讨论式等教学方法，引导学生主动参与学习过程。同时，教师应积极利用多媒体教学、网络教学等信息技术手段，提高教学效率。

1.自主预习，让学习真正发生

学生的自主学习能力是培养学生终身学习能力的关键，对于数学学科来说，自学尤为重要。许多学生在课堂上跟不上、听不懂的很大原因来自没有提前进行预习。基于此，我们设计了预学单，让学生在课前提前进行自主学习和预习。对于预学单的使用，我从一开始的“有时用，有时不用”到现在的“天天用”，尝到了甜头。此外，预学单中我们都有设计让学生基于自学进行提问，从一开始学生只是单纯的提问题到现在学生学会提出有价值的问题，培养了学生的问题提出能力。

2.自学交流，让互助真正开展

互助学习是指学生在小组或团队中通过分工合作、互相帮助、共同进步等方式，完成学习任务的过程，小组合作是合作学习模式最直观的展现形式。小组合作是一种能够为每一位学生展现自我、提高能力的舞台，每一位学生都能够在小组合作中找到自己的定位，并能在小组的互帮互助中得到一定的发展。

在教学中，注重发挥小组合作的力量：学生先在小组中分享交流自己的学习成果并提出自己的疑问，将小组内解决不了的问题写在板贴上并张贴，小组上台汇报学习成果以及提出自己的问题，台下的同学进行解答。在这样一种交流的过程中，学生互相帮助解答疑问，提升课堂教学效率。在教学中，我给学生的小组讨论留有充足的时间，让他们能够进行充分讨论，在汇报的过程中对于小组自主评价加分，强化学生的小组意识，小组捆绑加分，制订小组目标，给予能完成的小组极大奖励，由此提高学生小组合作的热情与效率。

课堂第一个环节就是自学交流。前一天学生已经自学了这部分知识并做了相应的习题。课上给学生留出充足的时间在小组内互相交流学习，每位组员自由发言，交流自学收获及遇到的问题，会的同学帮助不会的同学。小组内互学助学，在单位时间内绝大部分学生都可以参与到学习中，大大提高学习效率。

3.基于问题精准教，让效率真正提高

简单基础的题目在小组互助学习下就可以解决，疑难问题或小组内不能达成共识的疑惑点记录在板贴上，留待全班交流。把问题记录在板贴上的另一个好处就是可以用空间换时间，同时呈现所有问题，将学生的思维疑惑外显化，可以帮助教师准确把握学情，达到以学定教的目的。基于问题的精准教学，也是高效课堂的重要体现，课堂讨论自动化解决问题可以节省出更多时间来完成更多任务。

4.以问促学，让思维真正发展

课堂第二个环节是根据自学交流中小组提出的疑难问题，教师选择有价值的问题，有条理地组织学生进行小组交流。在小组汇报中，首先提出问题，全班学生之间互动补充并质疑。课堂中始终坚持“以学生为主体，以问题推进教学”，学生提问时，部分学生扮演“小老师”解答，教师扮演倾听者，不插话，学生之间交流时，坚持先“生”后“已”，不越位；只在学生困惑时、争执时给予帮助，适当地、合理地进行点拨和引导，不断将思维引向深处。

会提问是学生思维发展的重要体现，学生从一开始的不会提问到现在的深度提问，都在一点点发生变化。一个好的问题往往比答案更重要，它代表了思维的起点，是创新的源泉。在小组合作中，学生通过共同探讨问题，可以激发彼此的思维，深化对知识的理解。同时，问题的提出还能促进团队的协作，提高团队的沟通效率。教师可以在课堂上引导学生观察、思考，鼓励他们提出自己的疑问。刚开始，通过模拟真实场景，让学生在实际操作中发现问题，激发他们的求知欲。鼓励学生挑战权威，不盲目接受知识，让他们明白，提出问题是一种重要的学习策略。在小组合作中，鼓励学生之间进行充分交流与协商，共同探讨问题的解决方法。为了鼓励学生提出有价值的问题，我们班建立了一套合理的评价体系。这个体系包括问题的创新性、实用性以及团队的合作程度等多个方面。通过这样的评价，激励了学生更加积极地参与到问题的提出和解决中来。学生在交流、思辨、总结的过程中，其说理的意识与能力得到锻炼，学习数学的兴趣明显增强，信心逐步得以树立，学生更加喜欢并习惯这种自主学习、质疑反思、交流思辨的学习方式，其表达也逐步从单一描述向理性说理发展，思维更加理性、科学。

（二）构建和谐师生关系

良好的师生关系是实现“自主互助·高效愉悦”学习型课堂的重要保障。教师应尊重学生个性差异，关注学生学习需求，营造宽松、民主、平等的学习氛围。

（三）多元评价机制

“自主互助·高效愉悦”学习型课堂需要建立多元评价机制，注重学生学习过程和情感态度的评价，采用多种评价方式，如自我评价、小组评价、教师评价等，以全面了解学生的学习情况和发展状况。

四、实践效果

“自主互助·高效愉悦”学习型课堂在实践中取得了显著的效果。首先，学生的自主学习能力和合作精神得到了提高，学生在学习过程中学会了发现问题、分析问题和解决问题的方法。其次，学生的学习兴趣和自信心得到了增强，学生在学习过程中体验到了成功的喜悦和自我实现的满足感。最后，教师的教学水平和专业素养得到了提升，教师在实践中不断反思和总结教学经验，提高教学能力和教育质量。

五、结语

总之，基于“自主互助·高效愉悦”学习型课堂建设，从课前的自学到课堂组内互学，让互助真正发挥；基于问题精准教，课堂讨论自动化，让效率真正提高；以问促学，从思维的引导到方法的指导，让思维真正发展；从问题提出到问题解决，使得学生不断获得成功体验的愉悦。这种课堂模式的推广和应用将有助于提高教育质量和培养更多优秀人才，是适应时代发展需求的教育模式。通过创新教学方式、构建和谐师生关系、多元评价机制等实施策略，可以实现学生的自主学习和合作探究，培养学生的综合素质和终身学习的能力。

参考文献

[1]范雄.自主互助学习型课堂教学模式的构建与实施[J].文科爱好者，2023（02）.

[2]沈晓霞.如何运用小组合作学习提升初中生的学习能力[J].数学学习与研究，2023（05）.

新课改背景下初中数学自主互助课堂建设探究

刘云英

【摘要】随着新课程改革进程的推进，课堂模式革新如火如荼地进行着。相较于传统教学模式而言，涌现出的新的课堂模式为教学注入了生机，激发了课堂活力。这些课堂模式尽管形式上各有春秋，但是根本上却都是围绕着“学生”这个主题展开的。本文章致力于在新课改背景下，构建“自主互助，高效愉悦”学习型数学课堂，旨在进一步开发学生潜力，激发学生学习兴趣，提高教育教学效率。

【关键词】初中数学；自主互助；课堂建设

近年来，随着我国教师学者对教育改革的深入研究，推出了很多教学模式，比如：慕课，微课教学模式，分层—合作教学模式，自主互助教学模式等等。其中推广范围比较广，使用情况比较多的就是自主互助教学模式，这种教学模式顾名思义就是以学生自主学习和同学之间的合作交流为课堂主体环节，老师走下讲台只是充当引导者的角色，真正将课堂交给学生。这样的教学模式不仅让课堂氛围异常活跃，学生学习积极性高，还能保证知识学习的效率，是构建“自主互助·高效愉悦”学习型课堂的有效途径。下面将从多方面讨论初中数学自主互助课堂的建设。

一、自主互助课堂建设的内涵

自主互助课堂不同于传统的填鸭式教育，这种教学模式主要包括以下几个模块：学生自主学习、小组合作探究、师生共同探讨、归纳知识脉络和老师系统评价等。在初中数学课堂中运用自主互助课堂模式有助于培养学生的数学核心素养，锻炼学生的自主学习和合作学习的能力。而对于老师而言也将是一种挑战，由于是近乎全开放状态的课堂模式，所以学生在学习过程中可能会产生许多课本上没有标注的疑问，这就需要老师对课堂有充分的预设，扮演好点拨者的角色。

二、自主互助课堂与初中数学教学的有机结合

初中数学主要培养的素养有数学抽象、逻辑推理、数学建模、数学运算、直观想象、数据分析六个方面。不同于小学阶段的图文并茂，初中课本内容相对枯燥晦涩，所以将学生从枯燥乏味的知识中拯救出来是初中数学需要长期面临的课题。可以从以下几个方面着手准备：

（一）课前预习，有的放矢

提高学习效率的前提一定是在上课之前就明确本节课的任务，只有带着问题去学习才能事半功倍。在提前预习时需要完成简单数学概念的认知与区分，并且记录自己的疑问点。比如在学习《简单随机抽样》这一节课的时候，其中有很多小的概念需要同学们仔细区分，如果没能提前明确本节课重难点和易错点，在学习过程中一定会不断出错。而提前预习则可以避免这种情况。

（二）课堂学习，集思广益

在有了课前预习的准备之后，老师可以在开始上课时便抛出一些问题，这些问题的设置一定是涵盖了本节课的重难点以及易错点，以及学生自主学习单中具有代表性的疑问，而学生们需要做的就是通过本节课的学习将这些问题解决，通过小组讨论，组间竞争的方式激发学生的胜负欲与集体荣誉感，从而提高学习效率。

（三）课堂评价，融会贯通

一堂好课一定是需要评价量化的，而且评价的方式也应该是多样化的。我们在上课的时候就采取“无积分不课堂”的评价理念，并且在评价过程中，通过不同学生对于知识内容的理解以及掌握情况，因材施教，多维度深层次地去评价学生，合理的评价会二次激发学生对于学习的渴求。

（四）教师归纳，提炼精华

由于自主互助课堂的包容性大，所以课堂上一定会有与教学知识无关的内容或者关联度极低的内容，对于这部分内容教师应该去引导学生转变思路，回归正题，一定不要急于否定学生，那样就背离了这种课堂的初衷。但是，课堂最后一定要由老师与学生一起回顾归纳本节课内容，将主题升华，才算是完整的课堂。

三、自主互助课堂模式优势

自主互助课堂模式的优势一定是有利于学生发展以及教师教学的。一堂畅所欲言的课，必定会使学生对知识记忆更加深刻，也能避免传统课堂上老师讲得天花乱坠，学生在底下昏昏欲睡的情况。同时，对于一些艰深的知识点，依靠个人理解是有难度的，而通过小组合作探究的形式可以进行头脑风暴，集思广益，分享好的想法和思路。而且在小组合作的过程中，所有同学都能够尝到成功的喜悦，增进良好的人际关系。在小组汇报和评价时，也会增进同学们的合作意识和竞争意识。当然自主互助课堂模式的优势不止于此，通常一节课的时间是四十到四十五分钟，在这有限的时间内，它能够让绝大多数学生都参与讨论并且认真学习。每个学生的基础不同，学习能力也不一样，但是这样的教学模式有利于所有学生的提升，让每个学生在有限的时间内都学到自己能够学到的知识，同组学生积极帮助快要掉队的学生，让每个学生都有所提升，有效提高课堂效率。

四、自主互助课堂模式下师生角色扮演

在自主互助课堂模式下，师生角色都发生了微妙的变化，而这样的变化也需要老师和学生转变思想，重新适应新角色。对于老师而言，老师的职责从原来教学生“学什么”变成了现在的教学生“怎么学”，为了课堂教学的顺利开展需要老师完成以下任务：提前发布预习任务，课上引导学生讨论，下课前归纳重点，课后反思教学，改善教学环节。在这种课堂模式中，学生看似轻松了许多，实则不然，对比传统课堂来说，之前学生只

需要昂头听讲，其他的不需要多加考虑。而自主互助课堂中，由于少了老师系统细致的讲解，知识脉络可能会比较混乱，这就需要学生课前提前预习，课上认真思考讨论，课后练习巩固。新的课堂模式建设必然会有新的挑战，但是新的挑战下，也蕴含着新的机遇，只有师生共同发力才能完成新的课堂建设。

五、结语

综上所述，新课改下推出的自主互助课堂模式与传统教学方法相比，具有不可否认的优势。通过这种教学方法，学生对知识有更深的理解，特别是这种模式能有效地调动学生的主观能动性，提高学生表现力、小组合作能力等，并且能有效地提高课堂学习效率，同时在课堂建设上也需要老师和学生的通力配合和精心准备。相信在老师、学生共同努力下，一定会完成“自主互助·高效愉悦”学习型课堂建设，越来越好的发挥自主互助教学模式的优势。

参考文献

[1]吕旭东.微课辅助下的初中数学“自主互助”教学实施路径研究[J].科学咨询，2020（11）.

[2]杨梅芹.创设初中数学自主互助课堂教学的研究[J].读与写，2020，17（19）.

[3]辛蒙.初中数学合作互助探究式教学方法的探索[J].科学咨询，2022（22）.

基于自主高效的小组合作策略实施与反思

——以七年级语文课外文言文学习为例

张雨欣

【摘要】课外文言文是语文教学中不可忽视的板块，然而由于其难度大、范围广，大部分教师在教授时通常选择讲评的方式，学生学习兴趣不高，讲授效果也不如人意。采用互助合作的小组探究学习方式能够改善初中生单一枯燥的文言文学习方式，实现高效课堂。本文具体展示了如何在文言文教学中实施合作学习，并且对实践中出现的问题进行反思。结合相关实例具体探讨如何优化文言文课堂中的小组合作教学。

【关键词】小组互助学习；合作学习；课外文言文；教育应用

一、课外文言文小组合作学习的必要性和可行性

《义务教育语文课程标准（2022年版）》在课程总目标中指出阅读教学要让学生“学会运用多种阅读方法，具有独立的阅读能力”，而在学段目标中也指出七年级学生要做到“探索个性化的阅读方法，分享阅读感受”。新课程标准所设定的阅读目标确定了语文阅读教学的重点，即最关键的是要教会学生如何运用阅读方法，提高阅读兴趣，拓宽阅读领域，让学生在语文阅读实践中掌握阅读的技巧。

在七年级学生日常的语文学习与考试中，课外文言文毫无意外是难点问题。而把视线放长远，在初高中阶段，课外文言文都是学生学习的难点。究其原因，一是学生对文言文阅读存在语感的陌生、语意的不明、情绪的反感导致学生缺乏课外文言文的学习动机和兴趣，且对文言文具有畏难情绪；二是学生翻译文言文存在望文生义的现象；三是学生学习文言文

缺乏有效的方法。课外文言文体量庞大，学生不知如何下手，往往做很多但收获不是很大。课堂是学习的主阵地，想要实现课外文言文学习的突破，必须要改变教师讲字词、学生记字词的模式，培养学生的高阶思维，关注学生的积极体验和建构生成，让学生实现深度学习。只有当学生全身心积极参与才能体验成功，获得发展的、有意义的学习过程。

而目前课堂上小组合作的方式有利于促进学生实现深度学习，从而真正解决课外文言文的这一难点。

二、课外文言文小组合作学习的具体操作流程

针对以上分析，我在实际教学过程中开展小组合作，对几篇课外文言文展开了试点。具体操作过程如下：

孔子观于周庙，有敧器焉。孔子问于守庙者曰：“此谓何器也？”对曰：“此盖为宥座之器。”孔子曰：“闻宥座器，满则覆，虚则敧，中则正，有之乎？”对曰：“然。”孔子使子路取水试之，满则覆，中则正，虚则敧。孔子喟然而叹曰呜呼恶有满而不覆者哉。（《韩诗外传》）

1.疏通文义，提出问题

首先为小组发放展板，然后以小组为单位，借助字典自读圈画出不太理解的词，然后进入组内讨论交流，借助组内力量，解决圈画的部分字词，然后分工翻译，整理出组内最终不确定的字词，并呈现到展板上。限时五分钟。

此时教师应做到巡回观察课堂，给出指导。在巡回过程中，搜罗学生问题，明确学生难点。例如这篇文言文中，学生会直截了当地说明他们的困难点是“此盖为宥座之器”中“盖”的意思，以及对核心句子“满则覆，中则正，虚则敧”理解存在歧义。在指导时也会重点关注这些问题。

2.上台汇报，展示点评

抽取小组上台汇报展示讨论成果（一定是随机抽取小组，而不是谁举手谁上台），一方面可以调动小组讨论的积极性，另一方面有助于真实把握课堂讨论结果。

3.提出疑问，质疑探究

小组展示完毕后，由其他小组提出汇报中出现的疑问，并鼓励其他小组成员进行回答。提出疑问小组加一分，回答出问题小组加两分，若问题无人能够回答，表示该问题小组讨论时被忽略，加三分。

在小组讨论的环节中，提前明确分工。组长负责监督组员，调动讨论气氛，把握讨论进度，记录员负责记录讨论结果。小组讨论结束后，四人小组到讲台进行小组讨论的展示，对本组的讨论成果进行汇报。其他小组进行质疑和补充。经过讨论学生明确这篇文言文的基本难点。得出“水满了就会倾覆，装到一半时就会垂直而立，空了就会倾斜。”这样较符合文义的解释。同时，学生对“盖”“有之乎”“然”这些文意拿不准，教师进行点拨、评价。

4.教师点拨，迁移应用

当全部问题都讨论结束后，若没有学生提出问题，而教师还需对重点问题进行点拨。此时，教师扮演学生角色，提出问题，并给教师加分。

5.评选优秀，复习巩固

所有问题解决后，评选出本节课优胜小组，并获得奖励。同时，以几个学生各背诵一段，如果文章短小，就分别背诵几句话，再在小组展示的形式背诵文言文。在背诵过程中如果有问题，其他成员可以做简单提示。背诵到一定的程度后，由小组成员轮流把自己背诵的方法交流给其他的伙伴，借此来达到几个人共同快速掌握最好的背诵方法，达到最佳背诵效果。

另外，也可以组织学生先在小组内合作交流各部分的背诵方法，然后再分层背诵。

三、小组合作改进策略及思考

根据小组合作尝试策略以及课堂反馈效果来看，有以下几点可以改进：

1.关注个体的差异性，科学组建小组

在进行初尝试后，我又对几篇课外文言文进行同样的尝试，并且在尝试过程中发现，现有的六人小组并不适配，于是我调整了小组的人员，改为四人小组。四人小组相较于六人小组的优点是组与组之间的整体学习情况和学习能力更平均。组长人员更多，鼓励更多的人参与到讨论中来。避免“边缘人”的存在。

2.建立有效的小组合作学习常规

在课堂教学中小组合作学习能使课堂气氛活跃起来，同时也给课堂秩序带来了困难，容易出现看似热闹实则混乱的局面。因此，合作常规非常重要。每个小组在每次合作学习之前要有明确的责任分工，如小组成员当堂训练完成情况的审查，小组内疑难问题交流，组员学习状态的监控，小组内交流情况的汇报，小组间的交流评价等。

3.合作指导的必要性

课外文言文难度大，除了自主学习外，要想真正实现高效的小组合作学习，教师的主导作用不可忽视。因此，在小组开展合作与交流时，教师除适时地组织、引导外，还必须置身于学习小组中，参与到学生中间去，在内容、时间、学生情绪等方面适时进行调控，以达到相互学习与提高的目的。在这个过程中，既不能过多地干涉学生的学习过程，又不能对学习有困难的学生袖手旁观，要教给学生一些探索、发现的方法，不断引发学生思维碰撞，把学生的探索引向深处。特别是要给那些平时不善言谈、不合群的学生更多的关注，竭尽所能为他们创设大胆发言的时间与机会。

参考文献

[1]王荣生.文言文教教学什么[M]上海：华东师范大学出版社，2014.

[2]周旭东.文言文阅读教学研究[M].成都：西南交通大学出版社，2021.

[3]王真.试论核心素养下初中文言文教学路径[J].新课程，2021（45）.

[4]张睿.项目化学习在高中文言文阅读教学中的应用策略研究[D].济南.山东师范大学，2022.

"自主互助·高效愉悦"学习型化学课堂的应用

——以化学式的教学方法为例

秦宏宇

【摘要】化学，作为初中阶段的启蒙学科，学生的学习兴趣和好奇心是充足的。在这个重要的启蒙阶段，我们的课堂重点就是要培养学生的核心素养，激发学生对于化学这门学科的学习积极性和强大的自信心。但是，化学内容非常抽象，学生无法用肉眼看到微观的变化，原有的教学模式只能让学生想象和生硬记忆，并尝试进行理解，但是利用新技术，特别是平板教学，就会很好地解决这个问题。本文以化学式为例，是因为在化学学科中，化学式是学习化学最基本的工具之一，酸碱盐的学习非常重要。所以，利用好化学式的基本原则，在教学中提前打好基础，强化书写流程，使教学事半功倍。

【关键字】学习型课堂；化学式；教学方法

随着信息技术的不断发展，丰富高效的课堂受到更多追捧，而传统单一的上课模式已经不再适应当今社会的发展，需要不断改进和强化，从而满足学生对于知识的渴望[1]。科技的发展与技术的蓬勃为课堂提供了全新的平台，这也为课堂革新提供有力的支撑。许多学科都在这场春风下如火如荼地改变着，其中自主互助的学习型课堂成为新课改背景下用来提高学生素养的有力抓手[2]。

化学式的正确书写是化学学习的保障。书写化学式对于初学者特别是初中生来说是个难点，而酸碱盐的学习在整个初中阶段的化学学习中有着举足轻重的地位。只要认真梳理难点产生的原因，并对症下药，强化书写的步骤流程，会有事半功倍的效果。在学习酸碱盐的化学式时，可以与氧化物一起学习，他们同为化合物，有着相同的书写流程。而且，氧化物的化学式能够帮助学生更好地理解酸碱盐化学式的书写方法。

自主互助的学习型课堂在学习化学式的书写中有着举足轻重的地位。在教学上，亨利·霍利克（Henry Holec）是最早对自主学习进行定义的学者，给后来的教育工作者很多的启示。他认为，学生的自主学习首先要根据自身的学情来制订学习计划，再进一步选取有效的学习方法，当学生自我学习的进程结束后，学生很容易能够进行相应的自我评估和反馈[3]。

1.元素符号记不住

记忆元素符号对于初学者来说还是具有一定的难度，一般初中要求记住化学元素周期表前20个元素以及25号锰（Mn）、26号铁（Fe）、29号铜（Cu）、30号锌（Zn）、47号银（Ag）、56号钡（Ba）、79号金（Au）的汉字与对应的符号。对于学困生来说，只要能记住并会写常用的元素符号即可。

如何在课堂上就让学生能记住这些没有规律的符号？其实记忆的方法也有很多，比如谐音记忆法、口诀记忆法、故事法等等。例如，铁（Fe）的元素符号可以用废（fei）铁这样的谐音法来记忆，钠（Na）、氟（F）、钨（W）、锂（Li）等则可以使用拼音法去记忆。

我们在学生的自主学习单中会展示部分记忆方法。与此同时，教师以微课的形式将讲解资源推送给学生，让学生提前了解并充分进行自主学习。由于这一步是必须要强化的基础知识点，学习之初采用当堂检测或者课前听写的方式来强化记忆是非常有必要的，也是高效学习型课堂中不可或缺的环节之一。学困生可以采用小组互助的方法解决，以提问听写的方式来加深印象。

2.酸碱盐的原子团记不住或混淆

初中常见的原子团主要有五个，分别是氢氧根（OH^-）、硝酸根（NO_3^-）、硫酸根（SO_4^{2-}）、碳酸根（CO_3^{2-}）、铵根（NH_4^+）。其他的酸根并不多见，可以根据所在地市中考的常考情况适当增加。

教学方法可以参考元素符号的教学建议。在后面的学习中，学生难以区分的是酸根的书写和酸的书写，特别是在书写离子时往往写成了酸的化学式，什么时候带H，什么时候不带H，让学生一头雾水。在自主互助的学习型课堂中，教师在布置自主学习单时就要对这个问题设置具有一定梯度的问题组，让学生逐步理解。可以展示如下问题组：

（1）请写出硫酸根离子的符号表达式。

（2）硫酸根离子能否单独存在组成物质。

（3）硫酸是一种化合物，溶解或电离时会解离出大量的氢离子和硫酸根离子，你能说出硫酸根和硫酸的区别和联系吗？

在新授课的时候，教师要说明离子和化合物的区别与联系，以及化学命名法中的要求。然后小组互助，互相讲解，最终让学生理解两者之间的区别。

3.化合价的记忆有困难

目前的化合价教学，主要是以口诀记忆法为主，每个老师都有自己独有的口诀。但有些口诀的记忆，并没有让学生感到方便，反而造成了记忆混淆和困难，违背了编辑口诀的初衷。例如将氯或氧混在正价中，铜的正一价，以及硫、氮的不定化合价增加在口诀中[4]，这不仅增加了学生学习的负担，其上述增加的内容，有的实用性不大，或者中考中从不涉及，与“双减政策”背道而驰。

在此给出我整理的化合价口诀，仅供参考。一价氢锂钠钾银；二价镁钙钡铜锌；三铝四硅五价磷；二三铁，二四碳；氧负二，氯负一，单质为零要准记。学生看到自主学习单中的口诀依然不明所以，因此，教师一定要在学生自主学习的时候推送讲解的微课，让学生充分理解，让自主互助成为课堂的常态。

4.没有掌握化学式的书写原则和方法

中学生初学化学式，会有一种需要死记硬背的错觉。酸碱盐化学式组合多变，机械记忆不仅加大了学生的学习负担，而且出错率特别高。若学生的积极性受挫，则会加大学习的惰性，使酸碱盐成为化学学习的分水岭。

5.酸碱盐化学式的书写方法

酸碱盐的书写方法与氧化物的书写流程类似，在学习时可以类比着写。只要将上述问题解决了，酸碱盐的化学式书写的就比较简单了。在学生的自主学习单中可以展示以下问题组流程：

（1）根据名称写出元素或原子团符号。

（2）正着念，倒着写。

（3）标化合价。

（4）根据化合价代数和为0的原则进行组合。

酸碱盐的化学式是书写方程式重要的基础，也是高中化学不可缺少的基本能力之一。在教学中要做到由易到难反复训练，利用“自主互助·高效愉悦”学习型课堂模式，更会起到事半功倍的效果。

参考文献

[1]王力谦，解培中.结合雨课堂的“信号与系统”线下教学方法研究与思考[J].教育教学论坛期刊，2020（44）.

[2]冯霞．“自主互助学习型教学模式”下的初中英语课堂小组合作学习探究[J].中学生英语，2022（26）.

[3]王万秀.教师指导下的中职英语自主学习课堂教学研究[D].上海：华东师范大学，2006.

[4]虞俊.化学式书写教学中的几点做法[J].新课标学习（下），2014（11）.

指向思维能力培养的 ChatGPT 对话式自主学习模式探索

——以信息科技课程《软件系统知多少》为例

安晶

【摘要】ChatGPT的快速发展，标志着生成式人工智能时代的到来，又一次将教育革命推向新的高潮。教师要正视智能技术对教育领域的变革与冲击，重视培养学生迎接未来挑战的能力，制订指向能力培养的教学目标，建设自主互助、高效愉悦的学习型课堂，本研究提出指向思维能力培养的ChatGPT对话式自主学习模式，并对该模式进行了教学实践，从学生学习绩效、问题探究能力、思辨能力、语言表达能力等几个方面进行了实验结果分析，对目前所面临的问题提出建议。

【关键词】ChatGPT；生成性人工智能；自主学习；能力培养

一、研究背景

ChatGPT是美国Open AI公司研发的人工智能聊天机器人程序，它的快速发展，标志着生成式人工智能时代的到来。生成式人工智能是基于模型、算法和规则，生成文本、图片、视频和代码等内容的技术。比尔·盖茨将ChatGPT的出现视为与个人电脑和互联网诞生同样重要的事件。生成性人工智能对教育领域产生重要影响，受到教育学者的广泛关注。

阿什比提出人类教育史共经历了四次教育革命，其中以信息技术为核心的第四次教育革命，具有能力本位、高情感、高创造性的典型教育特征。ChatGPT生成性人工智能的产生，将第四次教育革命又一次推向新的高潮。素质教育实施以来，教育目标从关注基础知识与基本能力，逐渐向关注创新精神与实践能力转变。随着智能文明时代的到来，教育应更加注重学生自主学习能力、创新意识的培养，因此教师要正视智能技术对教育领域的变革与冲击，重视培养学生迎接未来挑战的能力，制订指向能力培养的教学目标，建设“自主互助·高效愉悦”学习型课堂。

二、教学模式构建

为构建“自主互助·高效愉悦”学习型课堂，信息科技课程基于ChatGPT的时代背景，依据信息科技课程新课程标准，提出指向能力培养的生成性人工智能对话式自主学习模式。

指向能力培养的生成性人工智能对话式自主学习模式

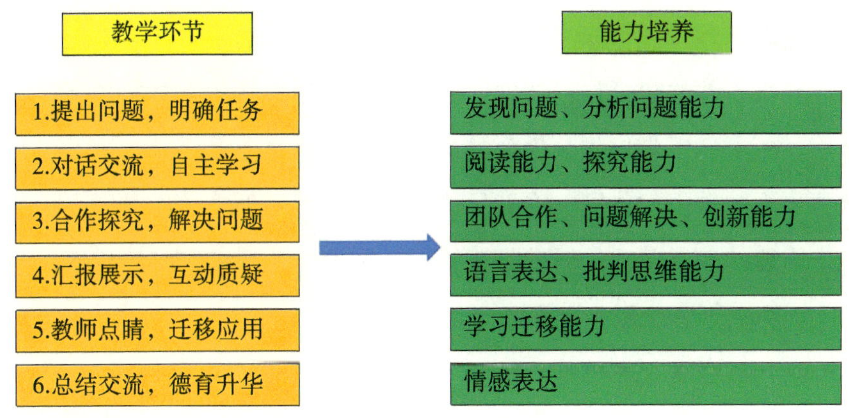

三、教学实践

本研究以初中信息科技课程第一册第一单元第三节《软件系统知多少》一课为例，进行基于ChatGPT的对话式自主学习模式教学实践，在实践中检验本教学模式的教学效果。

信息科技课程新课标要求学生能够认识人工智能给生活带来的影响，本课例培养学生借助生成性人工智能平台开展对话式的自主学习，学生通过对平台的具体应用，产生对人工智能的直观感受，培养学生在新一代人工智能背景下，变革学习方式，保持创新意识，应对人工智能挑战。

本课例采用项目式教学，属于整个项目中的微项目四。整体项目以数据的游走之路作为主线，将计算机硬件与计算机软件以及文件管理、网络贯穿在一起，将鲁教版初中第一册第一单元知识内容融入《计算机中数据的旅程》项目，便于学生了解计算机软硬件之间的逻辑关系，理解计算机工作的底层逻辑，培养数据意识。

《计算机中数据的旅程》项目共包括五个微项目，以数据作为逻辑主线，串联计算机硬件与软件、文件管理、网络等单元。从微观角度分析数据在计算机内部的游走之路，从宏观角度分析数据在计算机之间、网络中的游走之路。微项目一要求学生了解信息在计算机中传输形式，理解数据的二进制编码方式。微项目二要求学生跟随计算机中数据的旅程，首先明确计算机硬件的组成，以及硬件内部数据的传输过程，熟知各个硬件及其作用。微项目三是培养学生分类存放数据的习惯。微项目四要求了解应用软件与系统软件的作用，明确软件在数据传输过程中的作用，明确计算机工作原理的底层逻辑。微项目五要求学生感受计算机之间的数据传输方式，了解网络传输过程中数据的传输原理。

本课时是第四个微项目，学生借助ChatGPT，通过体验语音转文字软件的开发过程，首先了解软件的本质是用户编写的代码形成的指令与数据的集合，理解控制器是根据应用程序的指令，控制其他设备运行，高级编程语言需要经过语言处理程序（系统软件）编译为计算机能够理解的二进制信息。其次软件开发过程中，因需要调用麦克风设备，学生通过在DOS系统下安装PyAudio Python（语音处理的计算机编程语言）库，从而理解安装此库是为了连接操作系统，便于调用硬件设备，进一步理解操作系统用于统一管理硬件与软件，是应用软件与硬件之间的桥梁。通过体验DOS系统的使用方式，感受Windows系统友好的人机交互界面。

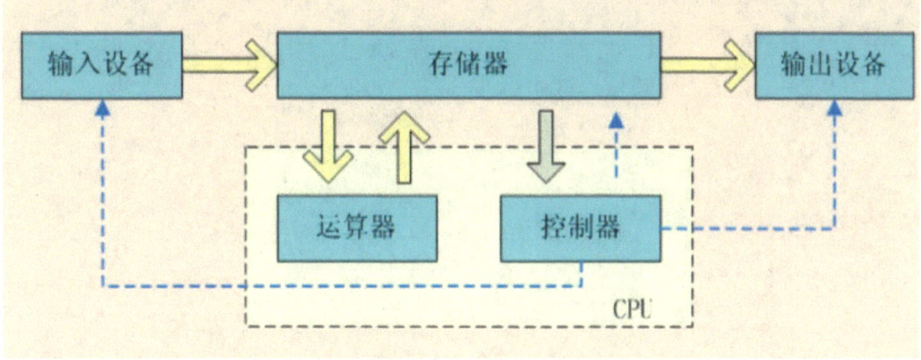

（一）发现问题，明确任务

学生通过体验讯飞听见实时翻译平台，感受语音识别技术，并以语音识别技术为例，分析数据在计算机硬件中的传输过程：控制器控制输入设备进行数据采集，然后存入存储器，运算器从存储器提取信息进行处理，并将处理完成的信息重新存入存储器，输出设备从存储器提取信息进行输出，整个过程由控制器控制。

教师引导学生根据这个过程提出新的研究问题：控制器是由谁来控制的？能够根据已有知识，提出新的探究问题，是促进科学知识再生产的重要过程，教师在教学过程中，应注意培养学生发现问题，提出问题的能力。学生逐渐在自主学习模式中掌握建构知识结构新生长点的方法。

学生根据问题，提出不同猜想，教师引导学生明确任务，通过体验开发语音识别软件的过程验证猜想。

（二）对话交流，自主学习

探究任务：借助讯飞星火ChatGPT编写能够实现语音识别的Python程序。5分钟时间，自主探究完成。

此过程学生首先要具备问题概括能力，明确向讯飞星火平台提问的问题1：帮我使用Python语言编写一个语音识别软件。

ChatGPT回答：

```
import speech_recognition as sr

# 创建一个Recognizer对象
recognizer = sr.Recognizer()

# 使用麦克风作为音频源
with sr.Microphone() as source:
    print("请说话：")
    audio = recognizer.listen(source)

try:
    # 使用Google Speech Recognition引擎识别语音
    text = recognizer.recognize_google(audio, language='zh-CN')
    print("你说的是：", text)
```

其次，学生要具备阅读分析能力。ChatGPT答案具有概括性强、专业性强的特点，十分考察学生的阅读理解能力，学生在阅读分析ChatGPT答案时，应掌握一定的阅读理解技巧，寻找关键词。在本课例中，学生阅读分析ChatGPT答案后，在Python编程中编写程序并调试实践。

通过程序运行，暴露问题：

Module Not Found Error：Nomodule named 'pyaudio'。根据ChatGPT答案提示，程序运行缺少PyAudio库。

追问1：什么是PyAudio库？

ChatGPT回答：PyAudio库是一个用于音频处理的Python模块，PyAudio提供了PortAudio的Python绑定，使得开发者能够在Python程序中轻松地播放和录制音频。它支持多种操作系统平台，包括GNU/Linux、微软Windows和苹果MacOSX/MacOS。使用PyAudio可以进行以下操作：播放音频（可以在程序中加载并播放MP3、WAV等格式的音频文件），录制音频（可以将麦克风或其他音频输入设备的声音录制下来，并保存为音频文件）。此外，安装PyAudio通常可以通过pip命令来完成，即pip install pyaudio。在安装之前，需要确保已经安装了PortAudio库，因为PyAudio是基于PortAudio库构建的。总的来说，PyAudio是一个非常实用的库，对于需要进行音频处理的Python开发者来说，它提供了一套简洁而强大的工具集。无论是播放背景音乐、生成声音效果还是录制用户的声音，PyAudio都能够提供相应的功能支持。

教师提供自主学习支持材料，微视频1《API接口函数的作用》，微视频2《操作系统的概念》。学生根据学习支持材料和ChatGPT的回答，讨论探究为什么要添加PyAudio库，以及添加PyAudio库的方法。学生通过微视频学习可以将PyAudio库简单理解为是Python语言用于调用操作系统API接口的函数库。

追问2：为什么要添加PyAudio库。

追问3：什么是操作系统，API函数是指什么？

ChatGPT：操作系统是一种系统软件，它管理计算机硬件与软件资源，并提供各种服务的接口给用户和其他软件。API函数则是指应用程序编程接口中的函数，它们是一组预定义的指令集，用于让开发者能够访问操作系统或其他软件提供的服务和功能。操作系统的主要功能包括：资源管理（操作系统负责有效地分配和管理计算机硬件资源，如CPU、内存、硬盘等），文件管理（它提供了文件系统，允许用户创建、读取、写入和删除文件），用户界面（操作系统提供了用户界面，使用户能够与计算机交互），安全性（它还负责保护系统不受未授权访问和恶意软件的侵害）。

API函数的作用在于：简化编程（API函数为开发者提供了一套标准化的方法来执行复杂的任务，这样他们就不需要从头开始编写代码），功能扩展（通过API，开发者可以利用操作系统的强大功能来扩展自己程序的能力，例如进行文件操作、网络通信等），跨平台兼容性（使用API函数可以编写出能够在不同操作系统上运行的程序，提高了软件的可移植性）。

总的来说，操作系统是计算机系统的核心，而API函数则是开发者与操作系统之间沟通的桥梁，它们共同确保了计算机系统的高效运行和软件功能的丰富多样。

在该环节中，学生还应具备问题探究能力。学生需要明确本任务的总论点，并能不断提出分论点，通过与ChatGPT平台的追问对话，理解每一个分论点，最终理解总论点。例如，在本节课例中，学生通过了解操作系统的概念与作用，理解API函数的作用，从而理解为什么在开发语音识别软件时需要安装PyAudio库。

（三）合作探究，解决问题

学生根据ChatGPT答案，在DOS系统中使用pip install pyaudio命令安装PyAudio库，并成功编写语音识别软件，是对ChatGPT答案的具体实践应用。在实践活动中学生会遇到多样的具体问题，因此，本环节需要学生对于共同出现的程序问题展开讨论、小组合作、共同解决。

本环节要求学生具备团队合作能力、问题解决能力、创新能力。为激发学生解决问题能力的积极性，可通过加分等赛制引导学生形成团队合作意识，认识合作对于团队的重要性。学生在真实的实践活动中，会遇到具体问题，学生需要培养自己的问题解决能力，借助ChatGPT平台、同伴帮助来解决面临的问题。

（四）汇报展示，互动质疑

教师组织小组间交流，学生通过汇报交流探究的过程与探究结果，互动质疑，表达对ChatGPT答案和同伴答案的思辨过程，对知识的建构过程，培养学生思辨意识和语言表达能力。

ChatGPT提供“知识喂养”式的个性化服务，学生在与ChatGPT对话学习过程中，主动建构的知识内容需要通过语言表达将其外显。

（五）教师点睛，迁移应用

学生通过体验软件开发的整个过程，理解软件的本质是人们编写的程序指令。

教师提出本课例的关键性问题，引发学生进一步总结思考。问题一：操作系统属于软件吗？问题二：是谁控制的控制器。问题三：软件的分类。问题四：编程语言是如何转换为二进制语言的。

学生在本环节需要具备知识迁移能力。学生能够通过总览本节课的探索过程，领悟应用新学知识，综合分析教师提出的关键性问题。学生对关键问题的理解程度，表明学生在整个自主学习过程中对知识的掌握程度。

（六）总结交流，德育升华

新课程标准要求学生具备信息社会责任意识，学生通过对软件概念的学习，应树立信息安全、自主可控的意识。教师要具备课程思政意识，寻找每一节课例的育人含义，发挥课程育人的作用，培养学生情感与社会责任意识。

四、实验结果分析

本次课例是学生第一次应用ChatGPT进行对话式自主探究学习，实验过程为3个课时，对实验过程进行录像，通过分析教学录像，进行实验结果分析。

（一）对学生学习绩效的影响

本课例从信息意识、计算思维、数字化学习与创新、信息社会责任四个核心素养，对学生进行测评，通过测评结果数据分析，基于生成性人工智能对话式的自主学习模式对学生学习绩效具有积极作用。

（二）对探究能力的影响

在该教学模式的第二环节，学生为完成项目目标，并能对过程进行阐述交流，学生需要不断与ChatGPT进行对话追问，由总论点出发不断提出分论点，通过对分论点的理解，论证总论点。这个过程，即是对学生探究能力的培养。首先学生能根据具体的问题情境，精炼地提出明晰的问题，并通过对ChatGPT答案的分析，不断论证分论点，最终得出总论点。

（三）对学生阅读能力的影响

在ChatGPT对话式的自主学习过程中，阅读分析ChatGPT提供的答案，是一项非常重要的能力。通过对教学录像的分析，实验班学生平均阅读分析能力较强，阅读能力是影响学生自主学习绩效的重要因素。学生在该自主学习模式中，提升阅读能力是获取知识的必要条件，在具体问题的解决过程中，学生阅读能力得到明显训练。

（四）对学生思辨能力的影响

ChatGPT答案有时具有一定局限性，学生与ChatGPT对话的过程，需要具备批判能力。在整个项目完成过程中，学生要思考ChatGPT答案的可行性、正确性，要学会判断信息的真伪。

（五）对语言表达能力的影响

基于ChatGPT对话式的自主学习过程，要重视学生语言表达能力的培养。通过分析教学录像，学生在获得ChatGPT答案后，主动交流与讨论的意识不足。这表明学生对于ChatGPT的答案没有进行足够的理解与思辨。ChatGPT给教育领域带来“智能化”的“知识喂养”式现象，学生提出问题，ChatGPT能够个性化的给予答案，学生成为新型的知识被动接受者。在基于ChatGPT对话式的自主学习过程中，教师可以通过学生的语言表达来分析判断学生对知识的理解程度、思辨意识，通过对学生语言表达能力的培养，将被动的知识接受过程转变为主动的知识建构过程，将自主学习过程外显，教师能够进行适当指导。

五、问题与建议

学生在自主学习模式中，自主学习能力还有待提高。发现问题、提出新的研究问题的能力比较欠缺，缺少问题探究方法，分析应用知识的能力还不足，教师要在自主学习模式中，注重对学生进行自主学习方法的指导。

教师应以更加积极的态度迎接智能时代给教育领域带来的变革，对学生进行应用技术服务自主学习、创新探究的观念引导。生成性人工智能对教育的影响，从课堂教学到作业布置，都有十分广阔的研究前景。在教师的探索与实践过程中，对学生的培养一定会从知识传授转向思维培养，教育一定会走向更具现代化、时代性的新生态。

参考文献

[1]吴江.ChatGPT类人工智能视域下基础教育阶段教师的未来挑战与发展路向[J].陕西开放大学学报，2023(04).

[2]吴虑，杨磊.ChatGPT赋能学习何以可能[J].电化教育研究，2023(12).

[3]戴岭，赵晓伟，祝智庭.智慧问学：基于ChatGPT的对话式学习新模式[J].开放教育研究，2023(06).

[4]钱鹏雁，陆道坤.ChatGPT冲击下教师的角色危机与重塑[J].继续教育研究，2024(01).

[5]姜春茂，段莹.ChatGPT背景下的计算机实践类课程改革初探[J].实验技术与管理，2023(12).

初中物理“自主互助·高效愉悦”学习型课堂初探

冷明明

【摘要】传统的教学模式中，学生常常处于被动接受的位置，缺乏主动性和创新性。在这样的背景下，“自主互助·高效愉悦”学习型课堂正悄然兴起，它关注学生的学习体验和能力发展，指向核心素养的培养。作为一名初中物理教师，笔者在师生关系、信息技术、小组合作等方面对“自主互助·高效愉悦”学习型课堂进行探索，以期提高教学质量，促进学生发展。

【关键词】初中物理；小组合作；精准高效

新课改背景下，传统单一的教育模式不能满足新时代对教育的要求，“知识本位”的育人理念已渐渐成为历史。《义务教育物理课程标准（2022年版）》提出的核心素养是学生适应当前社会发展所需要的必备品格以及关键能力[1]，鉴于此，顺应新课改的要求，重塑课堂教学，才能实现学科的育人价值。“自主互助·高效愉悦”学习型课堂正悄然兴起，这样的教学模式充分注重学生自主、合作素养，对缩小个体差异、夯实学生的主体地位、提高课堂效率有着积极作用[2]。下面从几个方面论述在初中物理“自主互助·高效愉悦”学习型课堂上的探索。

一、良好的师生关系，高效课堂的基础

良好的师生关系是高效课堂的基础，对于学生的学习效果和兴趣有着深远的影响。良好的师生关系可以让学生感到被接纳、被尊重，从而增强他们的自信心，激发他们对物理学习的热情。当学生感到被关注和尊重时，他们会更有动力去学习，更愿意投入时间和精力去理解和掌握知识。

良好的师生关系也会促进师生之间的互动，从而创造一个更加活跃、有趣的课堂氛围，使学生更愿意参与课堂活动。

如何建立良好的师生关系呢？首先教师要尊重学生。尊重学生的个性、兴趣和需求，理解他们的难处，给予他们适当的支持和帮助。然后是积极倾听。了解他们的想法和疑惑，并及时给予回应和指导。对待每一位学生都要公平、公正，不偏袒任何人，这样才能建立师生之间的信任和尊重。最后，建立互动机制。组织小组讨论、小实验等活动，让学生参与到课堂中，增进师生之间的互动和了解。我坚信良好的师生关系必须是一种双向的奔赴，建立互动机制也能帮助教师建立惩戒机制。

二、借助信息技术，精准收集数据

（一）核心素养下的生活化教学，学生自主完成调查报告

初中物理与生活的联系十分紧密，充分利用生活中的一些元素与内容，可以大大提升学生探索物理的兴趣和学习欲望，教师根据教学进度精心选题，学生在课前完成调查报告，利用平板或客户端上传，在教师批阅后，“智慧课堂”将精准分析数据，致力于更精准的“教”。对学生来说，调查来源于生活的知识，促进更高效的“学”。

家庭电费调查报告

为了更好地了解家庭生活用电情况，请同学们对家庭用电情况作出调查，谢谢。

调查 1. 你家里主要有哪些电器？这些电器是通过什做功？这些电器使用时分别发生怎样的能量转化？

用电器	能量转化
例：电热水壶	电能转化为内能

调查 2. 你的家里用的电能表是什么样的？怎样进行读数？

调查 3. 一度电（1kw·h）多少钱？家庭每月电费多少钱？1kw·h 的电能能做些什么？

调查 4. 观察家里电器设备的铭牌或使用说明，记录它们的额定功率

用电器	额定功率	用电器	额定功率

调查 5. 生活中有没有浪费电的情况？举例说明。

沪科版九年级第十六章《电流做功与电功率》家庭电费调查报告

例如，在进行沪科版九年级第十六章《电流做功与电功率》教学时，我对整个章节设计了一份家庭电费的调查报告，如图所示，学生能在生活的调查中对电能、电功率、测量电能的工具电能表有一个初步的认知。更重要的是，他们能深刻体会到物理与生活的联系、物理在生活中的应用，通过后续的学习养成节约用电的意识。

（二）小组合作，自主、互助完成实践性作业

初中是开发物理思维、培养物理核心素养的关键时期，初中学生典型的特征就是活泼好动、爱探索未知，但是缺乏完整地观察、分析、推理和判断的能力，所以小组协作互助完成实践性作业就至关重要。首先教师根据教学进度，合理选题，大致分为探究型作业、验证型作业等。教师利用智学网收集分析之前的书面作业和实践性作业的数据，并进行精准分析，根据学生知识的掌握程度和创造力的水平来异质分组，力求各组之间学生的水平基本一致。教师下达作业任务，小组长统筹并分配任务，学生利用课下和周末的时间搜集资料、讨论、选材和制作。根据分配的任务情况，组长收集过程性材料，组内相关人员将照片等材料及遇到的问题分别上传到平板智学网相关链接中，教师以此监督学生的实践情况并进行过程性评价。在这个过程中学生可能遇到一些问题，例如，如何选择合适又便宜的材料？液体温度计如何确定温度计的刻度？教师针对个性和共性问题展开指导，并利用智学网为学生推送相关资源。最后通过自评、互评、师评等方式评选“优秀作品”和“实践达人”。不同于书面作业，实践性作业更具科学性和趣味性，指向核心素养中的科学思维和科学探究，学生在实践中探索或应用知识，体验在团队合作下战胜困难、解决问题的喜悦，在作业中找到成就感，增强自信心[3]。整个过程利用信息技术收集数据，教师在“隐身状态”下远程监控，让学生成为学习的主人。

三、小组攻克疑难，营造向上氛围

（一）组内师徒结对帮扶弱

每一个小组就是一个团队，教师需要不断强化学生的集体荣誉感，我们多元的评价体系以小组为单位进行评价，无积分不课堂，每周的优胜小组评价提高了学生的积极性。教师对作业及时批阅并收集数据，在习题课或试卷讲评课中，对得分率在80%以上的题目，采用小组讨论的方式解决，对出现问题的后进生采用组内师徒结对制进行帮扶，下节课课前测试并收集反馈结果，研究表明，互助学习能有效地帮助后进生提高学习能力[4]。另外，期中期末测试以小组为单位设置目标，在捆绑互助中前进。

（二）班内灵活分层促发展

班级中学生的发展和能力水平是不均匀的，所以经常会出现“有的学生吃不饱，有的学生吃不了”的现象，除了可以设计分层作业、在教学内容上深浅突出，班内灵活分层也值得尝试，尤其是在复习课中。首先教师要明确本节课的教学目标和教学难点，明晰每一层的教学目标。分层的依据有多种，可以先根据能力水平粗略分层，再根据智学网对每位学生的学情概况进行调整。然后需要教师精心备课并设计教学过程，注意每层学生的时间安排，这里教师可以充分利用好小组长辅助监督，提高课堂的参与度，做到人人有任务、人人在进步。

新课改下，初中物理教师需加强对课堂的研究，对目前教学中存在的不足进行分析，结合对物理核心素养的认识以及学情的了解，从多个角度来推动课堂的变革，调动学生课堂的主动性和积极性，提高课堂效率，实现对学生物理核心素养的培养，让“自主互助·高效愉悦”之花绽放在每堂课中，让教与学同行。

参考文献

[1]胡沧海.物理核心素养如何落地——课程标准下的初中物理教学思与行[J].考试周刊，2023（34）.

[2]范雄.自主互助学习型课堂教学模式的构建与实施[J].文科爱好者，2023（02）.

[3]吴仉蓉.基于深度教学的初中物理思维作业设计研究——以“浮力”复习为例[J].中学物理教学参考，2023（02）.

[4]冯霞.“自主互助学习型教学模式”下的初中英语课堂小组合作学习探究[J].中学生英语，2022（26）.

后记

在我们的心中，一直有一个关于教育的梦想。这个梦想开始时有些朦胧，后来越来越清晰明了。2021年，济南市历城区祥泰实验学校第一届教学年会成功召开，就是这个梦想的初次绽放。

三年来，基于对常态背景下好课堂的朴素认识与坚持，我们一直走在课堂教学改革与创新的路上。而促使我们前行的最大动力，就是“自主互助·高效愉悦”的学习型课堂建设与研究实验的开展。这样的理念与认识已经在我们的课堂中扎根、萌芽、茁壮。

正如隋天龙校长在《前言》中所说：“课堂，作为学校教书育人的主阵地，不仅关系着学生的培养质量，而且直接影响师生的生命状态。”我们形成的九年一贯制贯通式培养背景下的课堂操作策略，有的学校已经有所尝试，但放眼至更大范围的学校及教师，课堂中良好的师生风貌与较高的课堂效率还不均衡，或者才刚刚开始受到重视。本书的教学案例、反思及课堂操作策略，也许能给予一定的帮助和启发。

在成书的过程中，感谢山东师大基础教育集团苗禾鸣总经理、张亮副总经理对我们的关注与指导；感谢历城区教育与体育局李新生局长、王永军副局长对我们的肯定与鼓励；感谢张芳校长、王亚楠副校长对我们的帮助和支持。特别感谢山东师大基础教育集团教育教学发展部马刚部长对我们的具体指导及有效点拨。三年多的项目开展，已经成为我们学校教师专业成长的宝贵财富。正是因为有了您的同行，才让我们的教育梦想得以扎根于现实的课堂，让我们的师生如此富有活力，让我们的研究更有价值和意义。

朱永新先生说，一本书就是一粒种子，如果有合适的土壤，也许就可以生根、发芽、开花、结果。一本书，也是一个缘分，也许能够让读者与编者彼此相识、相知、信任、结缘。希望我们的《重塑课堂生态——构建“自主互助·高效愉悦”学习型课堂》这本书是一粒可以开花的种子，是一个可以信任的缘分。让我们一起开展课堂教学研究，成为快乐的同行者！

李楠

2024年3月